オールカラー **地図**と**写真**でよくわかる！

古事記

山本　明

西東社

もくじ

神々の系図 6
天皇の系図 8

記紀の舞台
九州をめぐる 10
天の岩屋戸の地 12
天孫降臨の地 14
海佐知毘古、山佐知毘古の地 16
神武天皇伝承の地 18
神功皇后遠征の地 20
◆各地に残る倭建命伝説 22

記紀の舞台
出雲をめぐる 24
黄泉の国の入り口 26
八俣の大蛇の地 28
稲羽の素兎と国譲りの地 30
出雲大社 32

記紀の舞台
近畿をめぐる 34

◎本書の神名などの表記は、原則として『古事記』の表記に準じ、『日本書紀』の内容に関する部分は『日本書紀』の表記に準じました。
◎原典の神名、人名などの表記は、登場ごとに異なるようなばらつきが多くありますが、本書では初出や頻度の高い表記に統一しました。
◎固有名詞の表記は、講談社学術文庫『古事記』『日本書紀』を参考にし、ふりがなは基本的に現代仮名遣いに改めました。
◎神名や人名の敬称「神」「命」などは、各話の初出以降、基本的に省略しました。
◎アクセスは公共機関で行きやすいと思われる方法を紹介しましたが、路線の変更や本数が非常に少ないバスなどもあるため、事前に必ずご確認ください。

国生みの地 36
神武上陸の地 38
崇神天皇ゆかりの地 40
◆吉備の国 42
記紀に登場する神々を祀る神社 44
スポット所在地&アクセス一覧 48

序章 古事記とは 49

古事記とは 50
日本書紀とは 52
記紀の違い 54

1章 古事記 上巻 55

この章の舞台 56
第1話 国生み 58
天地の始まり 60
神々の誕生 62
黄泉の国訪問 64
第2話 天の岩屋戸 66
神生み比べの誓約 68
太陽神の復活 70
第3話 八俣の大蛇 72
須佐之男命の大蛇退治 74

第4話 大国主神の国造り 76
稲羽の素兎 78
須佐之男命の試練 80
第5話 大国主神の国譲り 82
高天原からの使者 84
建御名方神の抵抗 86
大国主神の承諾 88
第6話 天孫降臨 90
高千穂に降り立つ 92
木花之佐久夜毘売 94
第7話 海佐知毘古・山佐知毘古 96
兄弟の争い 98
豊玉毘売の出産 100
◆コラム1 神社の社号 102

2章 古事記 中巻 103

この章の舞台 104
第1話 神武の東征 106
日向から熊野へ 108
熊野・吉野の戦い 112
大和平定 114
第2話 欠史八代 116
創作された8人の天皇 118
第3話 崇神天皇の王権成立 120
三輪山の神 122
諸国平定 124
第4話 沙本毘売の悲劇 126
沙本毘古の謀反 128
もの言わぬ皇子 130
多遅摩毛理の嘆き 132

3章 古事記 下巻 163

第5話 倭建命の遠征 134
景行天皇のふたりの子 136
熊曾・出雲征伐 140
東国征伐 142
倭建命の死と白鳥伝説 144

第6話 神功皇后の遠征 146
仲哀天皇の急死 148
新羅遠征 150
大和帰還 152

第7話 応神天皇と3人の子 154
応神天皇の治世と遺言 156
大山守命の乱 158
新羅から来た王子 160

◆コラム2 邪馬台国と卑弥呼 162

この章の舞台 164

第1話 仁徳天皇と皇子たちの争い 166
聖帝の世 168
嫉妬深い皇后 170
皇位争い 172

第2話 允恭天皇の御子の悲恋 174
禁断の恋 176

第3話 争乱を制した大長谷命 178
目弱王の復讐 180
大長谷命の台頭 182
雄略天皇 184

第4話 意祁と袁祁 186
発見された皇子たち 188
袁祁の復讐 190

神々の系図

⬇のページは本書で登場する主なページ　＝は婚姻関係
★は同一神　赤字は記紀における重要人物　青字は天皇号
表記は『古事記』に基づく

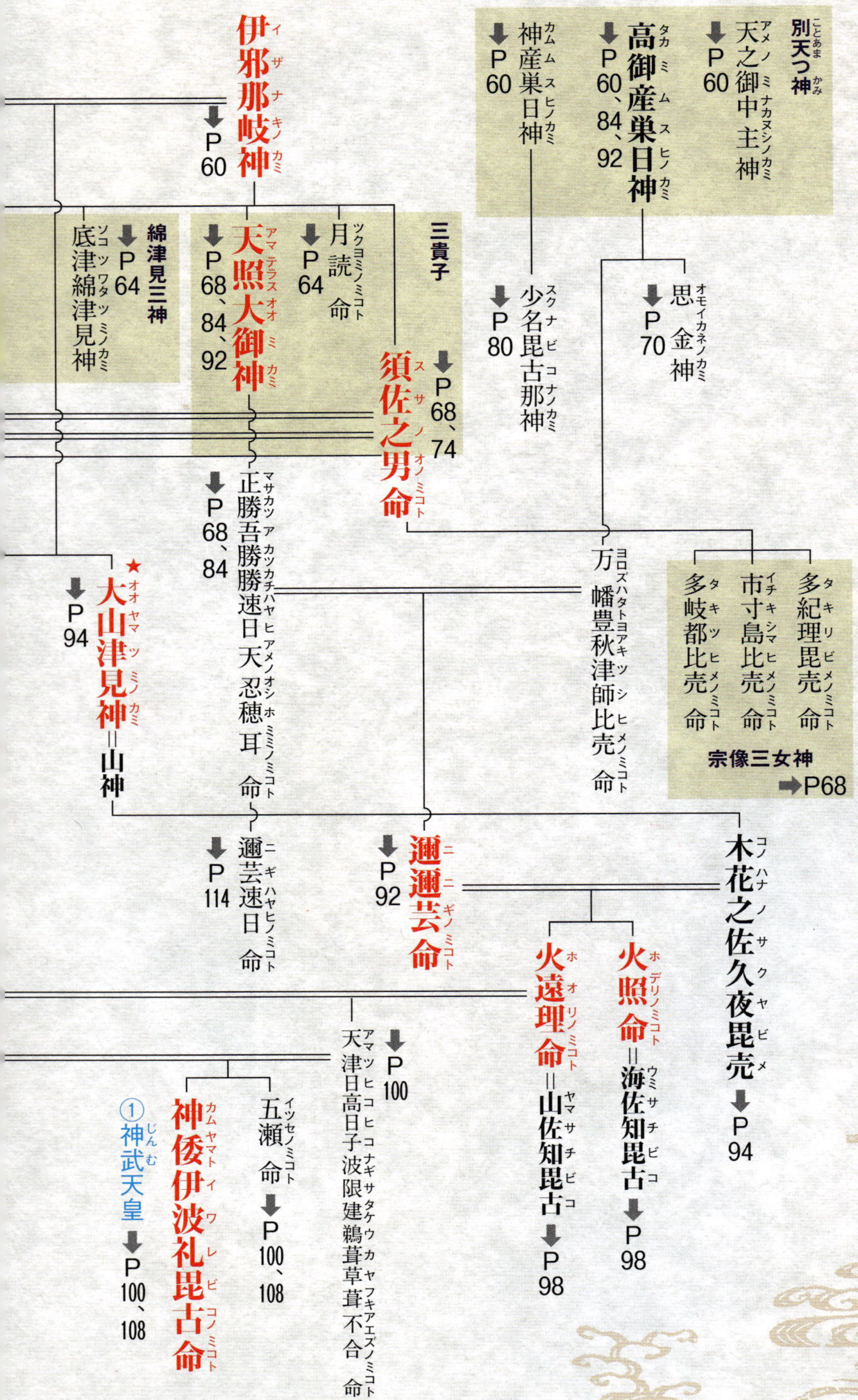

別天《ことあま》つ神《かみ》
天之御中主神《アメノミナカヌシノカミ》 ⬇P60
高御産巣日神《タカミムスヒノカミ》 ⬇P60、84、92
神産巣日神《カムムスヒノカミ》 ⬇P60
思金神《オモイカネノカミ》 ⬇P70
少名毘古那神《スクナビコナノカミ》 ⬇P80
伊邪那岐神《イザナキノカミ》 ⬇P60
三貴子
月読命《ツクヨミノミコト》 ⬇P64
天照大御神《アマテラスオオミカミ》 ⬇P68、84、92
須佐之男命《スサノオノミコト》 ⬇P68、74
綿津見三神
底津綿津見神《ソコツワタツミノカミ》 ⬇P64
多紀理毘売命《タキリビメノミコト》
市寸島比売命《イチキシマヒメノミコト》
多岐都比売命《タキツヒメノミコト》
宗像三女神 ➡P68
万幡豊秋津師比売命《ヨロズハタトヨアキツシヒメノミコト》
正勝吾勝勝速日天忍穂耳命《マサカツアカツカチハヤヒアメノオシホミミノミコト》 ⬇P68、84
★大山津見神《オオヤマツミノカミ》＝山神 ⬇P94
木花之佐久夜毘売《コノハナノサクヤビメ》 ⬇P94
邇邇芸命《ニニギノミコト》 ⬇P92
邇芸速日命《ニギハヤヒノミコト》 ⬇P114
火照命《ホデリノミコト》＝海佐知毘古《ウミサチビコ》 ⬇P98
火遠理命《ホオリノミコト》＝山佐知毘古《ヤマサチビコ》 ⬇P98
天津日高日子波限建鵜葺草葺不合命《アマツヒコヒコナギサタケウカヤフキアエズノミコト》 ⬇P100
五瀬命《イツセノミコト》 ⬇P100、108
神倭伊波礼毘古命《カムヤマトイワレビコノミコト》
①神武天皇《じんむ》 ⬇P100、108

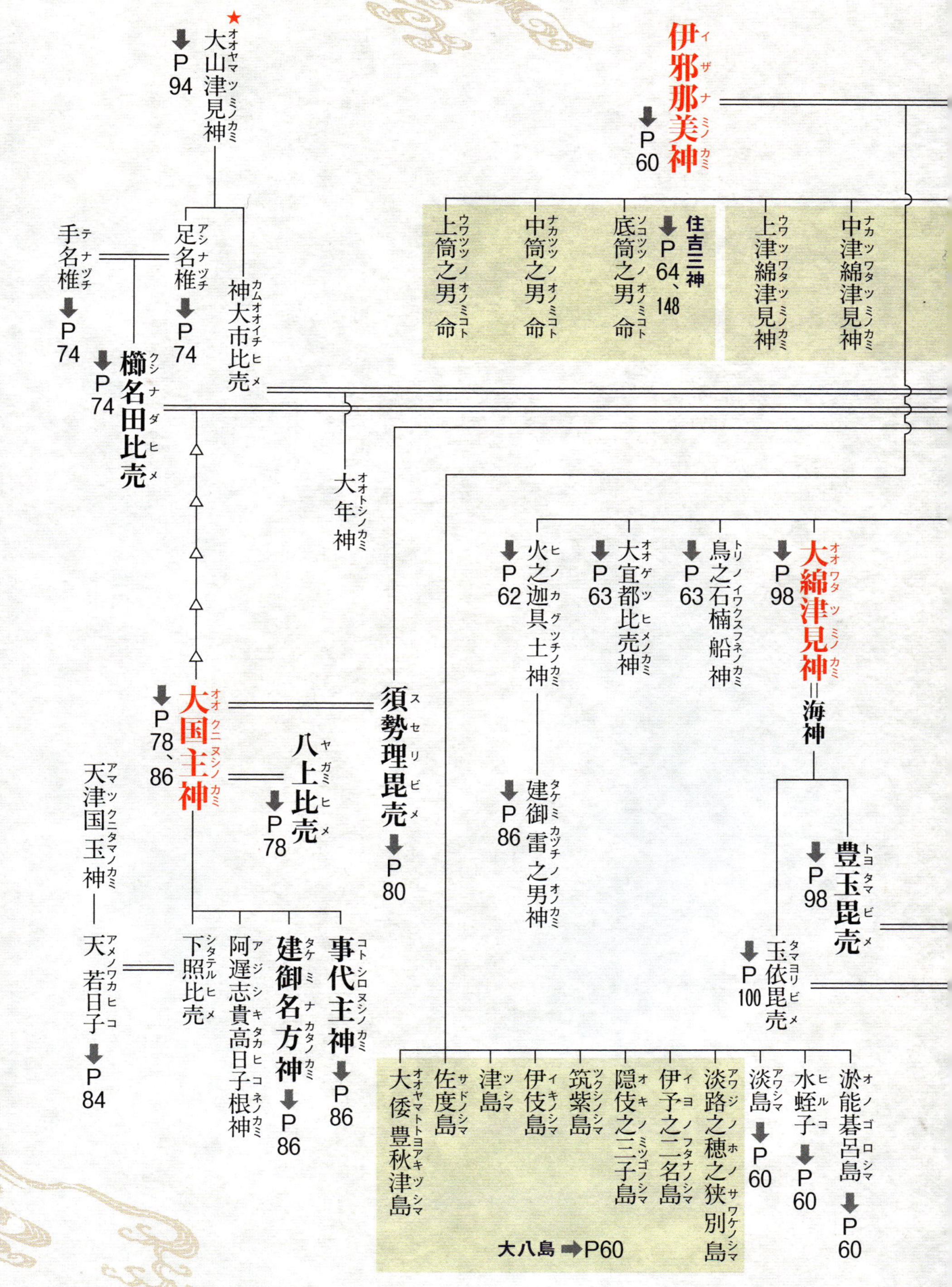

伊邪那美神《イザナミノカミ》 ➡P60
中津綿津見神《ナカツワタツミノカミ》
上津綿津見神《ウワツワタツミノカミ》
住吉三神 ➡P64、148
底筒之男命《ソコツツノオノミコト》
中筒之男命《ナカツツノオノミコト》
上筒之男命《ウワツツノオノミコト》
大綿津見神《オオワタツミノカミ》 ➡P98
=海神
鳥之石楠船神《トリノイワクスフネノカミ》 ➡P63
大宜都比売神《オオゲツヒメノカミ》 ➡P63
火之迦具土神《ヒノカグツチノカミ》 ➡P62
建御雷之男神《タケミカヅチノオノカミ》 ➡P86
豊玉毘売《トヨタマビメ》 ➡P98
玉依毘売《タマヨリビメ》 ➡P100
淤能碁呂島《オノゴロシマ》 ➡P60
水蛭子《ヒルコ》 ➡P60
淡島《アワシマ》 ➡P60
淡路之穂之狭別島《アワジノホノサワケノシマ》
伊予之二名島《イヨノフタナノシマ》
隠伎之三子島《オキノミツゴノシマ》
筑紫島《ツクシノシマ》
伊伎島《イキノシマ》
津島《ツシマ》
佐度島《サドノシマ》
大倭豊秋津島《オオヤマトトヨアキツシマ》
大八島 ➡P60
大年神《オオトシノカミ》
須勢理毘売《スセリビメ》 ➡P80
八上比売《ヤガミヒメ》 ➡P78
大国主神《オオクニヌシノカミ》 ➡P78、86
事代主神《コトシロヌシノカミ》 ➡P86
建御名方神《タケミナカタノカミ》 ➡P86
阿遅志貴高日子根神《アジシキタカヒコネノカミ》
下照比売《シタテルヒメ》
天若日子《アメノワカヒコ》 ➡P84
天津国玉神《アマツクニタマノカミ》
★
大山津見神《オオヤマツミノカミ》 ➡P94
神大市比売《カムオオイチヒメ》
足名椎《アシナヅチ》 ➡P74
手名椎《テナヅチ》 ➡P74
櫛名田比売《クシナダヒメ》 ➡P74

天皇の系図

⬇のページは本書で登場する主なページ　＝は婚姻関係　赤字は記紀における重要人物　青字は天皇号　表記は㉕武烈天皇までは『古事記』、㉖継体天皇からは『日本書紀』に基づく　①（丸数字）は天皇の代

- ① 神倭伊波礼毘古命《カムヤマトイワレビコノミコト》
  神武天皇《じんむてんのう》 ⬇P108
- ② 神沼河耳命《カムヌナカワミミノミコト》
  綏靖天皇《すいぜいてんのう》 ⬇P118
- ③ 師木津日子玉手見命《シキツヒコタマデミノミコト》
  安寧天皇《あんねいてんのう》 ⬇P118
- ④ 大倭日子鉏友命《オオヤマトヒコスキトモノミコト》
  懿徳天皇《いとくてんのう》 ⬇P118
- ⑤ 御真津日子訶恵志泥命《ミマツヒコカエシネノミコト》
  孝昭天皇《こうしょうてんのう》 ⬇P118
- ⑥ 大倭帯日子国押人命《オオヤマトタラシヒコクニオシヒトノミコト》
  孝安天皇《こうあんてんのう》 ⬇P118
- ⑦ 大倭根子日子賦斗邇命《オオヤマトネコヒコフトニノミコト》
  孝霊天皇《こうれいてんのう》 ⬇P118
- ⑧ 大倭根子日子国玖琉命《オオヤマトネコヒコクニクルノミコト》
  孝元天皇《こうげんてんのう》 ⬇P118
- ⑨ 若倭根子日子大毘々命《ワカヤマトネコヒコオオビビノミコト》
  開化天皇《かいかてんのう》 ⬇P118
- 建内宿禰《タケシウチノスクネ》
- ⑩ 御真木入日子印恵命《ミマキイリヒコイニエノミコト》
  崇神天皇《すじんてんのう》 ⬇P122
- 息長帯比売命《オキナガタラシヒメノミコト》
  神功皇后《じんぐうこうごう》 ⬇P148
- ⑪ 伊久米伊理毘古伊佐知命《イクメイリビコイサチノミコト》
  垂仁天皇《すいにんてんのう》 ⬇P128
- 倭比売命《ヤマトヒメノミコト》 ⬇P140
- ⑫ 大帯日子淤斯呂和気天皇《オオタラシヒコオシロワケノスメラミコト》
  景行天皇《けいこうてんのう》 ⬇P136
- ⑬ 若帯日子天皇《ワカタラシヒコノスメラミコト》
  成務天皇《せいむてんのう》
- 倭建命《ヤマトタケルノミコト》 ⬇P136
- ⑭ 帯中日子天皇《タラシナカツヒコノスメラミコト》
  仲哀天皇《ちゅうあいてんのう》 ⬇P148
- ⑮ 品陀和気命《ホムダワケノミコト》
  応神天皇《おうじんてんのう》 ⬇P150、156

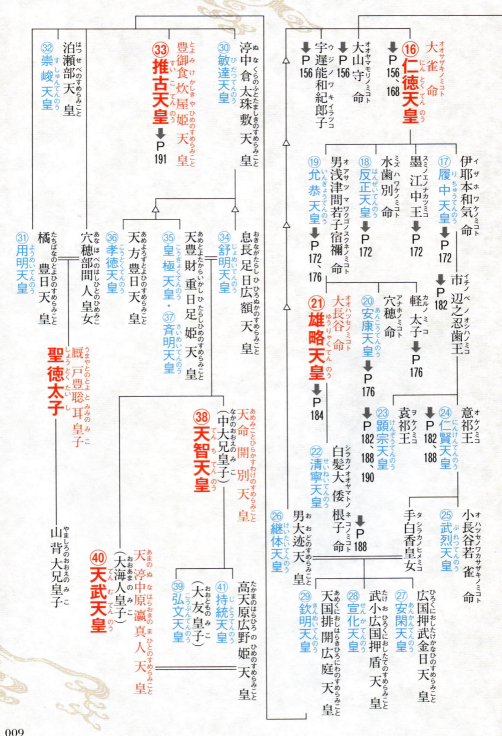

⑯ 大雀命《オオサザキノミコト》
仁徳天皇《にんとくてんのう》 ➡P156、168

大山守命《オオヤマモリノミコト》 ➡P156

宇遅能和紀郎子《ウジノワキイラツコ》 ➡P156

伊耶本和気命《イザホワケノミコト》
⑰ 履中天皇《りちゅうてんのう》 ➡P172

墨江中王《スミノエノナカツミコ》 ➡P172

水歯別命《ミズハワケノミコト》
⑱ 反正天皇《はんぜいてんのう》 ➡P172

男浅津間若子宿禰命《オアサツマワクゴノスクネノミコト》
⑲ 允恭天皇《いんぎょうてんのう》 ➡P172、176

市辺之忍歯王《イチノベノオシハノミコ》 ➡P182

軽太子《カルノミコ》 ➡P176

穴穂命《アナホノミコト》
⑳ 安康天皇《あんこうてんのう》 ➡P176

大長谷命《オオハツセノミコト》
㉑ 雄略天皇《ゆうりゃくてんのう》 ➡P184

意祁王《オケノミコ》
㉔ 仁賢天皇《にんけんてんのう》 ➡P182、188

袁祁王《ヲケノミコ》
㉓ 顕宗天皇《けんぞうてんのう》 ➡P182、188、190

白髪大倭根子命《シラカノオオヤマトネコノミコト》
㉒ 清寧天皇《せいねいてんのう》 ➡P188

小長谷若雀命《オハツセノワカサザキノミコト》
㉕ 武烈天皇《ぶれつてんのう》

手白香皇女《タシラカノヒメミコ》

男大迹天皇《おおどのすめらみこと》
㉖ 継体天皇《けいたいてんのう》

広国押武金日天皇《ひろくにおしたけかなひのすめらみこと》
㉗ 安閑天皇《あんかんてんのう》

武小広国押盾天皇《たけおひろくにおしたてのすめらみこと》
㉘ 宣化天皇《せんかてんのう》

天国排開広庭天皇《あめくにおしはらきひろにわのすめらみこと》
㉙ 欽明天皇《きんめいてんのう》

淳中倉太珠敷天皇《ぬなくらのふとたましきのすめらみこと》
㉚ 敏達天皇《びだつてんのう》

豊御食炊屋姫天皇《とよみけかしきやひめのすめらみこと》
㉝ 推古天皇《すいこてんのう》 ➡P191

泊瀬部天皇《はつせべのすめらみこと》
㉜ 崇峻天皇《すしゅんてんのう》

橘豊日天皇《たちばなのとよひのすめらみこと》
㉛ 用明天皇《ようめいてんのう》

穴穂部間人皇女《あなほべのはしひとのひめみこ》

厩戸豊聡耳皇子《うまやとのとよとみみのみこ》
聖徳太子《しょうとくたいし》

山背大兄皇子《やましろのおおえのみこ》

息長足日広額天皇《おきながたらしひひろぬかのすめらみこと》
㉞ 舒明天皇《じょめいてんのう》

天豊財重日足姫天皇《あめとよたからいかしひたらしひめのすめらみこと》
㉟ 皇極天皇《こうぎょくてんのう》・㊲ 斉明天皇《さいめいてんのう》

天方豊日天皇《あめよろずとよひのすめらみこと》
㊱ 孝徳天皇《こうとくてんのう》

天命開別天皇《あめみことひらかすわけのすめらみこと》
（中大兄皇子《なかのおおえのみこ》）
㊳ 天智天皇《てんちてんのう》

天渟中原瀛真人天皇《あまのぬなはらおきのまひとのすめらみこと》
（大海人皇子《おおあまのみこ》）
㊵ 天武天皇《てんむてんのう》

高天原広野姫天皇《たかまのはらひろのひめのすめらみこと》
㊶ 持統天皇《じとうてんのう》

（大友皇子《おおとものみこ》）
㊴ 弘文天皇《こうぶんてんのう》

記紀の舞台 九州をめぐる

九州は神話のクライマックスの地。各掲載ページとともにスポットを紹介する。

天の岩屋戸の地

1 天安河原 P12、67

天の岩屋戸開きの際、神々が集まった

2 天岩戸神社 P12、66

天照大御神《アマテラスオオミカミ》が籠ったと伝わる洞窟がある

天孫降臨の地

3 高千穂峰 P15

天孫降臨の候補地

4 笠沙の岬 P15、91

邇邇芸命《ニニギノミコト》と木花之佐久夜毘売《コノハナノサクヤヒメ》の出会いの地

5 西都原古墳群 P14、95

邇邇芸命と木花之佐久夜毘売の墓がある

海佐知毘古、山佐知毘古の地

6 鬼の洗濯板 P16、96

火遠理命《ホオリノミコト》の上陸地

7 青島神社 P17、97

火遠理命の宮跡とされる地

8 鵜戸神宮 P17、97

豊玉毘売《トヨタマビメ》出産の地。鵜葺草葺不《ウカヤフキアエ》合命《ズノミコト》を祀る

9 潮嶽神社 P17

火遠理命を祀る

神武天皇伝承の地

10 立磐神社 → P18､109
神武天皇が渡航の安全を祈願した

11 皇宮屋 → P18､109
神武天皇皇居跡

12 駒宮神社 → P18､109
神武天皇が幼少期を過ごした地

13 皇子原神社 → P19､109
神武天皇が誕生した産屋の跡地

14 宮浦宮 → P19
神武天皇がたびたび訪れた

15 鹿児島神宮 → P19
神武天皇が火遠理命をしのんで建てた宮

神功皇后遠征の地

16 宮地嶽神社 → P20
神功《じんぐう》皇后を祀る

17 宇美八幡宮 → P21
神功皇后が応神《おうじん》天皇を産んだ

18 玉島川 → P21
神功皇后が魚釣りをした川

19 志賀海神社 → P20
神功皇后の立ち寄り地

20 住吉神社 → P21
神功皇后が、住吉三神を祀った

21 聖母宮 → P21
神功皇后と住吉三神を祀る

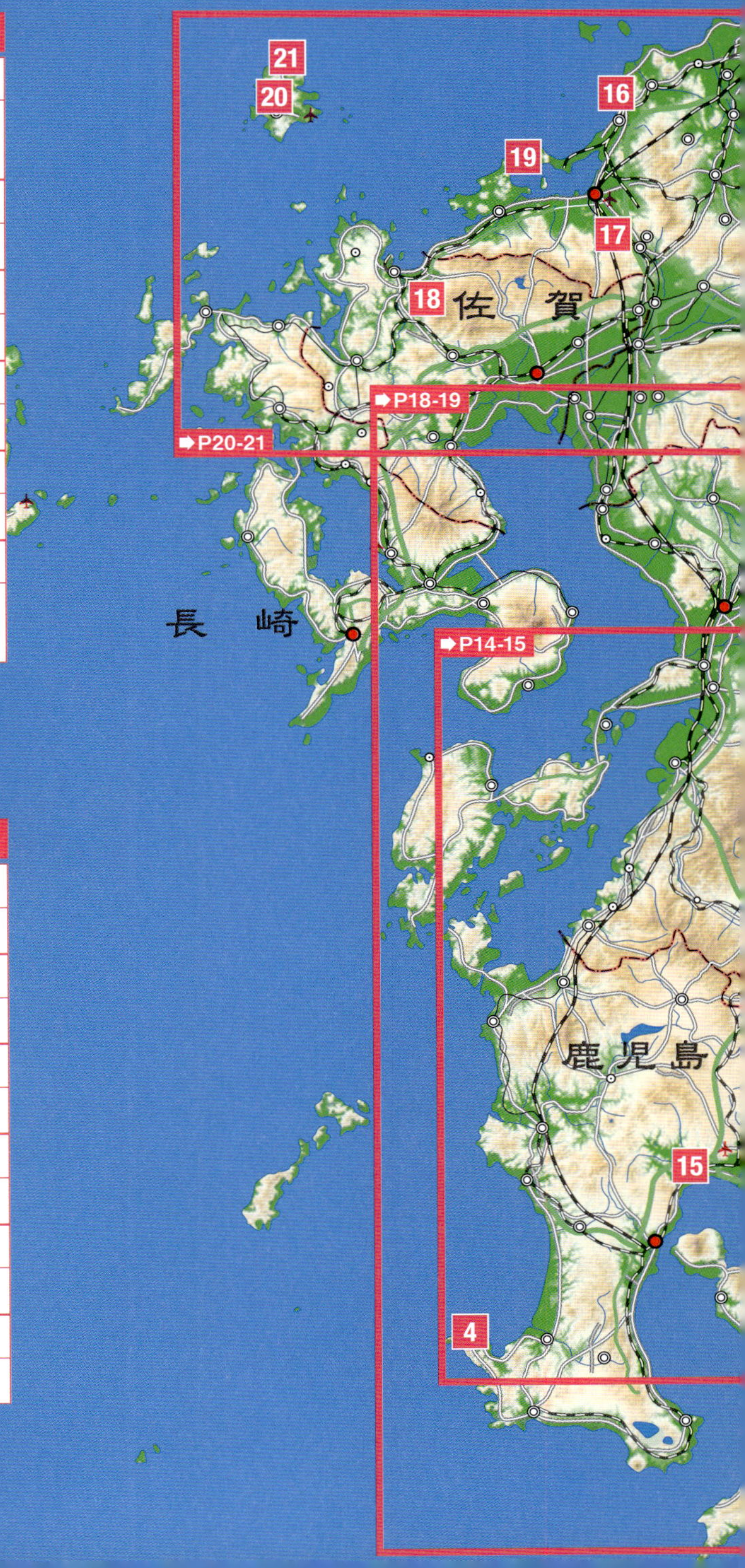

天の岩屋戸の地

宮崎県高千穂町

石を積み上げて祈願すると叶うとの伝承があり、洞窟の中は多くの石で埋まる。

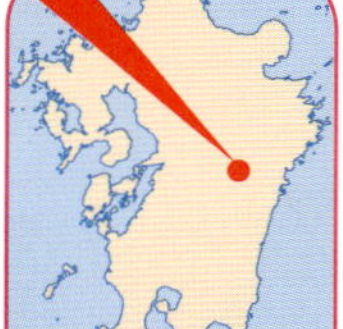

天《あま》の岩屋戸《いわやと》に籠った天照大御神《アマテラスオオミカミ》を、神々が知恵をめぐらし連れ戻す——有名なこの神話の伝承地は高千穂町にある。

本来の舞台は天上界の高天原《たかまのはら》なのだが、高千穂町には岩戸の地名が残り、天の岩屋とされる洞窟が、天岩戸《あまのいわと》神社に存在する。神々が集う天安河原《あめのやすのかわら》とされる洞窟もあり、天照大御神を呼び戻さんとここで策を練ったという。大御神と須佐之男命《スサノオノミコト》が誓約《うけい》（⬇P68）を行ったのもこの河原だ。

2 天岩戸神社の西本宮 ➡P66

岩戸川を挟んで、東本宮と西本宮が鎮座する。

駐車場奥に大御神を引きだした天《アメノ》手《タ》力《ヂカラ》男神《オノカミ》の像が立つ。この岩は、遠く長野の戸隠まで飛んだとされる（⬇P71）。

天の岩屋戸で活躍した神々

- ❶思金神（オモイカネノカミ）
天照大御神を外に出すべく策を練る
- ❷天児屋命（アメノコヤネノミコト）
祝詞を唱える
（朝廷の神事と祭事を司る中臣氏の祖）
- ❸天手力男神（アメノタヂカラオノカミ）
岩屋戸から顔を出した
天照大御神の手を取って引き出す
- ❹天宇受売命（アメノウズメノミコト）
神懸りになったように踊る（鎮魂祭などで
神楽を奉納する猿女君の祖）
- ❺布刀玉命（フトダマノミコト）
御幣を捧げ持つ
（祭祀具を作る忌部氏の祖）
- ❻伊斯許理度売命（イシコリドメノミコト）
榊に飾る鏡を作った（鏡作氏の祖）
- ❼玉祖命（タマノオヤノミコト）
榊に飾る勾玉を作った（玉造氏の祖）

ここで活躍した神々は、のちに天孫降臨に伴って
地上に降り、宮中の祭祀を担う一族の祖となる。
「天照大御神」伊藤龍涯画（神宮徴古館所蔵）

高千穂神楽

高千穂町は、夜神楽でも知られる土地。天の岩屋戸前での天宇受売命の舞が由来とされ、国の重要無形文化財となっている。毎年11月後半から2月上旬、およそ20もの集落単位での神楽奉納が続く。それぞれ夜を徹して、33番の神楽が行われるという。

高千穂神社では毎晩、観光用に代表的な4番の神楽を公開している。11月22日から翌日にかけては、「神話の高千穂夜神楽まつり」が開催される。

天手力男神の舞
収穫に欠かせない太陽神（天照大御神）の出現を祈る舞い。

天孫降臨の地

宮崎県高千穂町
霧島連山高千穂峰

記紀神話のなかで重要な意味をもつのが、天上界から皇室の祖、瓊瓊芸命《ニニギノミコト》が地上に降り立つ「天孫降臨《てんそんこうりん》」だ。瓊瓊芸は天上界の最高神の孫。ゆえに天孫という。古事記は降臨の地を「筑紫の日向《ひむか》の高千《たかち》穂《ほ》の久士布流多気《くじふるたけ》」と記す。その候補地はいくつかあるが、有力とされているのが、宮崎県にあるふたつの高千穂だ。

神々をひきいて降臨する瓊瓊芸命

瓊瓊芸命

猿田毘古神を先導役に、天の岩屋戸で活躍した天児屋命、布刀玉命、天宇受売命、伊斯許理度売命、玉祖命の5柱の神を伴って降臨した。

「天孫降臨」狩野探道画
（神宮徴古館所蔵）

ともに天から近い山間部にある高千穂。その間は100kmほど。高千穂とは「高く積まれた稲穂」を意味し、固有名詞ではなく、場所を特定する意味はないとするのが近年の主流だ。
熊本
阿蘇山
高千穂町
高千穂
約100km
5 西都原古墳群《さいとばるこふんぐん》 ➡P95
瓊瓊芸命と、妻・木花之佐久夜毘売の墓陵とされる塚がある。周囲には天孫降臨後、瓊瓊芸命がやってきたという船着場跡などの伝承地が点在する。
この鳥瞰図は東から見ています
高鍋IC
高鍋
高鍋駅
川南駅
都農駅
日豊本線
美々津駅
日向市駅
門川駅
門川IC
延岡南IC
延岡
延岡駅

天孫降臨ふたつの候補地

候補地2 高千穂峰 ➡P91

霧島連山の一峰、高千穂峰。山頂には邇邇芸が突き立てたとする逆鉾が天に向く。古事記には邇邇芸が「ここは韓国《からくに》に向かい」と語る部分があるが、地元ではそれを同じ霧島連山の韓国岳と伝えている。

候補地1 高千穂町 ➡P90

県北西部の山間のこの町には、天孫降臨関連の神社では最古という高千穂神社、「久士布流多気」にある櫛触《くしふる》神社、高天原遥拝地など、数多くの伝承地が点在する。写真は、天の井戸の水を落とすとされる真名井《まない》の滝。

4 笠《かさ》沙《さ》の岬 ➡P91

高千穂の峰に降りたときの邇邇芸命の言葉に出てくる。「ここは韓国に向かい、笠沙の御崎にもまっすぐに通じ、朝日がまっすぐに射す国、夕日が輝く国である。とてもよい地だ」。邇邇芸命はここでのちに絶世の美女・木花之佐久夜毘売と出会う。現在の地名は野間岬。

海佐知毘古、山佐知毘古の地

宮崎県宮崎市、日南市

火遠理命が住んだ青島

P96

黒潮にさらされる青島周囲の海岸は、鬼の洗濯板と呼ばれる階段状に浸食された岩場となっている。海神の国から帰郷した山佐知毘古こと火遠理命が、第一歩を踏んだとされるにふさわしい、独特の景観が広がる。

道具の交換をしたものの兄の釣針をなくして困り果てた弟が、海の中へと向かう——おなじみ海彦山彦の物語。兄は火《ホ》照命《デリノミコト》、弟は火遠理命《ホオリノミコト》というが、それぞれの生業から、海幸彦、山幸彦と呼ばれた（古事記では海佐知毘古、山佐知毘古と記す）。この兄弟は天孫、邇邇芸命《ニニギノミコト》の

火遠理命と塩椎神

兄の釣針をなくして途方に暮れていた火遠理に、海神の国へ行くよう、船を出して乗せたのが塩椎神。航海の神であり、日本書紀では導きの役割を果たすために幾度か登場する。

「海幸山幸」平沢定人画（宮崎神宮蔵）

7 青島神社

➡P97

火遠理、豊玉毘売、塩椎神《シオツチノカミ》が住んでいたとされる場所に建ち、これら3神を祀る。

9 潮嶽《うしおだけ》神社

➡P48

海神の国から秘策を授けられて戻った火遠理に、兄の火照はかなわず、仕えることになる。潮嶽神社は火照が満潮に乗ってたどりついた地で、ここに居を構えたと伝わる。

8 鵜戸《うど》神宮

➡P97

海神の国からやってきた豊玉毘売の出産の地。海へと降りるように伸びる長い石段の先、崖の下の洞窟に本殿がある。祭神は、子の鵜葺草葺不合命。

子で、山佐知毘古こと火遠理は、初代天皇、神武《じんむ》の祖父となる。

火遠理が海から戻ってきて宮を建てたと伝わるのが、日南海岸に浮かぶ青島《あおしま》の地だ。そこから海岸線を20㎞ほど南下した鵜戸崎《うどざき》には産屋を建てており、跡地に鵜戸神宮《うどじんぐう》が鎮座する。海神の国で結婚した妻、豊玉毘売《トヨタマビメ》が、ここで出産したのが鵜葺草葺不合命《ウカヤフキアエズノミコト》。神武天皇の父親だ。

神武天皇伝承の地

宮崎県、鹿児島県

瓊瓊芸命《ニニギノミコト》、火遠理命《ホオリノミコト》、鵜葺草葺不合命《ウカヤフキアエズノミコト》とつながる系譜が日向三代（➡P101）。鵜葺草葺不合命の子が、初代天皇・神武《じんむ》天皇《てんのう》となる。神武は日向の地で生まれ育ち、東の地をも征するために旅立つ。

古事記では、大和で政権を確立するまでの「神武の東征」が中盤の山場のひとつとなるが、九州の地では、神武が船出するまでの足跡が、多く伝えられている。史実的な真偽はともかく、地元の伝承地は、今も威厳に満ちた気配に包まれ、来る人の感性を刺激し続けている。

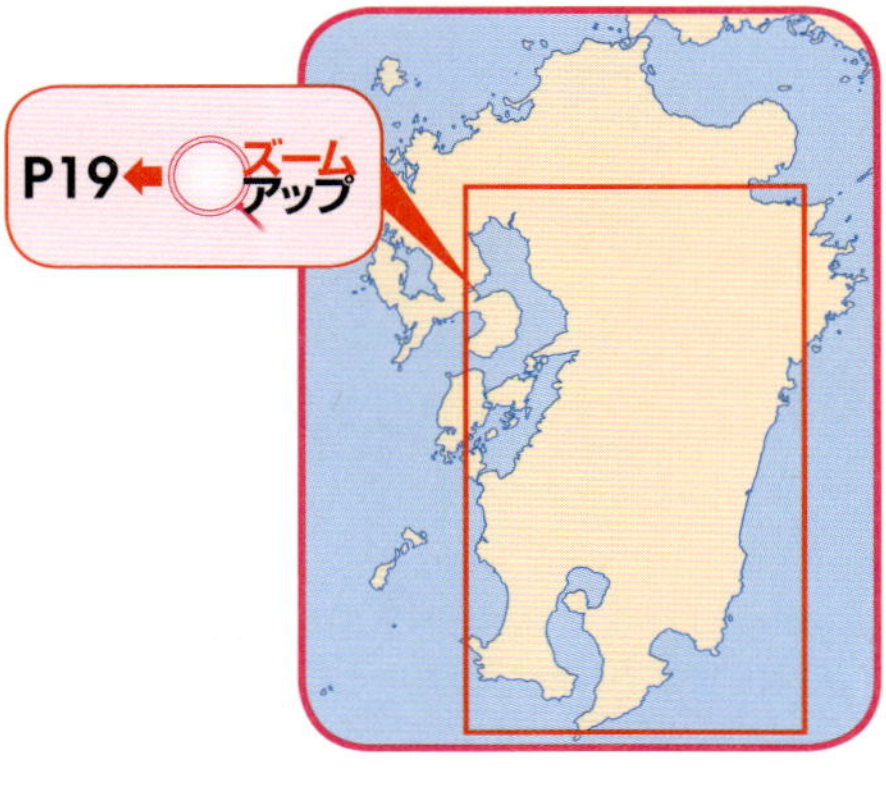

10 立磐《たていわ》神社 ➡P109

記紀では船出の地を「日向の国」として具体的な場所は明記していないが、地元では古より美々津と伝わる。写真は船出の際、腰かけて船出を待ったという立磐神社の「腰かけ岩」。

11 皇宮屋《こぐや》 ➡P109

東征前の住居跡と伝わり、神武天皇を祀る宮崎神社の摂社、皇宮神社が鎮座する。近くには「皇軍《こうぐん》発祥の地の塔」がある。

12 駒宮《こまみや》神社 ➡P109

宮崎の地へ移る前の数年間、ここに滞在したとされる。愛馬との伝承が残り、近くには「駒繋《こまつな》ぎの松の跡」がある。

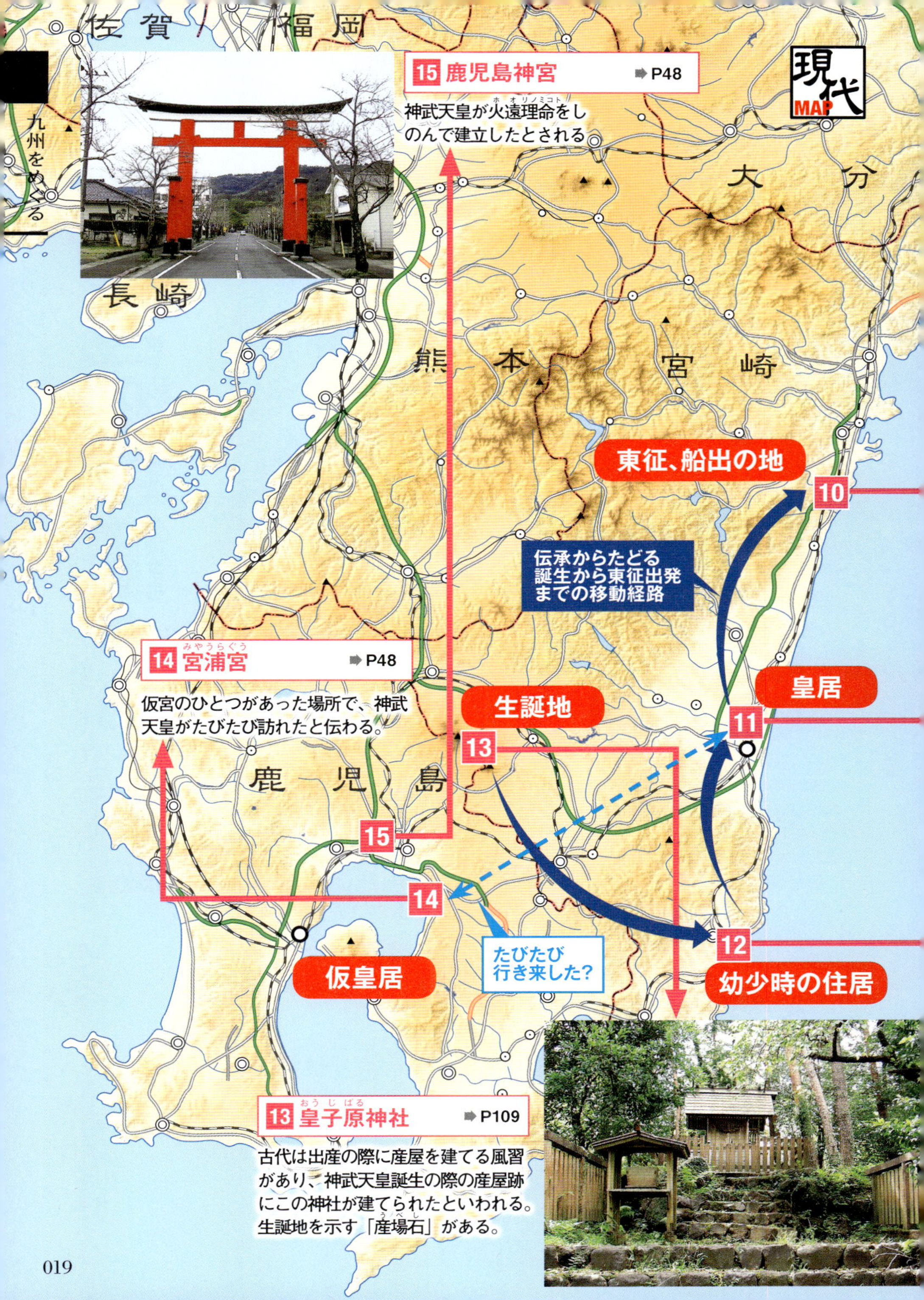
現代MAP
佐賀
福岡
長崎
大分
熊本
宮崎
鹿児島
15 鹿児島神宮 ➡P48
神武天皇が火遠理命《ホオリノミコト》をしのんで建立したとされる
14 宮浦宮《みやうらぐう》 ➡P48
仮宮のひとつがあった場所で、神武天皇がたびたび訪れたと伝わる。
13 皇子原《おうじばる》神社 ➡P109
古代は出産の際に産屋を建てる風習があり、神武天皇誕生の際の産屋跡にこの神社が建てられたといわれる。生誕地を示す「産場石《うべし》」がある。
伝承からたどる誕生から東征出発までの移動経路
東征、船出の地
10
皇居
11
生誕地
13
15
14
たびたび行き来した?
仮皇居
12
幼少時の住居

神功皇后遠征の地

福岡県、佐賀県、長崎県

神功《じんぐう》皇后は住吉《すみよし》三神のお告げで、朝鮮半島にある新羅《しらぎ》への遠征を決意する。皇后の軍船は海峡を越え、順風に乗って新羅に攻め込み、勢いに気押された新羅王は降伏を申し出た。半島にある百済《くだら》も朝貢にくることを約束する。

九州北部には遠征の拠点となった香椎《かしい》宮《ぐう》（⬇Ｐ１４７）のほか、皇后ゆかりの地がいくつも存在する。また戦争をものともせず、皇后が無事に応神《おうじん》天皇を生んだことから、いつしか伝承地は安産信仰と結びつき、訪ねてめぐる参詣者も多い。

遠征の前に皇后が、宮地嶽の山頂から大海原を見て開運を祈願したのがはじまりとされ、その山腹に鎮座する。

神功皇后が遠征の途中で立ち寄ったと伝わる。写真は皇后が対馬で鹿狩りをした際に鹿の角を納めたと伝わる鹿角堂。

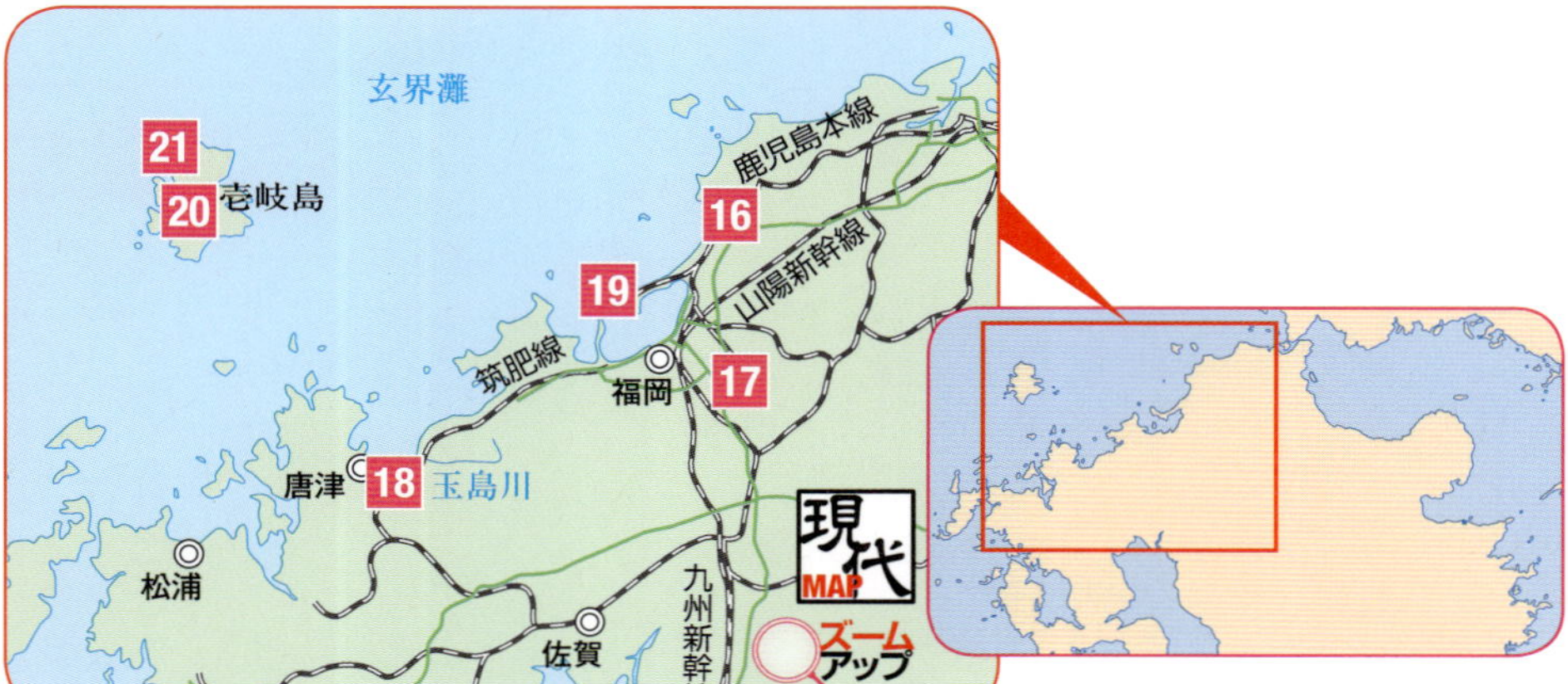

18 玉島川 ➡P48

遠征後に釣りをしたと伝わる。川沿いには皇后を祀る玉島神社があり、台にした御立石（➡P147）も残る。

20 住吉神社 ➡P48

遠征を成し遂げた皇后が、住吉三神を祀ったとされる。神池の前にある竹生島神社には、遠征時の陣鐘が埋められていると伝わる。

21 聖母宮《しょうもぐう》 ➡P48

遠征前、風待ちのために建てた宮がはじまりとされ、皇后と住吉三神を祀る。写真は皇后と神馬の足跡と伝わる馬蹄石。

新羅遠征から戻ったあと御子を生んだ神功皇后

建内宿禰《タケシウチノスクネ》は神託で皇子の誕生を予言し、誕生後はミソギのため、皇子を連れて気比へと向かった。

「神功皇后」佐々木尚文画（神宮徴古館所蔵）

17 宇美《うみ》八幡宮 ➡P48

神功皇后が応神《おうじん》天皇を産んだ地とされ、安産の神として信仰を集める。出産の際につかまった子安の木（右の写真）など、伝説が数々残っている。

各地に残る倭建命《ヤマトタケルノミコト》伝説

倭建命はさまざまな地で語り継がれている。伝承の地を遠征の行路に沿ってたどってみよう。

1 熊襲の穴
（鹿児島県霧島市）

倭建が討った、熊曾の祝宴の場とも追い詰められた場所ともいわれる穴。

2 伊勢神宮内宮
（三重県伊勢市）

叔母の倭比売命《ヤマトヒメノミコト》から、草薙剣と火打石を賜り東征に出発する。神宮司庁写真提供

3 焼津神社
（静岡県焼津市）

➡P134

焼津では地元の国造に焼き殺されそうになる。境内に倭建の像が立つ。

4 草薙神社
（静岡県静岡市）

倭建の死後、父の景行天皇が草薙剣を奉納したと伝わる。倭建の像が立つ。

5 走水海と走水神社
（神奈川県横須賀市）

弟橘比売《オトタチバナヒメ》が身を投げた海。走水神社は弟橘比売を祀る。

6 袖ヶ浦
（千葉県木更津市）

海に身を投げた弟橘比売の着物の袖が流れ着いたのが地名の由来。

7 吾妻神社
（千葉県木更津市）

倭建らが上陸したといわれる地。弟橘比売の鏡を沈めたと伝わる鏡池がある。

8 吾妻神社
（神奈川県中郡）

海辺に流れ着いた弟橘比売の櫛を埋めたとされる。倭建と弟橘比売を祀る。

9 足柄峠
（静岡県駿東郡）

「吾妻はや」と振り返り妻をしのびながら歩いたため、吾妻との地名がついた。

10 酒折宮
（山梨県甲府市）

➡P134

甲斐に立ち寄った倭建が老人と歌を交わす。

15 居寤の清水（滋賀県米原市）

➡P135

倭建が意識を取り戻したと伝わる泉。すぐそばに倭建の像が立つ。

14 伊吹山（滋賀県米原市）

➡P135

山の神に痛めつけられる。山頂に像が立つ。

20 加佐登神社（三重県鈴鹿市）

死の間際まで持っていた笠と杖を御神体とする。境内には像が立つ。

19 能褒野陵（三重県亀山市）

➡P135

亡くなり、埋葬された地。

18 血塚社（三重県四日市市）

坂を上りきり、足の手当てをした。石碑がある。

16 当芸野（岐阜県養老郡）

疲れきって「足がたぎたぎしくなった」と言った。

17 杖衝坂（三重県四日市市）

疲れて杖をついて歩いた坂道。

13 氷上姉子神社（愛知県名古屋市）

東国を平定後、この地で結婚した倭建の妻、美《ミ》夜《ヤ》受《ズ》比《ヒ》売《メ》を祀る。

12 内々神社（愛知県春日井市）

東征の副将軍、建《タケ》稲《イナ》種《ダネ》命《ノミコト》が駿河の海で水死したことを聞き「うつつかな」と嘆き悲しみ、建稲種を祀った。

さらに峠を越えて…

11 神坂峠（長野県下伊那郡）

長野県と岐阜県の境の難所。倭建が腰かけて休んだといわれる腰掛岩がある。

記紀の舞台
出雲をめぐる

大国主神が活躍した神話の地、出雲。美しい海を背景に神々が国の基礎を築いた。

八俣の大蛇の地

4 草枕 P28、75
酔った八俣の大蛇が枕にした山

5 八本杉 P28、75
八俣の大蛇の首を埋めた地

6 天が淵 P28、75
八俣の大蛇の住まいとされる

7 八重垣神社 P29、73
須佐之男命と櫛名田比売を祀る

8 須我神社 P29、72
須佐之男命《スサノオノミコト》が宮を建てた地

9 八口神社 P29、75
須佐之男命が八俣の大蛇をしとめた地

10 八俣大蛇公園 P29、75
須佐之男命が川を流れる箸を拾った地

11 印瀬の壷神 P29、75
八俣の大蛇退治の際に酒を入れた壷を祀る

12 温泉神社 P29、75
櫛名田比売の両親を祀る

現代MAP

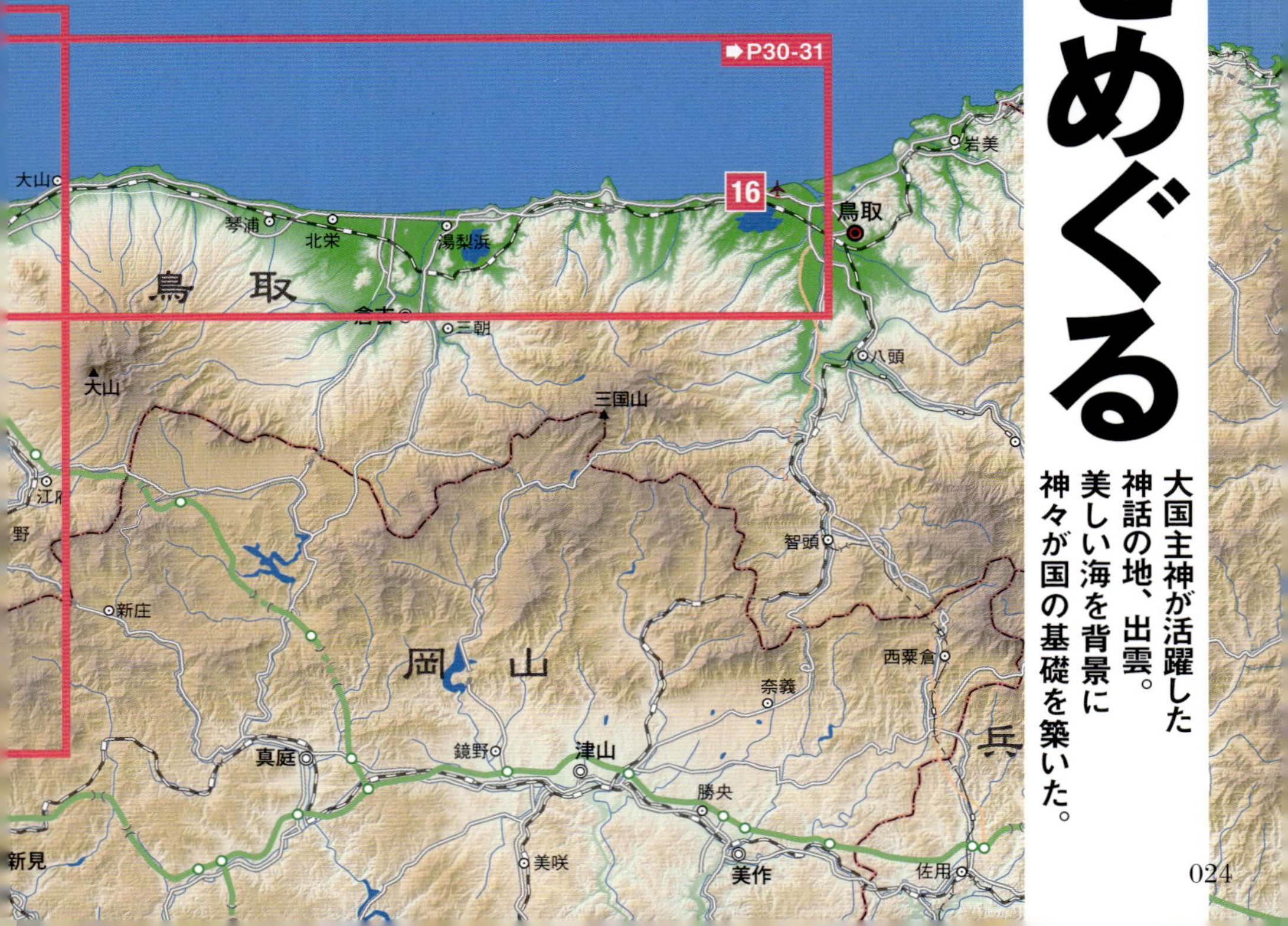

稲葉の素兎と国譲りの地

13 稲佐の浜 →P30、83

建御雷之男神《タケミカヅチノオノカミ》と大国主神《オオクニヌシノカミ》が国譲りを話し合った地

14 出雲大社 →P30、32、83

大国主神の神殿として建てられた

15 美保神社 →P31、87

事代主神《コトシロヌシノカミ》を祀る

16 白兎海岸 →P31、76

大国主神と素兎《しろうさぎ》が出会った

黄泉の国の入り口

1 黄泉比良坂 →P27

黄泉《よみ》の国の入り口と伝わる地

2 比婆山（島根県） →P27

黄泉の国の入り口と伝わる地

3 比婆山（広島県） →P27

黄泉の国の入り口と伝わる地

13 稲佐の浜

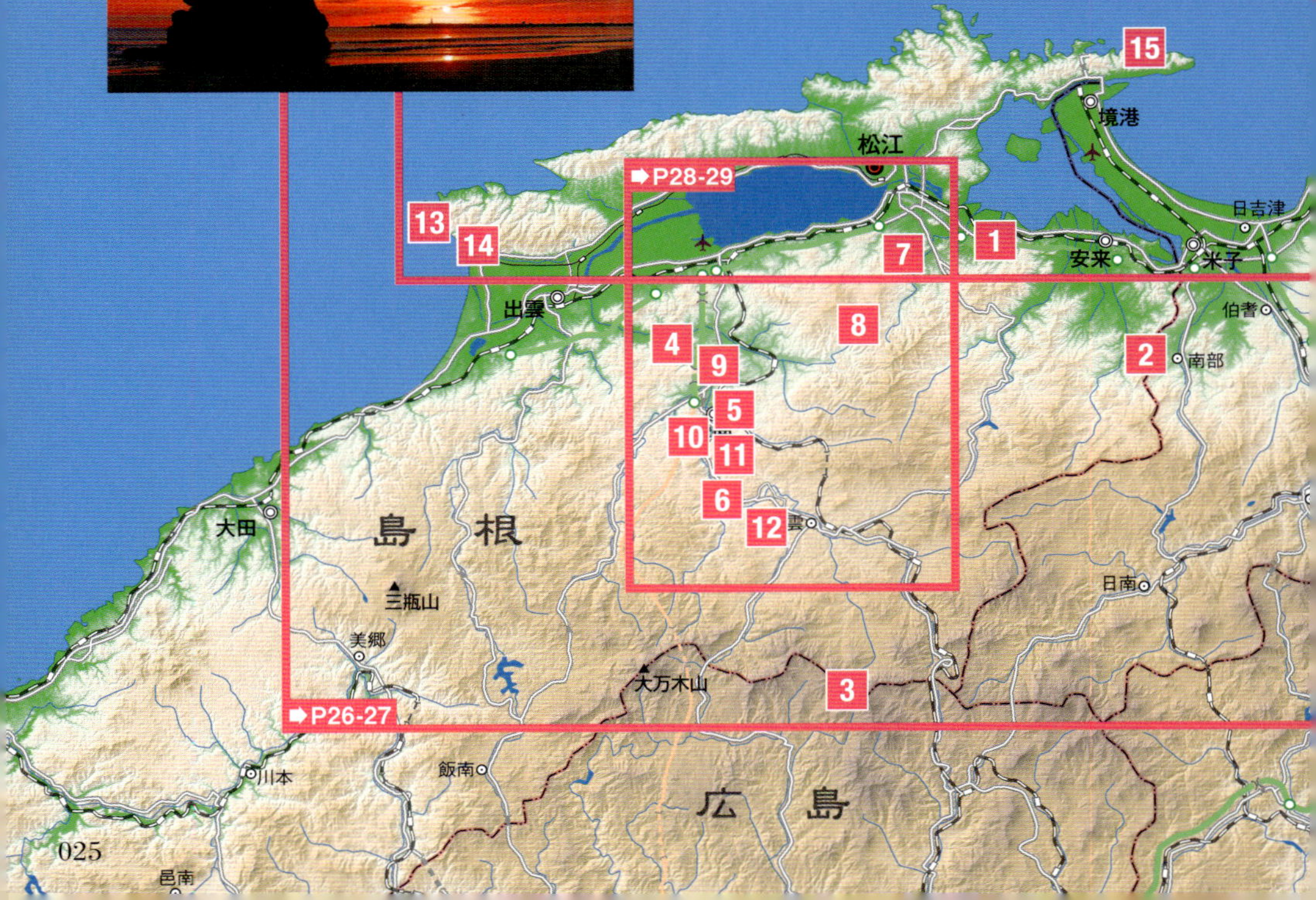

黄泉の国の入り口

島根県、広島県

伊邪那岐神《イザナキノカミ》は、火の神を産んで亡くなってしまった妻・伊邪那美神《イザナミノカミ》のことがあきらめきれず、黄泉《よみ》の国へと足を踏み入れる。しかし、変わり果てた妻の姿を目にして逃げ帰った。追っ手をふりきり、現世との境にある黄泉比良坂《よもつひらさか》にたどりつき、千引《ちびき》の岩《いわ》で出入口をふさぐ。

古事記はこの黄泉比良坂を出雲の伊賦《いふ》夜坂《やさか》としており、その比定地に揖夜神社《いやじんじゃ》が鎮座する。また古事記は、伊邪那美は出雲国と伯伎《ほうき》（伯耆）国との境にある比《ひ》婆《ば》の山に葬られたと記しており、実際に島根県と広島県境に比婆山があり、山中には「千引岩」と呼ばれる岩がある。しかし、比婆山は島根県安来市にも存在し、こちらには神陵とされる古墳がある。

ズームアップ
現代MAP
『出雲国風土記』で黄泉の穴とされる場所。海岸にある奥行50mほどの洞窟。
猪目の洞窟
島根半島
日御碕
松江
宍道湖
境港
地蔵崎
美保湾
松江市八雲町日吉にある史跡。明治33年、宮内庁が伊邪那美の陵墓伝承地に指定した。
山陰自動車道
御陵伝承地
安来
米子
鳥取
雲南
島根
伯耆
大山
美郷
南部
奥出雲
三江線
琴引山
飯南
木次線
船通山
伯備線
江府
日野
米子自動車道
広島
三次
庄原
新見
中国自動車道
井原鉄道
矢掛
総社
1
2
3
このほか、三重県熊野にも候補地がある。日本書紀では伊邪那美は熊野に葬られたとし、その比定地は花窟《はなのいわや》神社（➡P62）。近くに火の神を産んだとされる産田神社《うぶたじんじゃ》があり、そこは黄泉の国との出入口でもあると伝わっている。

黄泉の国の入り口3つの伝承地

候補地1 黄泉比良坂

所在地●島根県八束郡東出雲町揖屋
アクセス●JR山陰本線「揖屋駅」から徒歩20分

伊賦夜坂は東出雲町揖屋のあたりとされ、古来より伊邪那美を祀る揖夜神社（➡P59）がある。神社から1kmほどの場所に大きな岩が並ぶ伝承地があり、これが黄泉の国の出入口をふさいだ岩との言い伝えもある。地元ではここを黄泉比良坂としている。

候補地2 比婆山（島根県）

所在地●島根県安来市伯太町
JR山陰本線安来駅からバスで35分「横屋」下車、久米神社まで徒歩40分

標高331mの山で、山頂近くに伊邪那美を祀る比《ひ》婆《ば》山《やま》久《く》米《め》神社《じんじゃ》が鎮座する。この境内に、伊邪那美の神陵と伝わる古墳がある。登山口から神社まではおよそ1kmほど。

候補地3 比婆山（広島県）

所在地●広島県庄原市
アクセス●JR芸備線「備後落合駅」から車で20分。千引岩までは、立烏帽子駐車場から徒歩５分程度

広島県、島根県、鳥取県境にある標高1264mの山。山中にある巨大な岩が千引の岩とされている。写真はその千引岩。山頂には「御陵」と呼ばれる苔むした巨岩があり、伊邪那美の陵墓と伝わっている。

八俣の大蛇の地

島根県雲南市

須佐之男命《スサノオノミコト》が八つの頭を持つ大蛇を退治する「八俣《やまた》の大蛇《おろち》」神話。この神話の舞台は、斐伊川沿いにある。斐伊川は国内でも代表的な天井川（流れ込む土砂が多く、川底が周囲より高くなった川）で、たびたび洪水を引き起こしては人々を恐怖にさらした。八俣の大蛇は、そんな斐伊川の氾濫を映したものともされている。

地元では、須佐之男が流れてきた箸を拾って上流を目指すという物語の発端から、酒をつくって酔わせて退治するまで、物語を追うように伝承地が点在する。

4 草枕《くさまくら》

➡P75

仕掛けられた酒を飲み、酔いつぶれた八俣の大蛇。そのときに枕にしたとされる山。

5 八本杉《はちほんすぎ》

➡P75

須佐之男は退治後、大蛇の八つの首を埋め、その上に八本の杉を植えたと伝えられる。斐伊川の氾濫で幾度も流失し、現在の杉は明治６年に植えられたものといわれている。

6 天《あま》が淵《ふち》

➡P75

八俣の大蛇が住んでいたと伝わる場所。斐伊川の上流に位置し、岩に大蛇の足跡とされる痕跡も残っていたが、現在ではほとんど見えなくなっている。

P29 ← ズームアップ

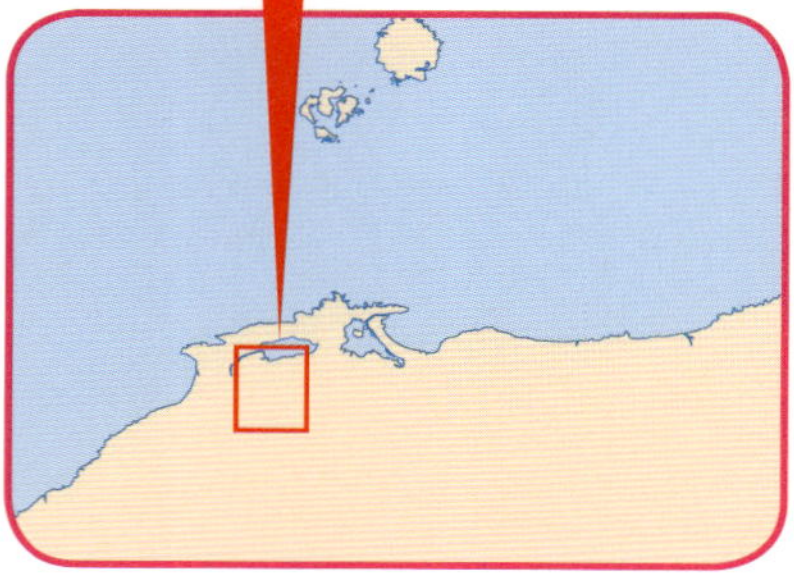

現代MAP

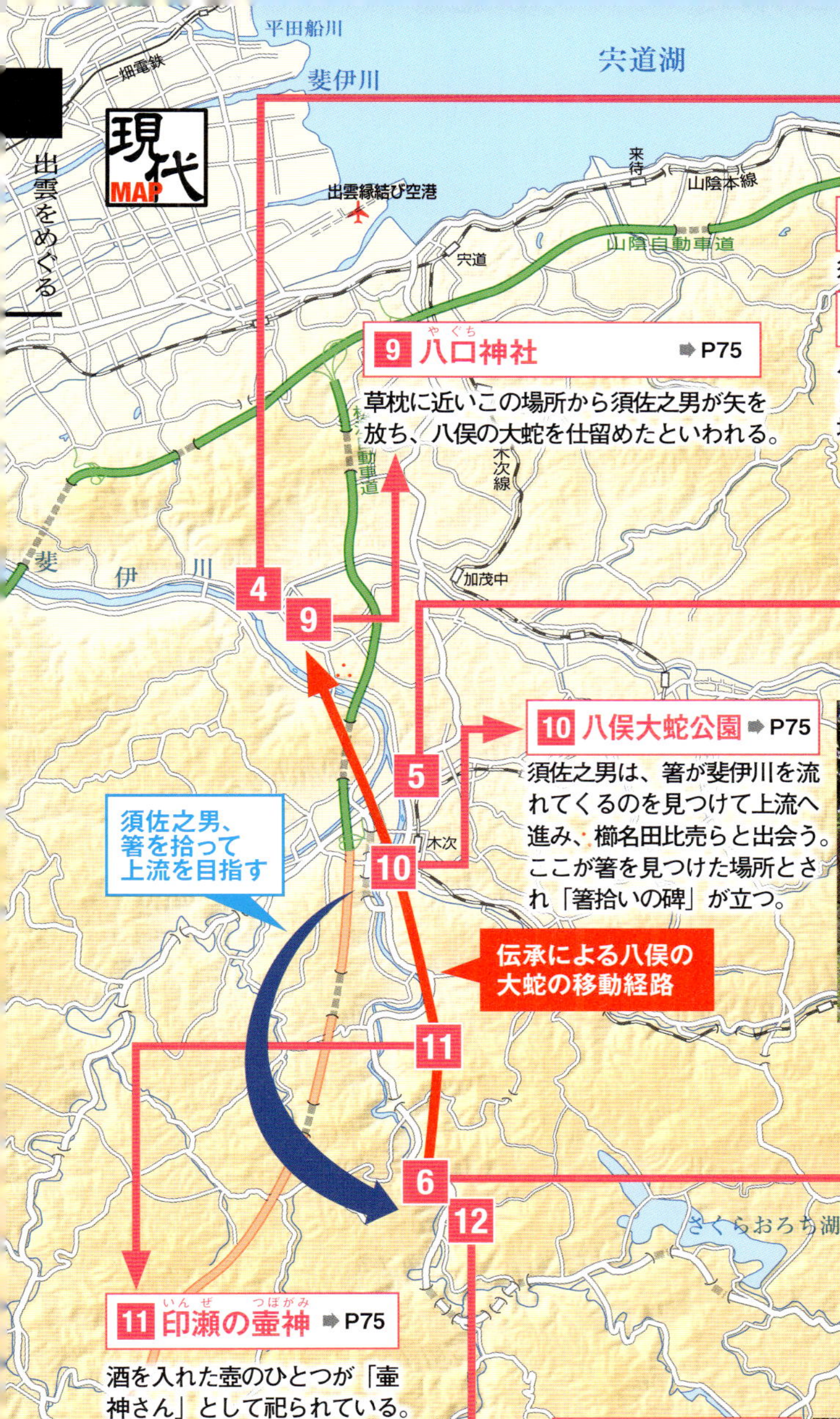

7 八重垣神社 ➡P73

須佐之男と櫛名田比売を祀る。

8 須我神社 ➡P72

八俣の退治のあと、須佐之男と櫛名田比売が住んだ宮の跡地に鎮座する。

9 八口《やぐち》神社 ➡P75

草枕に近いこの場所から須佐之男が矢を放ち、八俣の大蛇を仕留めたといわれる。

10 八俣大蛇公園 ➡P75

須佐之男は、箸が斐伊川を流れてくるのを見つけて上流へ進み、櫛名田比売らと出会う。ここが箸を見つけた場所とされ「箸拾いの碑」が立つ。

11 印瀬《いんぜ》の壷神《つぼがみ》 ➡P75

酒を入れた壺のひとつが「壷神さん」として祀られている。

12 温泉神社 ➡P75

天が淵の近くにある万蔵山に櫛名田比売の両親、足名椎神と手名椎神が住んでいたといわれ、ここにふたりを祀る神岩が安置されている。

稲羽の素兎と国譲りの地

島根県、鳥取県

14 出雲大社 ➡P32、83

大国主神が国譲りの条件として要求した壮大な神殿。今も大国主を祀り、縁結びの神として知られる。

13 稲佐の浜 ➡P83

国譲りの交渉に派遣された建御《タケミ》雷《カヅチ》之《ノ》男神《オノカミ》が現れた場所。建御雷は剣の柄を海に刺して立て、刃の先に胡坐をかき、大国主神《オオクニヌシノカミ》に国譲りを迫った。下の写真は、神無月に全国から出雲に来る神々を迎える「神迎祭」のようす。

この鳥瞰図は北から見ています

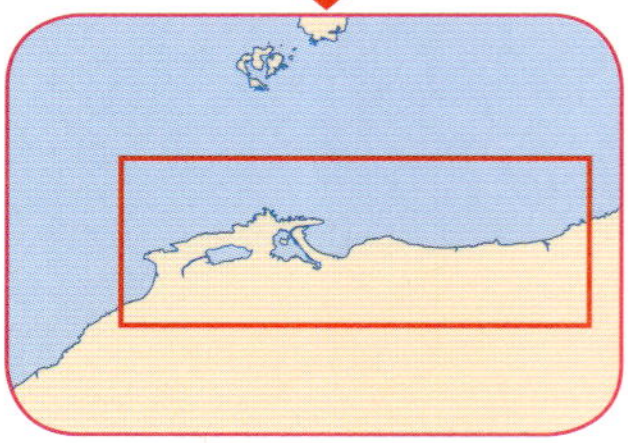

16 白兎海岸 ➡P76

有名な「稲羽《いなば》の素兎《しろうさぎ》」神話の地。弱った兎が体を癒した池のある場所に、白兎を祀った白兎神社も鎮座する。

15 美保神社 ➡P87

現代MAP

大国主の子、事代主神《コトシロヌシノカミ》は、国譲りの際、ここから呼び出された。それに由来するのが美保神社の諸手船神事《もろたぶねしんじ》。12月の寒中、高天原《たかまのはら》の使い、天鳥船《あめのとりふね》を模した2艘が水を掛けあい、漕ぎ競う。

国譲りを告げる大国主神

「国土奉還」(出雲大社蔵)

出雲の地は、大国主神《オオクニヌシノカミ》の成長とともに語られる。大国主がまず登場するのは、有名な「稲羽《いなば》の素兎《しろうさぎ》」神話。兄の八十神《やそがみ》たちに従者にされて、出雲から稲羽へと向かうが、ここで助けた兎が神獣で、大国主はここから大きく飛躍する。

須佐之男命《スサノオノミコト》の試練を乗り越え、国造りを終えた大国主に待ち受けていたのは、天上界、高天原《たかまのはら》への支配権の譲渡だった。稲佐の浜で国を譲れと迫られる。のちの出雲大社の造営を条件に大国主は記紀から姿を消し、記紀の舞台は九州へと移る。

出雲大社

島根県出雲市

出雲大社境内マップ

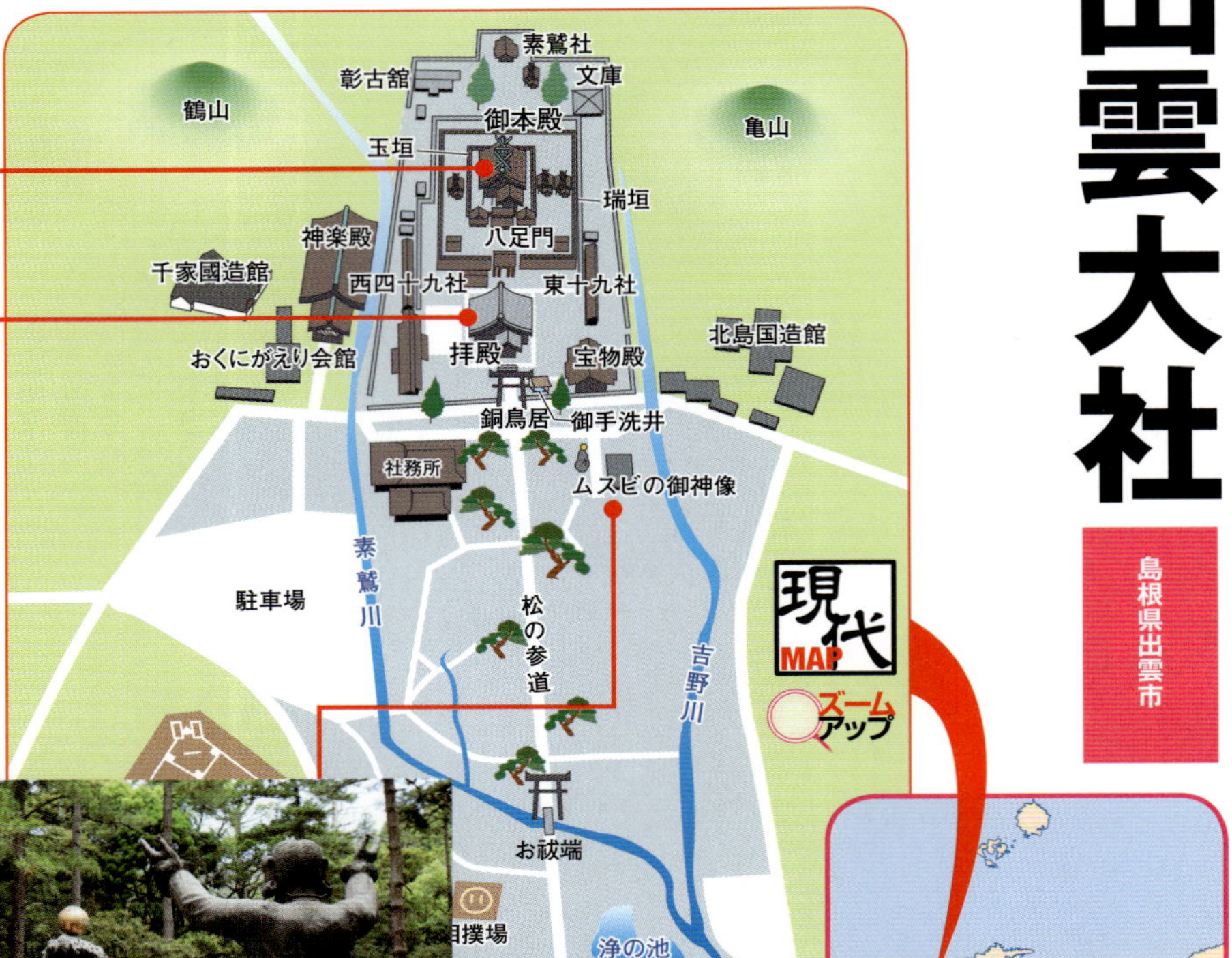

大国主神《オオクニヌシノカミ》を祀る神社として知られている出雲大社は出雲国一宮で、明治4（1871）年に改称されるまでは、杵《き》築大社《ずきおおやしろ》と呼ばれていた。『出雲風土記』によると、大国主のために神々が集まり、宮を建てるために地面を杵で突き固めたからだという。

「宮柱を太くして立て、大空にそびえる立派な神殿を建ててほしい」

そんな大国主の申し出をもとに創建されたと伝わる出雲大社。こんもりとした杜を背景に、約24ｍもの高さのある本殿が立つ様は、威風堂々として大国主の要望通りと思われる。しかし、現在の本殿は江戸中期造営のもの。以前は倍の48ｍほどもあったとされる。これは16階建てのビルに相当する高さだ。

にわかには信じがたいが、平成12（2000）年に本殿と拝殿の間の部分から巨大な宮柱の一部が発見された。直径1

最奥が、千木が高々とそびえる本殿。手前の建物が拝殿。

m以上の丸太3本を、金輪でくくって1本の柱にしたもので、これは出雲大社の宮司、出雲国造家に伝わる「金輪御造営差図」という平面図どおりのものだという。この柱は鎌倉時代初期のものだと判明したが、高層だったという伝承を裏付けたかのようである。

右上／古代出雲大社本殿の1/10の模型。古代出雲歴史博物館に常設されている。
上／「金輪御造営差図」をもとに描かれた出雲大社本殿。（復元大林組、画張仁誠）
左／2000年に発掘された柱の一部も、古代出雲歴史博物館に展示されている。

記紀の舞台

近畿をめぐる

神武の東征後、舞台は主に大和に移る。権力争いや遷都により畿内には多くの史跡が残る。

崇神天皇ゆかりの地

15 崇神天皇陵 P40、123

10代天皇・崇神《すじん》天皇の墓

16 大神神社 P40、120

大物主神《オオモノヌシノカミ》を祀る

神武上陸の地

8 竈山神社 P39、107

神武天皇の兄・五瀬命《イツセノミコト》が葬られる

9 神倉神社 P38、107

神武天皇が登った岩を御神体とする

10 熊野三所大神社 P39

神武天皇が討った丹敷戸畔《ニシキトベ》の摂社がある

11 飛瀧神社 P39

那智の滝を御神体とする

12 玉置神社 P39

神武天皇が兵を休め、武運を祈願した地

13 八咫烏神社 P38

八咫烏《やたがらす》になって神武天皇を導いた建角身命《タケツヌミノミコト》を祀る

14 橿原神宮 P39、116

神武《じんむ》天皇の宮跡とされる地

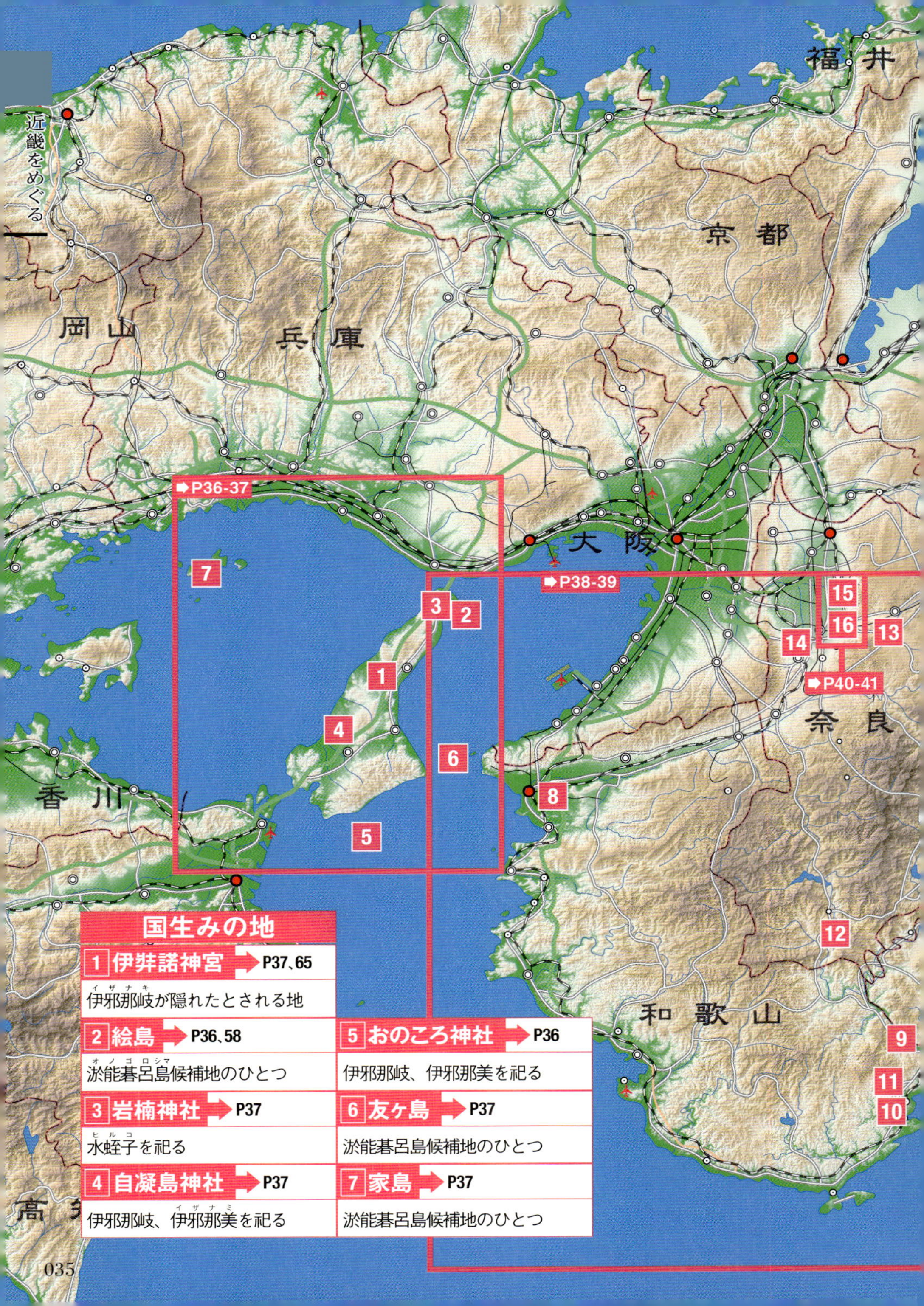
福井
京都
岡山
兵庫
大阪
奈良
香川
和歌山
高知
P36-37
P38-39
P40-41
1
2
3
4
5
6
7
8
9
10
11
12
13
14
15
16
国生みの地
1 伊弉諾神宮 P37、65
伊邪那岐《イザナキ》が隠れたとされる地
2 絵島 P36、58
淤能碁呂島《オノゴロシマ》候補地のひとつ
3 岩楠神社 P37
水蛭子《ヒルコ》を祀る
4 自凝島神社 P37
伊邪那岐、伊邪那美《イザナミ》を祀る
5 おのころ神社 P36
伊邪那岐、伊邪那美を祀る
6 友ヶ島 P37
淤能碁呂島候補地のひとつ
7 家島 P37
淤能碁呂島候補地のひとつ

国生みの地

兵庫県淡路市、洲本市、南あわじ市

伊邪那岐神《イザナキノカミ》と伊邪那美神《イザナミノカミ》が聖なる矛で海をかきまぜ引き上げると、滴り落ちた潮が積もって固まり、島ができた――これが淤能碁呂島《オノゴロシマ》である。２神は淤能碁呂島に天の御柱を立て、さらに日本国土となる大八島《おおやしま》を誕生させるが、古事記によれば大八島のなかで最初に生んだのが淡路島だ。

そのため淤能碁呂島は淡路島周辺にあると考える説が有力で、淡路島周囲には絵島、沼島、家島、友ケ島の４つの候補地がある。よく知られているのが島北東部の絵島と、南に浮かぶ沼島だ。

また、淡路島全体を淤能碁呂島とする説もあり、その伝承地が島の南部にある自凝島《おのころじま》神社である。

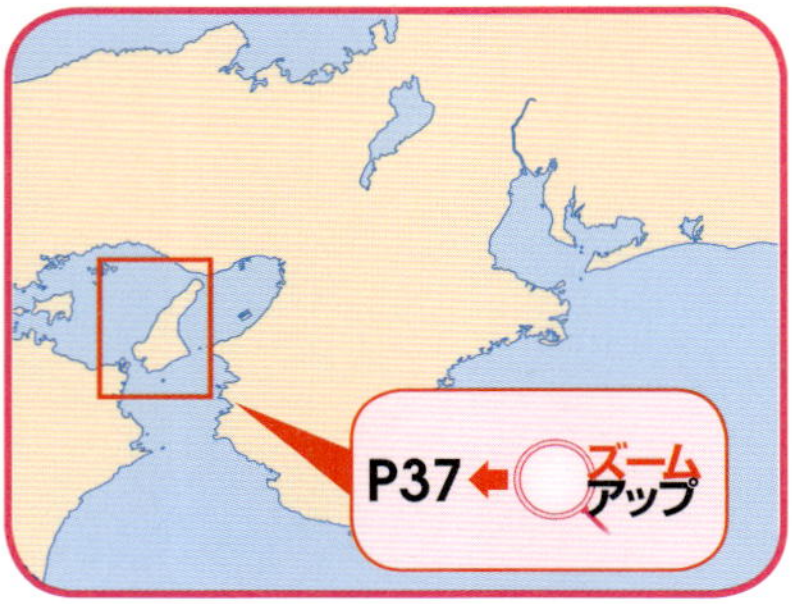

2 絵島 ➡P56

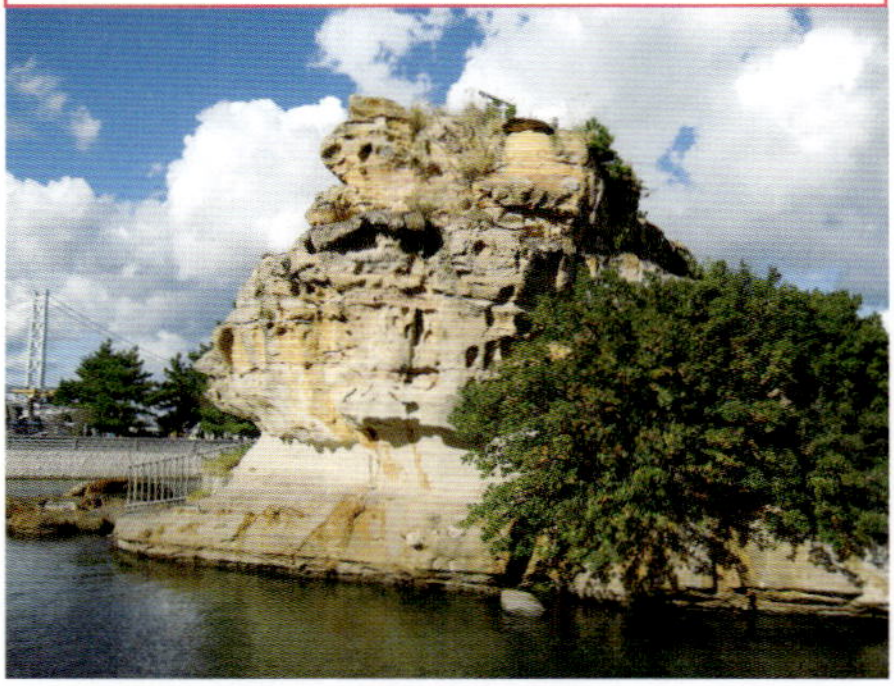

淤能碁呂島の候補地のひとつ。侵食した岩の姿が印象的。県の郷土記念物に指定されている。

5 おのころ神社 ➡P48

淤能碁呂島伝承地のひとつ、沼島《ぬしま》。島西南部の山上にあるおのころ神社は、伊邪那岐、伊邪那美の２神を祀る。山全体が御神体だ。

3 岩楠神社 ➡P48

伊邪那岐と伊邪那美の間に生まれた水蛭子を祀る。地元では、伊邪那岐の墓所と伝わる。

7 家島 ➡P48

家島が淤能碁呂島という説も伝わる。また、神武天皇が東征の際に立ち寄ったともされている。

1 伊弉諾神宮 ➡P48、65

日本書紀では、伊邪那岐は淡路島に幽宮をつくって隠れたとされている。その場所がここで、伊弉諾神宮が鎮座する。

4 自凝島神社 ➡P48

古代は入江の丘にあり、「おのころ島」と呼ばれ親しまれてきたと伝わる。真っ赤な大鳥居が出迎える。

6 友ヶ島 ➡P48

紀淡海峡に浮かぶ、淡路島に近い友ヶ島。ここも淤能碁呂島候補地のひとつ。

神武上陸の地

和歌山県、三重県、奈良県

熊野信仰の中心地、熊野三山では八咫烏は太陽の化身として信仰されている。写真は熊野那智大社の八咫烏像と熊野本宮大社の幟《のぼり》。

13 八咫烏《やたがらす》神社 ➡P48

熊野に上陸した神武天皇に、天の神から案内役として八咫烏が遣わされる。宇陀にある八咫烏神社は、八咫烏に化身して神武を導いたとされる建角身命を祀る。八咫烏に導かれた神武は、反抗勢力を次々と平定していった。

9 神倉《かみくら》神社 ➡P107

日本書紀で、熊野に上陸した神武天皇が登ったと記す天磐盾《あまのいわたて》は、この神社の御神体のごとびき岩とされる。

東に都を求めて日向を船出した神武《じんむ》天皇は、古事記によれば楯津《たてつ》（東大阪市）で那賀須泥毘古《ナガスネビコ》に内陸への侵攻を阻止される。そのため紀伊半島に沿って南下、熊野村（和歌山県新宮市周辺）で上陸して大和に向かったという。

日本書紀は、一度熊野村で下船して天《あまの》磐盾《いわたて》（神倉《かみくら》神社とされる）に登り、再び海に出て熊野の荒坂津《あらさかのつ》に至り、そこから大和に進撃を開始したと書いている。

荒坂津の場所については諸説あるが、熊野那智《なち》大社では荒坂津は那智の大滝近くだとし、神武が大滝を神として祀ったと飛瀧《ひろう》神社の由来を伝えている。

P39 ← ズームアップ

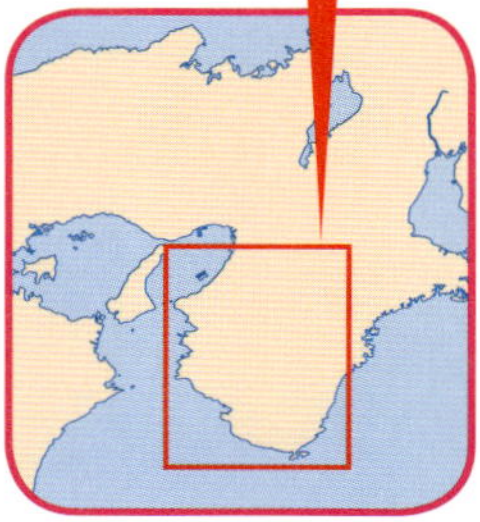

現代MAP

14 橿原《かしはら》神宮 ➡P116

神武天皇が宮を構えたとされる地に鎮座し、神武天皇稜も近い。

8 竈山《かまやま》神社 ➡P107

東征の途中で命を落とした神武天皇の兄、五瀬命《イツセノミコト》を祀る。墳墓も隣接する。

12 玉置《たまき》神社 ➡P48

玉置山山頂近くに、杉の巨木に囲まれて鎮座する。八咫烏に先導された神武天皇が兵を休め、神宝の玉を置いて武運を祈願したとされ、それが玉置の由来となったとの説もある。

11 飛瀧《ひろう》神社 ➡P48

熊野三山のひとつ那智大社の別宮で、那智の滝を御神体とする。落差133mの日本一ともされる直爆、那智の滝は、海上からも望めるという。神武も上陸の目印にしたのかもしれない。

10 熊野三所大神社 ➡P48

日本書紀に神武天皇が討ったと記される土豪の女酋長《しゅうちょう》、丹敷戸畔《ニシキトベ》の摂社がある。近くの赤色《あかいろ》海岸は、神武の戦いで血の色に染まったのがその名の由来とされている。

崇神天皇ゆかりの地

奈良県天理市、桜井市

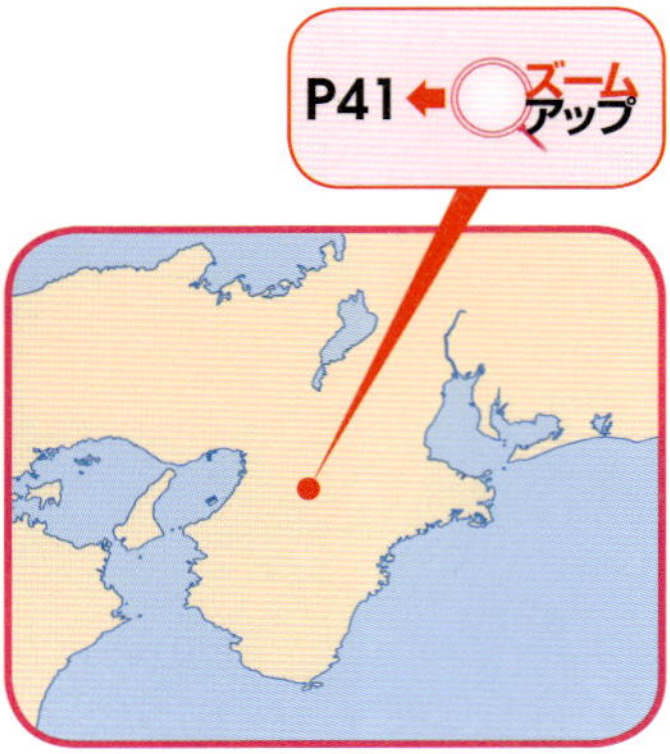

第10代崇神《すじん》天皇は、三輪山の西南麓に位置する師木《しき》の水垣宮《みずかきのみや》（桜井市金屋）で政務を執った。実在する初代天皇はこの崇神とされ、11代垂仁《すいにん》、12代景行《けいこう》も纏《まき》向《むく》に宮を置き、三輪山に抱かれたこの地は古代大和王権のふるさとといえる。

一帯には王家にゆかりのある古墳が点在し、なかでも箸墓《はしはか》古墳は、その後に全国でつくられる前方後円墳のひな形になった。日本書紀は三輪山の神、大物主《オオモノヌシ》の妻である倭迹迹日百襲姫命《ヤマトトトヒモモソヒメノミコト》の墓とする。

その大物主について、古事記は疫病をもたらしたため、崇神が三輪山に祀ったと大神《おおみわ》神社の成立を語る。神と人が交歓《こうかん》し、今では田園が広がる三輪山麓は、古代ロマンに満ちた日本の原風景である。

15 崇神天皇陵 ➡P123

崇神天皇陵は、全長242mの行燈山《あんどんやま》古墳が比定地となっている。

16 大神神社 ➡P120

三輪山は、神の住む場所と崇められてきた聖なる山。西山麓にこの山を御神体とする大神神社が鎮座する。

古事記には、崇神天皇の「御陵は山辺道《やまのべのみち》の勾《まがり》の岡の上《へ》にあり」と記され、景行天皇の「御陵は山辺道のほとりにある」と記されている。

山の辺の道

古事記にも記されている、日本最古の道で、奈良の春日山の麓から三輪山の麓までの山裾を走る。地図の青のラインがその一部。現在は、道沿いに史跡が多く点在する歴史の道として人気の散策コースとなっている。

吉備の国

❶造山古墳は全長360m。仁徳、応神、履中陵に次ぐ規模を誇る。
❷作山古墳は全長286m。造山古墳とともに吉備路風土記の丘にある。
❸こうもり塚古墳は、黒日売《クロヒメ》の墓との説がある。黒日売は仁徳天皇《にんとくてんのう》の寵愛を受け、皇后の激しい嫉妬をかった美女だ（➡P170）。

岡山市にある造山《つくりやま》古墳は、全国第4位の偉容を誇る前方後円墳である。同じく5世紀造営の作山《つくりやま》古墳（総社市）も9位で、これらはほぼ同じ時代に設けられ、大和王権の王墓に匹敵する巨大さだ。

前方後円墳は大和王権と関係が深い豪族の墓で、規模は勢力を象徴する。5世紀には、大和王権と肩を並べる大豪族が、岡山県を支配していたことになる。

造山、作山古墳の主は吉備《きび》氏の首長のものだという。吉備氏は孝霊《こうれい》天皇（第7代）の子、吉備津彦《きびつひこ》を祖先とする氏族だ。記紀によれば、景行《けいこう》天皇の皇后は吉備氏の出身で、日本武尊《やまとたけるのみこと》（倭健命）、応神《おうじん》天皇、仁徳《にんとく》天皇にも妃を送り出した。

また地方豪族にはめずらしい「臣《おみ》」の称号を与えられていたが、特別あつかいは豪族としての権力の大きさの反映だろう。ちなみに吉備氏は、大和王権成立段階（3世紀中頃）の主要な構成メンバー

4 吉備津神社

5 鬼ノ城

4日本書紀における崇神《すじん》天皇の諸国平定の際の四道将軍（➡P124）のひとり、吉備津彦を祀る吉備津神社。本殿は吉備津造りと呼ばれる独特の形式で、国宝。

5鬼ノ城は、白村江《はくそんこう》の戦いで敗北した天智天皇が造った山城のひとつ。

だったとの見方もされている。

吉備氏が衰退するのは、5世紀後半に登場した雄略《ゆうりゃく》天皇（第21代）の時代だ。王権強化を推進した雄略により、岡山県西部を拠点とする吉備下道《きびのしもつみち》氏が滅亡、岡山県東部の吉備上道《きびのかみつみち》氏も力を削がれた。

6世紀に入ると、吉備の国では大きな古墳は築かれず、妃を送り出すこともなく、中央での発言力は失われていった。

記紀に登場する
神々を祀る神社 1

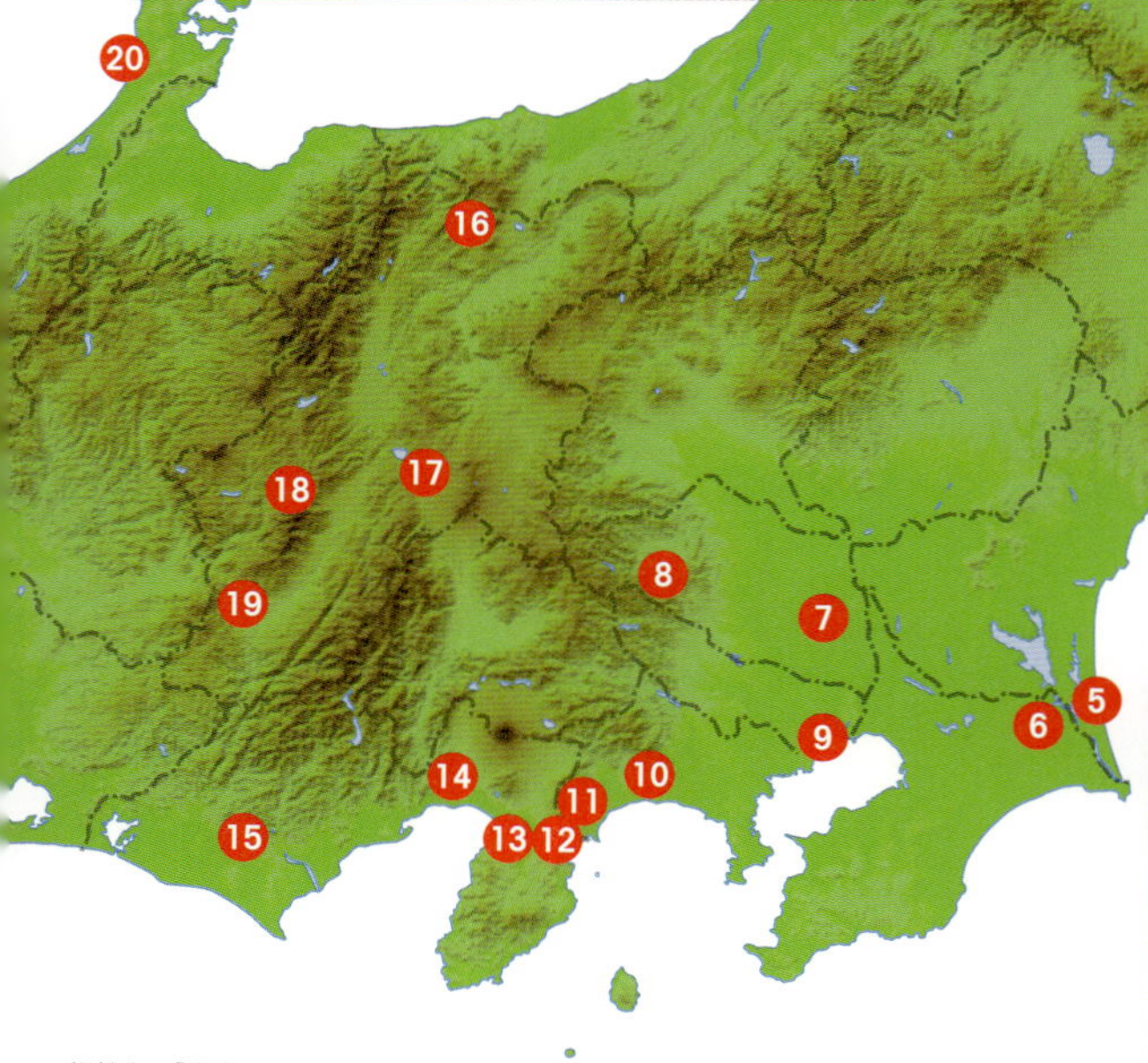

16 戸隠神社（祭神・天手力男神）

5 鹿島神宮（祭神・建御雷之男神、経津主神）

6 香取神宮（祭神・経津主大神）

8 秩父神社（祭神・思金神）

※祭神名は『古事記』の表記に揃えています

神社名	所在地	祭神
1 鹽竈神社	宮城県塩竈市	塩椎神
2 月山神社	山形県鶴岡市	月読命
3 八所神社	山形県東置賜郡	神産巣日神
4 安達太良神社	福島県本宮町	神産巣日神
5 鹿島神宮	茨城県鹿嶋市	建御雷之男神、経津主神
6 香取神宮	千葉県香取市	経津主大神
7 氷川神社	埼玉県さいたま市	須佐之男命
8 秩父神社	埼玉県秩父市	思金神
9 芝大神宮	東京都港区	天照大御神
10 大山阿夫利神社	神奈川県伊勢原市	大山津見神

15 秋葉山本宮秋葉神社（祭神・火之迦具土神）

13 三嶋大社（祭神・大山津見神）

23 多賀大社（祭神・伊邪那岐神、伊邪那美神）

26 猿田彦神社（祭神・猿田毘古神）

27 花窟神社（祭神・伊邪那美神）

14 富士山本宮浅間大社（祭神・木花之佐久夜毘売）

29 大神神社（祭神・大物主神）

神社名	所在地	祭神
21 若狭彦神社上社	福井県小浜市	火遠理命
22 比婆神社	滋賀県彦根市	伊邪那美神
23 多賀大社	滋賀県犬上郡	伊邪那岐神、伊邪那美神
24 椿大神社	三重県鈴鹿市	猿田毘古神
25 伊勢神宮	三重県伊勢市	天照大御神
26 猿田彦神社	三重県伊勢市	猿田毘古神
27 花窟神社	三重県熊野市	伊邪那美神
28 春日大社	奈良県奈良市	建御雷之男神、経津主神
29 大神神社	奈良県桜井市	大物主神
30 高天彦神社	奈良県御所市	高御産巣日神

神社名	所在地	祭神
11 箱根神社	神奈川県足柄下郡	木花之佐久夜毘売
12 伊豆山神社	静岡県熱海市	火之迦具土神
13 三嶋大社	静岡県三島市	大山津見神
14 富士山本宮浅間大社	静岡県富士宮市	木花之佐久夜毘売
15 秋葉山本宮秋葉神社	静岡県浜松市	火之迦具土神
16 戸隠神社	長野県上戸隠村	天手力男神
17 諏訪大社	長野県諏訪市	建御名方神
18 御嶽神社	長野県木曽郡	大国主神、少名毘古那神
19 阿智神社	長野県下伊那郡	思金神
20 氣多大社	石川県羽咋市	大国主神

記紀に登場する 神々を祀る神社 ②

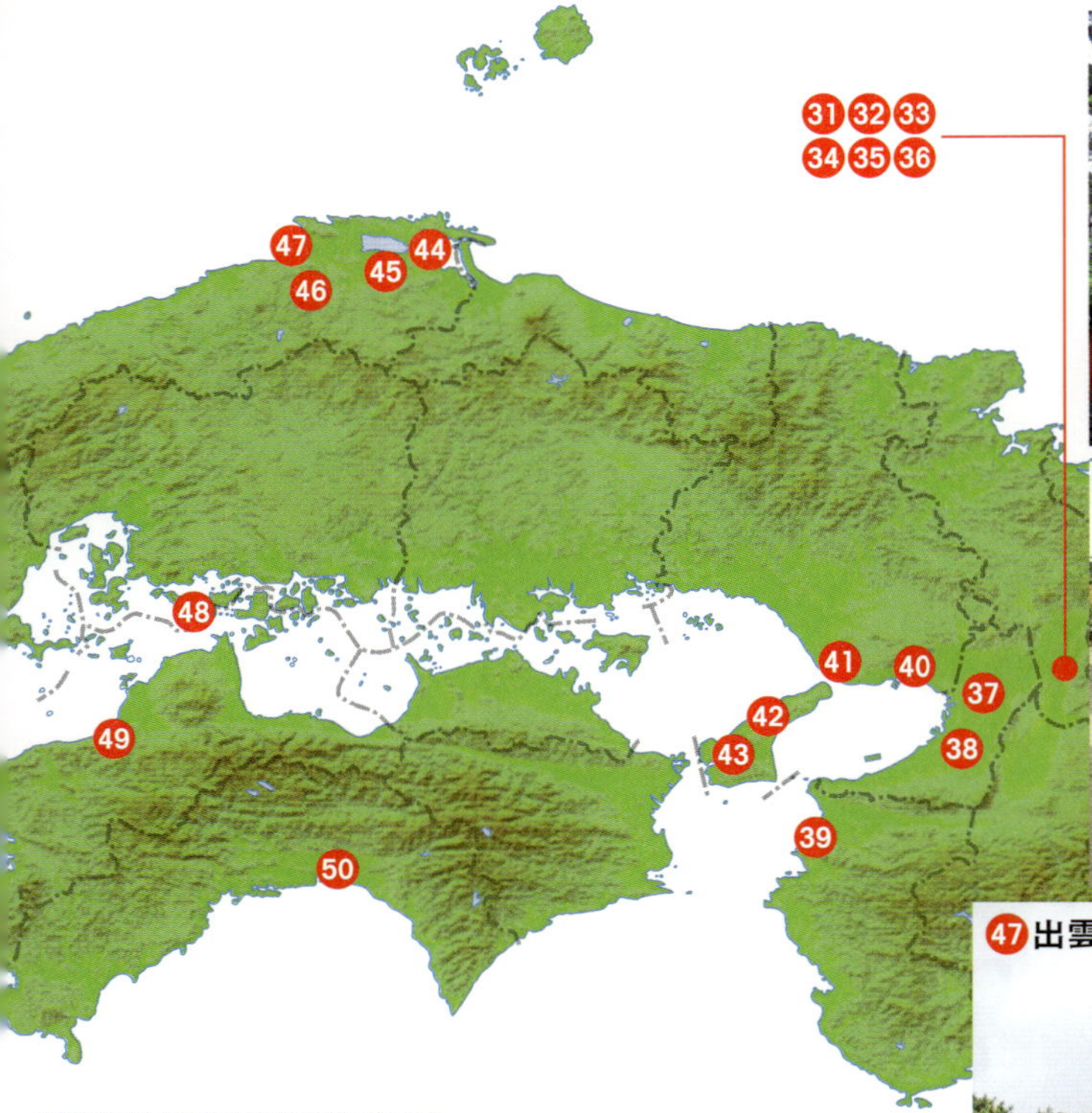

34 八坂神社（祭神・須佐之男神）

38 住吉大社（祭神・住吉三神）

47 出雲大社（祭神・大国主神）

57 高千穂神社（祭神・邇邇芸命）

※祭神名は『古事記』の表記に揃えています

神社	所在地	祭神
31 愛宕神社	京都府京都市	火之迦具土神
32 大田神社	京都府京都市	天宇受売命
33 芸能神社	京都府京都市	天宇受売命
34 八坂神社	京都府京都市	須佐之男命
35 下鴨神社	京都府京都市	玉依毘売
36 月読神社	京都府京都市	月読命
37 少彦名神社	大阪府大阪市	少名毘古那神
38 住吉大社	大阪府大阪市	住吉三神
39 淡島神社	和歌山県和歌山市	少名毘古那神
40 西宮神社	兵庫県西宮市	水蛭子
41 海神社	兵庫県明石市	綿津見三神
42 伊弉諾神宮	兵庫県淡路市	伊邪那岐神、伊邪那美神
43 自凝島神社	兵庫県南あわじ市	伊邪那岐神、伊邪那美神

51 宗像大社(祭神·宗像三神)

44 八重垣神社
(祭神·須佐之男命、櫛名田比売)

52 香椎宮(祭神·住吉三神)

53 志賀海神社
(祭神·綿津見三神)

39 淡島神社
(祭神·少名毘古那神)

65 鹿児島神宮(祭神·火遠理命、豊玉毘売)

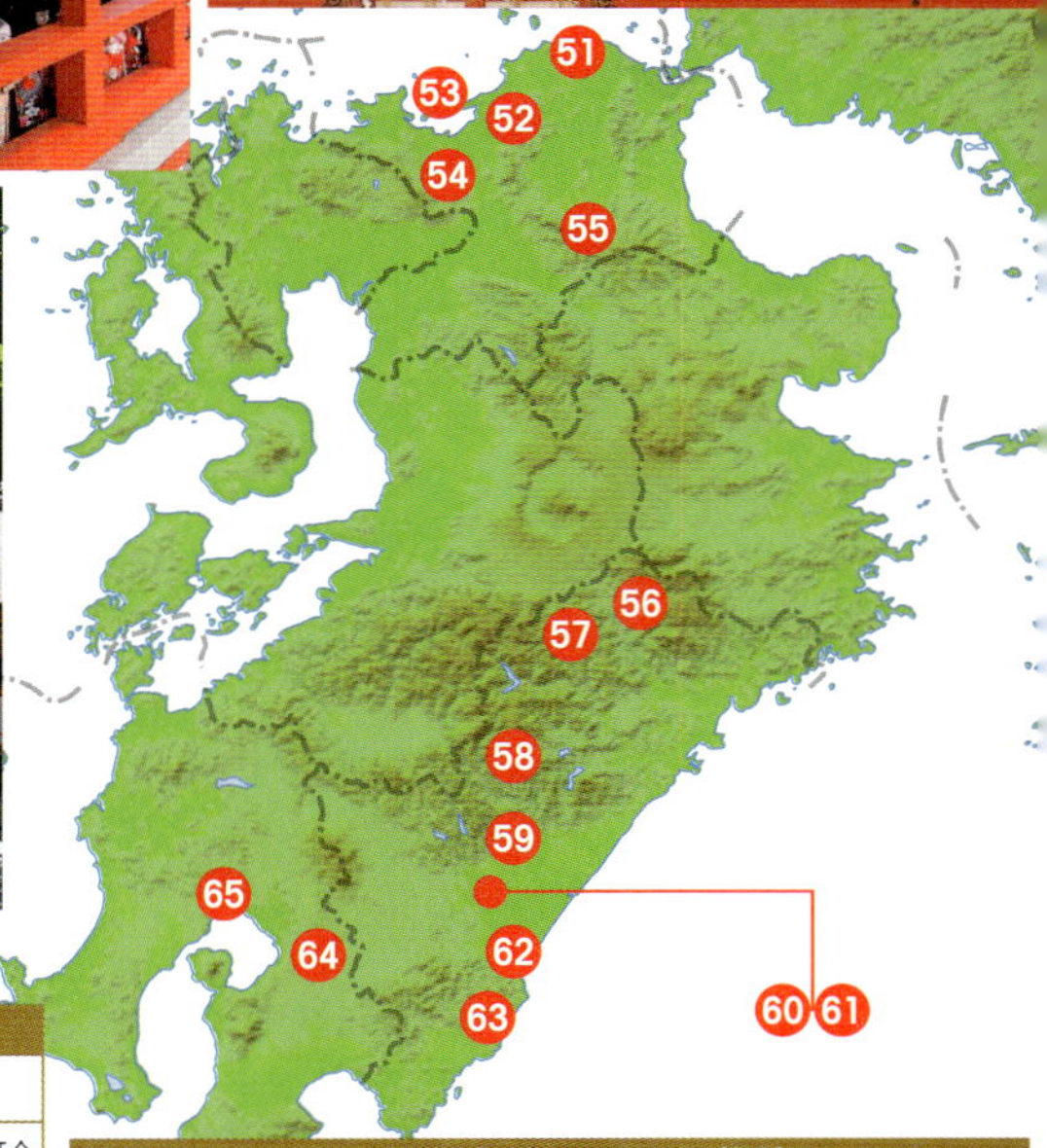

神社	所在地	祭神
54 住吉神社	福岡県福岡市	住吉三神
55 英彦山神宮	福岡県田川郡	正勝吾勝勝速日天忍穂耳命
56 天岩戸神社	宮崎県西杵郡	天照大御神
57 高千穂神社	宮崎県西臼杵郡	邇邇芸命
58 銀鏡神社	宮崎県西都市	石長比売
59 都萬神社	宮崎県西都市	木花之佐久夜毘売
60 江田神社	宮崎県宮崎市	伊邪那岐神、伊邪那美神
61 宮崎神宮	宮崎県宮崎市	神武天皇、鵜葺草葺不合命
62 青島神宮	宮崎県宮崎市	火遠理命、豊玉毘売、塩椎神
63 鵜戸神宮	宮崎県日南市	鵜葺草葺不合命
64 霧島神宮	鹿児島県霧島市	邇邇芸命
65 鹿児島神宮	鹿児島県霧島市	火遠理命、豊玉毘売

神社	所在地	祭神
44 八重垣神社	島根県松江市	須佐之男命、櫛名田比売
45 須我神社	島根県雲南市	須佐之男命、櫛名田比売
46 須佐神社	島根県出雲市	足名椎神、手名椎神
47 出雲大社	島根県出雲市	大国主神
48 大山祇神社	愛媛県今治市	大山津見神
49 湯神社	愛媛県松山市	大国主神、少名毘古那神
50 天忍穂別神社	高知県香南市	正勝吾勝勝速日天忍穂耳命
51 宗像大社	福岡県宗像市	宗像三神
52 香椎宮	福岡県福岡市	住吉三神
53 志賀海神社	福岡県福岡市	綿津見三神

スポット所在地＆アクセス一覧

P10～47で紹介したスポットの所在地とアクセスをご紹介します。

掲載ページ	スポット名	所在地	アクセス
P17	9 潮嶽神社	宮崎県日南市北郷町北河内8901-1	JR日南線「北郷駅」から車で７分
P19	14 宮浦宮	鹿児島県霧島市福山町福山2437	JR日豊本線国分駅からバスで25分「宮浦宮」下車すぐ
P19	15 鹿児島神宮	鹿児島県霧島市隼人町内2496-1	JR日豊本線「隼人駅」から徒歩15分
P20	16 宮地嶽神社	福岡県福津市宮司元町7-1	JR鹿児島本線福間駅からバスで５分「宮地嶽神社」下車すぐ
P21	17 宇美八幡宮	福岡県糟屋郡宇美町宇美1-1-1	JR香椎線「宇美駅」から徒歩５分
P21	18 玉島川	佐賀県唐津市	JR筑肥線「浜崎駅」から車で５分
P20	19 志賀海神社	福岡県福岡市東区志賀島877	JR香椎線西戸崎駅からバスで11分「志賀島」下車、徒歩10分
P21	20 住吉神社	長崎県壱岐市芦辺町住吉東触470	「芦辺港」から車で15～20分
P21	21 聖母宮	長崎県壱岐市勝本町勝本浦554-2	「郷ノ浦港」から車で25分
P37	1 伊弉諾神宮	兵庫県淡路市多賀740	JR山陽本線舞子駅隣接の高速舞子からバスで30分、津名一宮で下車、さらにバスで６分「伊弉諾神宮前」下車すぐ
P36	2 絵島	兵庫県淡路市岩屋	「岩屋港」「岩屋バスターミナル」（➡P58）からすぐ
P37	3 岩楠神社	兵庫県淡路市岩屋	「岩屋港」「岩屋バスターミナル」（➡P58）からすぐ
P37	4 自凝島神社	兵庫県南あわじ市榎列下幡多415	JR山陽本線舞子駅隣接の高速舞子からバスで51分「榎列」下車徒歩10分
P36	5 おのころ神社	兵庫県南あわじ市沼島	「土生港」から船で10分、「沼島港」から徒歩25分
P37	6 友ヶ島	和歌山県和歌山市加太	南海電鉄加太線加太駅から徒歩15分、加太港から汽船で20分「友ケ島」下船
P37	7 家島	兵庫県姫路市家島町	JR山陽本線姫路駅からバスで25分、姫路港から定期航路で35分「家島」下船
P38	13 八咫烏神社	奈良県宇陀市榛原高塚42	近鉄大阪線榛原駅からバスで10分「高塚」下車、徒歩５分
P39	10 熊野三所大神社	和歌山県東牟婁郡那智勝浦町大字浜ノ宮350	JR紀勢本線「那智駅」から徒歩３分
P39	11 飛瀧神社	和歌山県東牟婁郡那智勝浦町那智山1	JR紀勢本線紀伊勝浦駅からバスで約25分「那智の滝前」下車徒歩５分
P39	12 玉置神社	奈良県吉野郡十津川村玉置川1	JR紀勢本線新宮駅からバスで125分「十津川温泉」下車、タクシーで約30分、駐車場より徒歩約15分

序章

古事記とは

古事記とは

天武天皇の命で誕生

古事記と日本書紀は、ともに**奈良時代初期に完成**した歴史書だ。このふたつを合わせ**記紀**と呼んでいる。

まず登場したのが古事記で、和銅5（712）年、**元明《げんめい》天皇**（第43代）に献上された。

上、中、下巻の全3巻で構成され、天地のはじまりから語り出し、第33代の推古天皇までを記す。

編纂を命じたのは**天武《てんむ》天皇**（第40代）で、朝廷や各氏族が伝える**帝紀《ていき》**（天皇家の系譜）と**旧辞《きゅうじ》**（朝廷の伝承、説話や物語）に間違いが多いとして、それを再編集して誤りを正し、**稗田阿礼《ひえだのあれ》**に読ませて暗誦させた。

天武天皇の死により、編纂作業はいったん中断するが、のちになって元明天皇が、阿礼が語る内容を**太安《おおのやす》万侶《まろ》**に筆録させ、完成させている。

天皇の統治の正統性を描く

まだひらがなやカタカナのない時代で、安万侶は漢字の音・訓を使い分け、**和文で表現**しようとした。音と訓で読めば、日本語で理解できる仕組みだ。漢文（中国の文語体の文章）で書かれ、中国や朝鮮半島の人も読める日本書紀との違いである。

また全体の3分の1を**神代《かみよ》**の話が占め、1割にも満たない日本書紀に比べて、**国譲り**や**天孫降臨**などの神話に大きなウエイトが置かれている。

その理由は、天皇家の統治の正統性を語ることが、古事記最大の目的だからだ。編纂を決めた天武の時代、朝廷を中心にした国家体制が確立しつつあった。だが盤石ではなく、天皇が治める根拠を示し、より支配力を高めることが求められた。それに応えたのが古事記で、国譲りなどの神話から正統性を説く。

歴史書としての性格が強い日本書紀に対し、古事記は多数の歌を織り込んで演出を加え、神の嘆きや復讐の物語、人間の愛情や哀切も描き、**文学的色彩が強い**。現在、多くの人々から親しまれている要因だろう。

古事記の成り立ち

諸家に伝わるものは間違いが多いので、正しいものを定めて後世に残したいと、天武天皇が始めた。

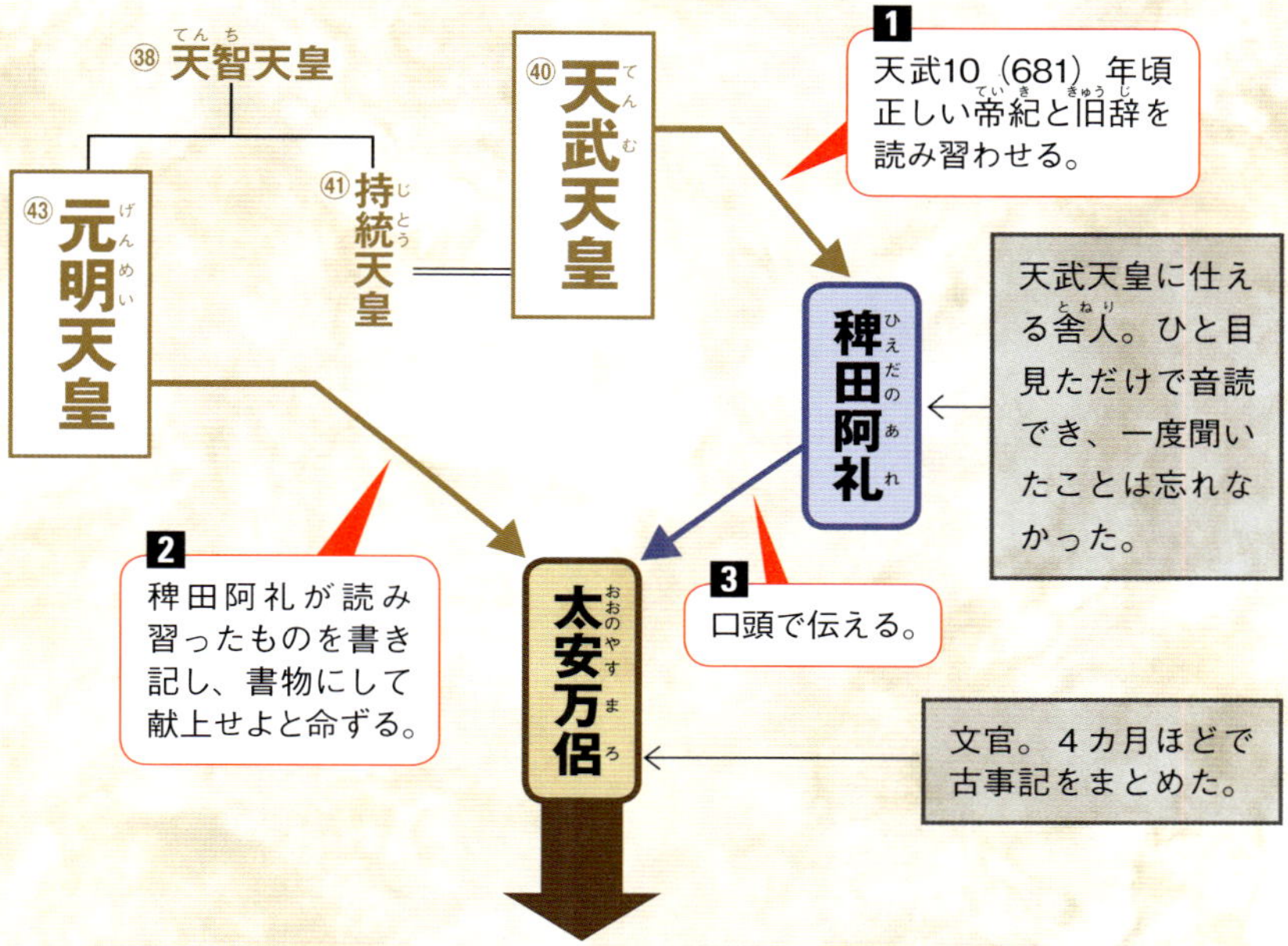

和銅5（712）年、日本最古の歴史書、古事記を献上

記紀の神名表記の違い

古事記と日本書紀では、神の名の表記がまったく異なる。

『古事記』	読み	『日本書紀』
伊耶那岐	〔イザナキ（ギ）〕	伊弉諾
須佐之男	〔スサノオ〕	素戔嗚
建御雷	〔タケミカヅチ〕	武甕槌
天之宇受売	〔アメノウズメ〕	天鈿女
神倭伊波礼毘古	〔カムヤマトイワレビコ〕	神日本磐余彦

日本語本来の音を漢字で表現

名前の持つ意味を漢字で表現

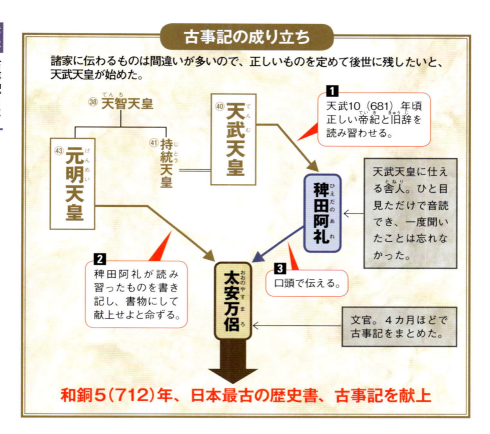

日本書紀とは

日本初の正史として登場

日本書紀は古事記の8年後の養老4（720）年、**元正《げんしょう》天皇**（第44代）の時代にできあがった。全30巻の大著で1巻の系図（その後、紛失）がつけられていた。すべて**漢文**で書かれ、第41代持統《じとう》天皇までの事績を記録している。

古事記は第23代顕宗《けんぞう》天皇で物語的要素の記述をやめ、以後、推古《すいこ》天皇まで簡単な系譜（宮の場所、妃の名前、陵墓など）のみになるが、日本書紀は顕宗天皇からのボリュームが多く、全体の半分以上に達する。

編纂を命じたのは**古事記と同様に天武《てんむ》天皇**で、**日本で初となる正史**をつくるため、天武10（681）年に国家事業として発足させた。天武天皇の段が2巻あるのも、天武天皇に配慮した結果と見ることができる。

国家的なプロジェクト

日本書紀の編纂事業は**川島皇子《かわしまのみこ》**、**忍壁親王《おさかべしんのう》**ら6人の皇族に加え、**中臣大嶋《なかとみのおおしま》**、**上毛野三千《かみつけののみち》**ら6人の官人が入りスタートした。その後40年かけて作成され、最終的に天武天皇の子である**舎人親王《とねりしんのう》**がまとめ上げた。

漢文で記すことが当時は難しかったため、編纂過程で多くの**渡来系の人々**がかかわったことは間違いないようだ。なお乙巳《いっし》の変《へん》に貢献した中臣鎌足《なかとみのかまたり》の子で、律令制度の整備を進めた、藤原不比等《ふじわらのふひと》の関与を指摘する説もある。

記述の仕方も古事記とは異なり、神話部分をのぞき、年代を追って書く**編年体**が採用されている。古事記は帝紀、旧辞を中心につくられたが、書紀はさらに中国や朝鮮の歴史書の記事内容も反映して記された。

とくに神話部分だが、別の伝承を一書として挙げる点も特色だ。伊奘諾尊《イザナキノミコト》の段では計27もの一書を記す。

また載せた記事に対し後世の判断を待ちたいという記載が何か所もあり、一書の多さとともに、より正確な記述を心がけたいという態度の表れといえる。

日本書紀の成り立ち

天武天皇が国家事業として正史の編纂事業を立ち上げた。

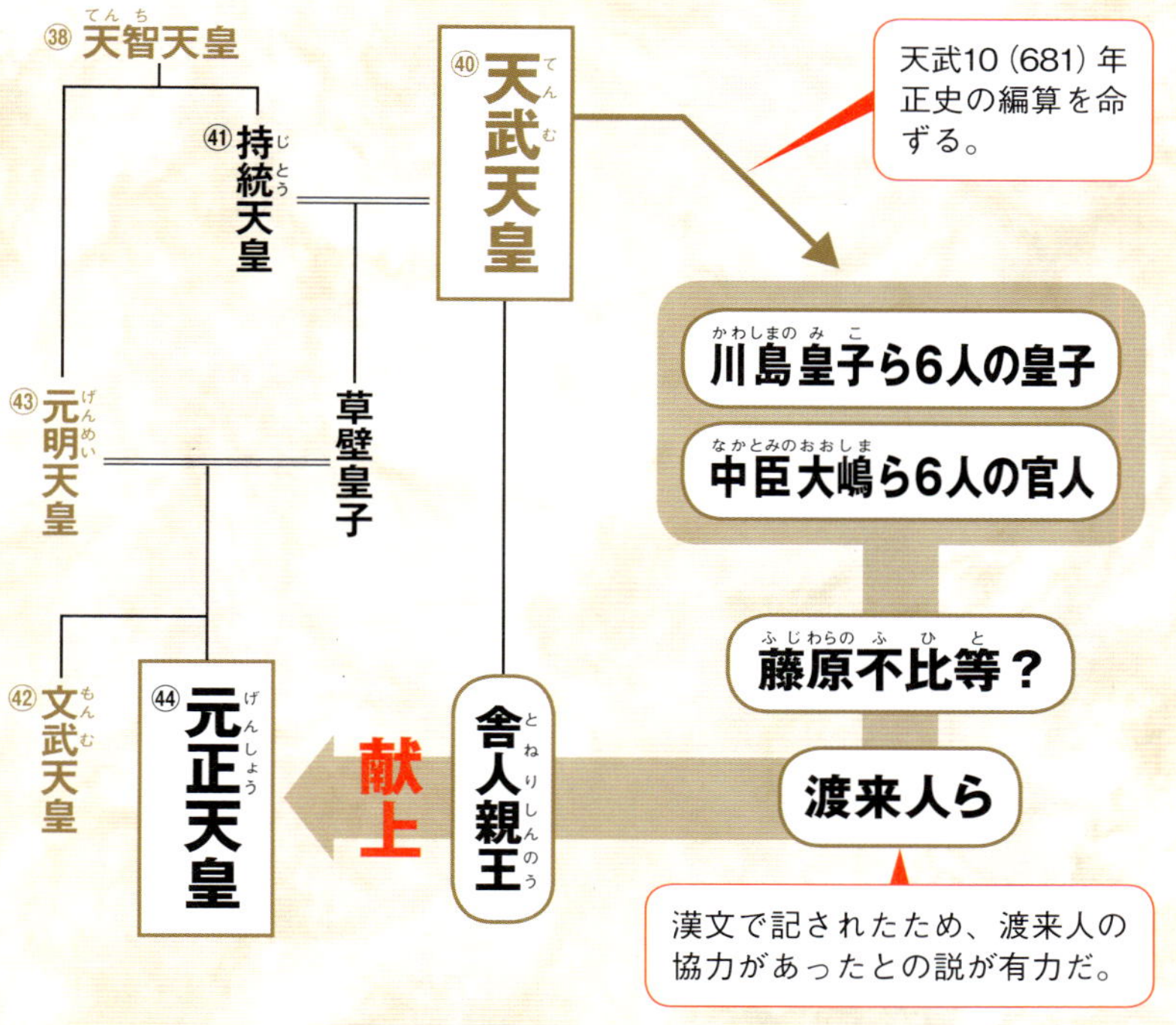

日本の正史「六国史《りっこくし》」

国家が正式に編纂した歴史書が正史。日本には6書が残されている。

書名	成立	編纂者	巻数	収録期間
日本書紀	養老4（720）年	舎人親王ら	30	神代、 神武天皇～持統天皇
続 日本紀《しょくにほんぎ》	延暦16（797）年	菅野真道ら	40	文武天皇～桓武天皇
日本後紀	承和7（840）年	藤原緒嗣ら	40	桓武天皇～淳和天皇
続日本後紀	貞観11（869）年	藤原良房ら	20	仁明天皇
日本文徳天皇《もんとくてんのう》実録	元慶3（879）年	藤原基経ら	10	文徳天皇
日本三代実録	延喜1（901）年	藤原時平ら	50	清和天皇～光孝天皇

記紀の違い

性格を異にする両書

ところで、なぜ古事記と日本書紀という似通った書物が同時期に生まれたのだろうか。

それはふたつの書の成り立ちの違いに求められる。日本語で読むことが可能な**古事記は国内が対象**。編年体など中国の歴史書の形式にならい、漢文で著された**日本書紀は、中国や朝鮮を意識**してつくられた対外向けである。**正史**をもつのは一等国の証しで、日本書紀は**遣唐使**によって、中国にも運ばれたといわれる。

さてこの2書だが、日本初の正史として誕生した日本書紀は、定期的に朝廷内で勉強会も開かれたが、古事記のほうはしだいに忘れられていった。

再び古事記に光が当たるのは、江戸時代中期の国学者、**本居宣長**《もとおりのりなが》が『古事記伝』を書いてからである。

古事記と日本書紀の違い

	古事記	日本書紀
巻数	全3巻	全30巻＋系図1巻
編者	『帝紀』『旧辞』を誦習した稗田阿礼が語り、太安万侶が筆記	川島皇子ら6人の皇子と中臣大嶋ら6人の官人が命じられて編纂が始まり、舎人親王らが完成させた
性格	国内向けの天皇家の歴史書	海外に通用する正史
収録期間	天地初発～推古天皇	天地開闢～持統天皇
構成	神代が1/3を占め、時代が近い天皇は系譜を記すのみ	神代は1/15ほどと少なく、時代が近くなるにつれくわしく記される
表記	日本語の文脈を生かした漢文体	漢文
目的	天皇家の統治の正当性を主張する	一等国の証しとして、国外に日本の国の正統性をアピール

1章

古事記

上巻《かみつまき》

この章の舞台

神話の舞台は、淡路島《あわじしま》にはじまり、出雲、高千穂と西へ移る。

⑩ 白兎《はくと》海岸

第5話

⑫諏訪大社 ➡ P82	
建御名方神を祀る	
⑬諏訪湖 ➡ P82	
建御名方神が追い詰められた地	
⑭稲佐の浜 ➡ P83	
国譲り話し合いの場	
⑮出雲大社 ➡ P83	
大国主神の神殿として建てられた	

第4話

⑩白兎海岸 ➡ P76	
大国主神と素兎が出会った地	
⑪白兎神社 ➡ P77	
素兎が体を癒した地	

第1話

①淡路島 ➡ P58	
国生みスタートの地	
②揖夜神社 ➡ P59	
黄泉比良坂の地	
③阿波岐原のみそぎ池 ➡ P59	
伊邪那岐神がミソギをした池	

① 淡路島の絵島

第2話

④天岩戸神社 P66

天照大御神が籠ったと伝わる洞窟がある

⑤天安河原 P67

神々が集まって思案した場所

⑥宗像大社 P67

誓約で生まれた三女神を祀る

第3話

⑦須我神社 P72

須佐之男命が宮を建てた地

⑧八重垣神社 P73

須佐之男命と櫛名田比売の肖像が残る

⑨斐伊川 P73

八俣の大蛇退治の地

第6話

⑯槵觸神社 P90

天孫降臨の候補地

⑰霧島東神社 P91

山頂に天の逆鉾を祀る

⑱霧島神宮 P91

瓊瓊芸命を祀る

⑲野間岬 P91

瓊瓊芸命と木花之佐久夜毘売の出会いの地

第7話

⑳鬼の洗濯板 P96

火遠理命の上陸地

㉑青島神社 P97

火遠理命の宮跡

㉒鵜戸神宮 P97

豊玉毘売出産の地

⑲ 野《の》間《ま》岬《みさき》

第1話

国生み

あらすじ

天と地が分かれたとき、天上の高《たか》天原《まのはら》に最初の神が出現した。さらに神は増えていき、国生みをする男神の伊邪那岐神《イザナキノカミ》と女神の伊邪那美神《イザナミノカミ》が現れる。この2神が次々と島を誕生させていき、日本の国土が完成した。

だが神生みに移り、火の神の迦具《カグ》土《ツチ》を出産した際、伊邪那美は火傷を負い死んでしまう。亡くなった妻を追って伊邪那岐は黄泉国《よみのくに》に行くが、妻は無残な姿に変わっていた。

黄泉国を脱出した伊邪那岐は、汚れを清めるミソギを行う。ミソギの最後に登場したのが、天照大御神《アマテラスオオミカミ》と月読命《ツクヨミノミコト》、須佐之男命《スサノオノミコト》の3神だった。

舞台を訪ねる

① 国生みスタートの地 淡路島《あわじしま》

（左）淤能碁呂島の候補地のひとつ絵島は、周囲400mほどの小島。（下）淡路島の南5kmほどに浮かぶ沼島も、淤能碁呂島伝承に彩られる。海岸にそびえる上立神岩《かみたてがみいわ》は、伊邪那岐と伊邪那美がまわって国生みした、天《あめ》の御柱《みはしら》だとされる。

アクセス●JR山陽本線明石駅より徒歩10分の明石港から高速船で13分「岩屋港」下船。またはJR山陽本線舞子駅隣接の高速舞子からバスで15分で「岩屋バスターミナル」、60分で「洲本高速バスセンター」。三宮駅や大阪駅からも高速バスが運行。

伊邪那岐と伊邪那美が大八島の中で最初に生んだのが、瀬戸内海に浮かぶ淡路島だ。両神がまず降り立ち、国生みを開始した淤能碁呂島《オノゴロジマ》の候補地も、島周辺に点在する。島の北にある絵島、南に浮かぶ沼島などが有力候補地。2神を祀る神社も多くある（➡P36）。

揖夜神社から１kmほど離れた地にも巨岩が並ぶ伝承地があり、黄泉比良坂の石碑が置かれている（➡P27）。

② 黄泉比良坂《よもつひらさか》の地 揖夜神社《いやじんじゃ》

所在地●島根県八束郡東出雲町揖屋2229
アクセス●JR山陰本線「揖屋駅」から車で５分

伊邪那美らに追われ黄泉国から逃れてきた伊邪那岐は、現世との境の黄泉比良坂《よもつひらさか》に巨大な千引《ちびき》の岩《いわ》を据え、黄泉国の出入口をふさいだ。古事記はその場所を、出雲国の伊賦夜坂《いふやさか》とする。現在の島根県東出雲町のあたりと考えられ、その比定地に揖夜神社《いやじんじゃ》（祭神は伊邪那美神）が立つ。出雲でも古い神社のひとつで、本殿は大社造。

③ 伊邪那岐がミソギをした 阿波岐原《あわきはら》のみそぎ池

所在地●宮崎県宮崎市阿波岐原町産母「市民の森」内
アクセス●JR日豊本線「宮崎駅」からバスで25分

伊邪那岐がミソギをしたのは日向《ひむか》の阿波岐原《あわきはら》。その地と伝わるのが阿波岐原森林公園にあるみそぎ池で、近くには伊邪那岐と伊邪那美を祀る古社、江田神社もある。

国生み❶

天地の始まり

高天原に神々が登場

古事記は神々の誕生から物語をスタートさせる。はるか昔——、ようやく天と地の区別がつきはじめたとき、天上の**高天原**《たかまのはら》に**天之御中主神**《アメノミナカヌシノカミ》が現れた。さらに**高御産巣日神**《タカミムスヒノカミ》、**神産巣日神**《カムムスヒノカミ》が生まれたが、国土はまだ固まらず漂っていた。

やがてその泥沼のような国土から、**宇摩志阿斯訶備比古遅神**《ウマシアシカビヒコジノカミ》と**天之常立神**《アメノトコタチノカミ》が勢いよく成り出る。ここまでの5神は、天《あま》つ神（地上の神に対して高天原の神を指す）のなかでも特別の存在で、**別天つ神**《ことあまつかみ》という。

次に**国之常立神**《クニノトコタチノカミ》と**豊雲野神**《トヨクモノノカミ》が出現し、夫婦神が4組出てきたあと、最後に男神の**伊邪那岐神**《イザナキノカミ》と女神の**伊邪**《イザ》**那美神**《ナミノカミ》が登場する。国之常立からこの伊邪那岐、伊邪那美に至るまでを**神世七代**《かみよななよ》と呼んでいる。

国生みで日本国土を創成

天の神々は**伊邪那岐**、**伊邪那美**に国土づくり＝**国生み**を命じる。この夫婦神が聖なる矛で海をかき混ぜると、矛先から滴り落ちた潮水が固まり、島ができた。**淤能碁呂島**《オノゴロシマ》だ。両神はこの島に天《あま》の御柱《みはしら》を立て、柱をまわり交接して国生みするが、最初の水蛭子《ヒルコ》は不完全で、葦船に乗せて流した。次の淡島《アワシマ》も生み損じ、2神は高天原に相談する。

交わり方の間違いを指摘され、そのとおりにすると、今度は立派な**淡路之穂之狭別島**《アワジノホノサワケノシマ》（淡路島）が生まれた。その後、伊予之二名島《イヨノフタナノシマ》（四国）、隠伎之三子島《オキノミツゴノシマ》（隠岐島）、筑紫島《ツクシノシマ》（九州）、伊伎島《イキノシマ》（壱岐）、津島《ツシマ》（対馬）、佐度島《サドノシマ》に続き、大倭豊秋津島《オオヤマトトヨアキツシマ》（畿内一帯）も生みだした。以上、8つの島からなる**大八島**《おおやしま》（日本）が創られる。伊邪那岐と伊邪那美は児島《こじま》半島や小豆島、五島列島などもつくり、国生みの役目を終える。

さて国生み神話では、畿内以東について語られない。神話ができたころは、東日本はまだ政権の統治外だったようで、それが反映された結果だと考えられている。

天地の始まりに現れた神々

伊邪那岐と伊邪那美が誕生するまでに多くの神々が現れては消えていった。

別天つ神

天之御中主神《アメノミナカヌシノカミ》
高御産巣日神《タカミムスヒノカミ》
神産巣日神《カムムスヒノカミ》
宇摩志阿斯訶備比古遅神《ウマシアシカビヒコジノカミ》
天之常立神《アメノトコタチノカミ》

―独神
―男性の神
―女性の神

神世七代

国之常立神《クニノトコタチノカミ》
豊雲野神《トヨクモノノカミ》
宇比地邇神《ウイジニノカミ》
須比智邇神《スイジニノカミ》
角杙神《ツノグイノカミ》
活杙神《イクグイノカミ》
意富斗能地神《オオトノジノカミ》
大斗乃弁神《オオトノベノカミ》
於母陀流神《オモダルノカミ》
阿夜訶志古泥神《アヤカシコネノカミ》
伊邪那岐神《イザナキノカミ》
伊邪那美神《イザナミノカミ》

古代MAP 伊邪那岐神と伊邪那美神が生んだ大八島

最初に生んだ不完全な水蛭子と淡島は数に入れず、その後の8島を大八島という。数字は生まれた順番。

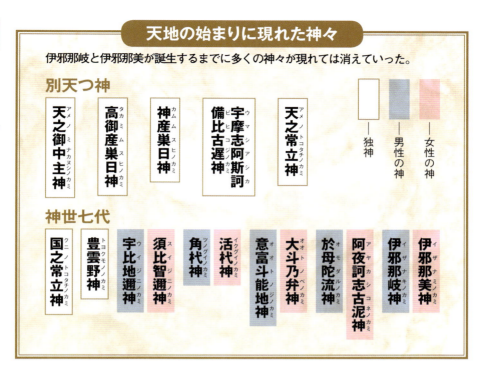

国生み 2

神々の誕生

神生みと伊邪那美神の死

国生みを終了した**伊邪那岐**《イザナキ》と**伊邪那美**《イザナミ》は、次に神生みを開始して、多くの神々を誕生させていった。海の神**大綿津見神**《オオワタツミノカミ》や風の神**志那都比古神**《シナツヒコノカミ》、山の神**大山津見神**《オオヤマツミノカミ》、大国主神《オオクニヌシノカミ》の国譲りの段に登場してくる、天と地を駆ける**天鳥船**《アメノトリフネ》もこのときに生まれた。

だが**火之迦具土神**《ヒノカグツチノカミ》を出産したことが原因で、伊邪那美は火傷し、亡くなってしまう。伊邪那岐は妻の遺体を出雲と伯伎《ほうき》（伯耆）の境にある比婆山《ひばやま》に葬った。

そして泣き悲しんだ挙句、剣で妻の死を招いた迦具土の首をはねてしまう。その剣に着いた血から、国譲りを担う武神の**建御雷之男神**《タケミカズチノオノカミ》や、水神の**闇淤加美神**《クラオカミノカミ》ほか、8神が成り出てきた。また殺された迦具土の体の部分からも、8神の山に関連する神々が現れる。

所在地●三重県熊野市有馬町上地130
アクセス●JR紀勢本線熊野市駅からバスで5分「花の窟」下車すぐ

行ってみたい！ 日本書紀が伝える伊邪那美神の埋葬地、花窟神社

日本書紀の一書（別伝）では、伊邪那美は、紀伊国の熊野の有馬村に葬られたと記す。

巨大な岩を御神体とする花窟神《はなのいわやじん》社《じゃ》が葬地だとされ、記事では住民が花を供え、鼓や笛の演奏に合わせて歌舞し、霊を祀ると語っている。神社では年2回、それを再現するように、花で飾った綱を御神体にわたす「御《お》綱《つな》掛《か》け神事」が行われている。すぐそばに迦具土を祀る王子塚もある。

熊野灘に面した浜辺にある花窟神社。本殿はなく、御神体は高さ45mもある巨岩だ。

伊邪那岐神と伊邪那美神が生んだ神々

国生みのあと、古事記ではふたりで35柱の神を生んだと記されているが、伊邪那岐と伊邪那美が実際に生んだのは17柱だった。

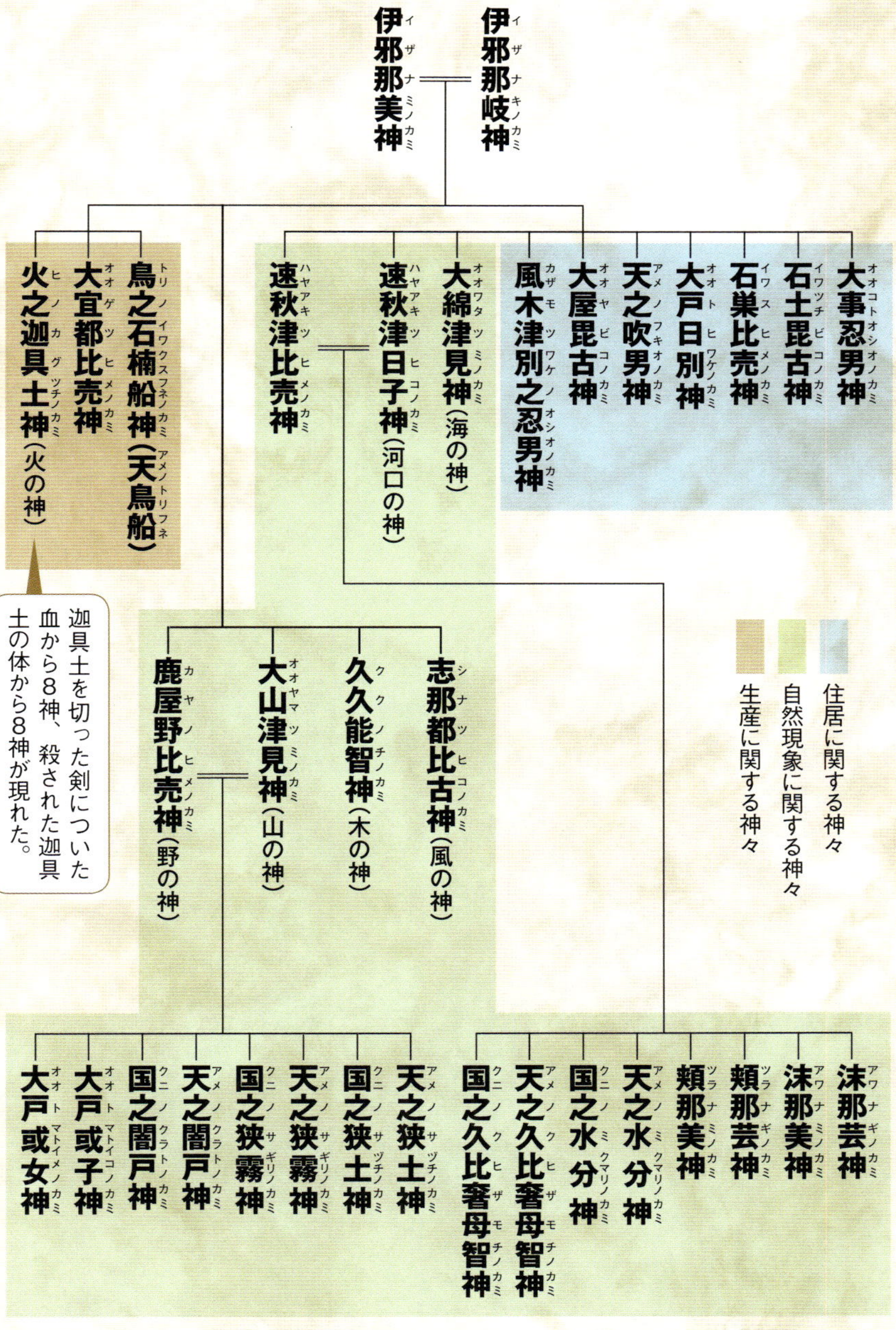
伊邪那岐神《イザナキノカミ》
伊邪那美神《イザナミノカミ》
大事忍男神《オオコトオシオノカミ》
石土毘古神《イワツチビコノカミ》
石巣比売神《イワスヒメノカミ》
大戸日別神《オオトヒワケノカミ》
天之吹男神《アメノフキオノカミ》
大屋毘古神《オオヤビコノカミ》
風木津別之忍男神《カザモツワケノオシオノカミ》
大綿津見神《オオワタツミノカミ》（海の神）
速秋津日子神《ハヤアキツヒコノカミ》（河口の神）
速秋津比売神《ハヤアキツヒメノカミ》
鳥之石楠船神《トリノイワクスフネノカミ》（天鳥船《アメノトリフネ》）
大宜都比売神《オオゲツヒメノカミ》
火之迦具土神《ヒノカグツチノカミ》（火の神）
迦具土を切った剣についた血から8神、殺された迦具土の体から8神が現れた。
志那都比古神《シナツヒコノカミ》（風の神）
久久能智神《ククノチノカミ》（木の神）
大山津見神《オオヤマツミノカミ》（山の神）
鹿屋野比売神《カヤノヒメノカミ》（野の神）
住居に関する神々
自然現象に関する神々
生産に関する神々
沫那芸神《アワナギノカミ》
沫那美神《アワナミノカミ》
頬那芸神《ツラナギノカミ》
頬那美神《ツラナミノカミ》
天之水分神《アメノミクマリノカミ》
国之水分神《クニノミクマリノカミ》
天之久比奢母智神《アメノクヒザモチノカミ》
国之久比奢母智神《クニノクヒザモチノカミ》
天之狭土神《アメノサヅチノカミ》
国之狭土神《クニノサヅチノカミ》
天之狭霧神《アメノサギリノカミ》
国之狭霧神《クニノサギリノカミ》
天之闇戸神《アメノクラトノカミ》
国之闇戸神《クニノクラトノカミ》
大戸或子神《オオトマトイコノカミ》
大戸或女神《オオトマトイメノカミ》

黄泉の国訪問

伊邪那岐神が見た妻の姿

妻を忘れられない**伊邪那岐**《イザナキ》は、**黄泉国**《よみのくに》に訪ねていく。扉を挟んで帰ってきてくれと語りかけると、**伊邪那美**《イザナミ》は黄泉国の神と相談すると答え、その間、自分の姿を見ないでほしいといい残してその場を離れた。

ところが、いつまで経っても妻は戻ってこない。ついに待ち切れず、櫛《くし》の歯に火を灯し、伊邪那岐は闇に踏み込んでしまう。そこで見たものは、蛆《うじ》がたかり、雷神が湧きでる伊邪那美のおぞましい姿だった。

驚いた伊邪那岐は、黄泉国から逃げ出す。よくも恥をかかせたと、伊邪那美は醜女《しこめ》や雷神たちに追跡させる。伊邪那岐は山ぶどうの実や筍《たけのこ》を投げて彼らの気を引き、剣ではらって追撃をかわし、なんとか現世と黄泉国の境にある、**黄泉比良坂**《よもつひらさか》までたどりついた。

ミソギで生まれた三貴子

ついに伊邪那美が追いかけてきた。伊邪那岐は黄泉国の出入口を閉じるため、**千引**《ちびき》**の岩**《いわ》を黄泉比良坂に据えた。岩の向こうで亡き妻が恨み声でいう。

「こんなことをするなら、私は一日千人を殺す」

伊邪那岐は、「ならば一日に千五百人の子を生もう」と返した。こうして夫婦は決別する。この両神の応酬は、人間の生死の起源を語るものだ。

不浄な黄泉国に行って受けた汚れをはらうため、伊邪那岐は**日向**《ひむか》の**阿波岐原**《あわきはら》に行き、清らかな水につかりミソギの儀式を行った。そのミソギの過程で、安曇《あずみ》氏の祖先神、**綿津見**《ワタツミ》**三神**や、住吉大社に鎮座する**住吉三神**が生まれた。

ミソギの最後に伊邪那岐が顔を洗うと、左目からは**天照大御神**《アマテラスオオミカミ》、右目からは**月読命**《ツクヨミノミコト》、鼻からは**須佐之男命**《スサノオノミコト》の三貴子が誕生する。伊邪那岐は大御神に高天原《たかまのはら》を、月読には夜の世界を、須佐之男には海原国の統治を委ねた。伊邪那岐と伊邪那美の物語はここで終わり、次からは、大御神と須佐之男が主役となる話に移っていく。

行ってみたい！

伊邪那岐神が最後に住んだと伝わる近江の多賀大社

ミソギを終えた伊邪那岐について、古事記は「淡《おう》海《み》の多《た》賀《が》に坐《いま》すなり」と記している。その地は近江の多賀とされており、琵琶湖の東側の多賀の地に、伊邪那岐と伊邪那美を祭神とする多賀大社が鎮座する。奈良時代、元正天皇の病気平癒を叶えたことなどの由来から、延命長寿の霊験《れいけん》で知られている。

一方、日本書紀は、一説として淡路に幽宮をつくって隠れた（亡くなった）としている。その伊邪那岐の神陵とされる場所に伊弉諾神宮《いざなぎじんぐう》（➡P37）が建つ。伊邪那岐と伊耶那美を祭神とする淡路国一宮で、地元では「いっくさん」と呼ばれ親しまれる。

所在地●滋賀県犬上郡多賀町多賀604
アクセス●近江鉄道多賀線「多賀大社前駅」から徒歩10分

「お伊勢七たび熊野へ三たび、お多賀さまへは月参り」などと謡われるほど、古くから多くの信仰を集めている多賀大社。社殿の一部は江戸期のもの。

ここが違う！

日本書紀

◆伊邪那美神は死なず天照大御神らを生む

古事記と日本書紀では、登場する神や国生みの内容など多くの違いがみられるが、最大の差は、書紀の本文では伊弉冉《イザナミ》（伊邪那美）が死なないという点にある。

伊弉冉を死に追いやった迦具土《カグツチ》が登場せず、そのため生きて天照大御神、月の神、蛭児《ひるこ》に続き、素戔嗚《スサノオ》（須佐之男）も出産する。当然ながら本文には黄泉国訪問や、伊弉諾《イザナギ》（伊邪那岐）のミソギの物語も描かれない。とはいえ一書として記す別伝には、古事記とほぼ同様な話も載せるが、あくまで異伝扱いだ。

ちなみに、この国生みの話には16種もの一書を掲載し、本文をはるかにしのぐ分量である。国土創成の重要な部分だけに、異伝もないがしろにはできなかったものと考えられる。

第2話

天の岩屋戸

あらすじ

須佐之男命《スサノオノミコト》は父の伊邪那岐神《イザナキノカミ》から海原国を追放され、姉の天照大御神《アマテラスオオミカミ》が治める天上の高天原《たかまのはら》に行く。

だが須佐之男は高天原で暴れまくり、怒った大御神は天《あめ》の岩屋戸《いわやと》に籠ってしまう。太陽神が隠れたことで、世界は暗闇に覆われる。悪い神々が暗躍し、災いをもたらしはじめた。

困った高天原の神々は天安河原《あめのやすのかわら》に集まり、対応を相談。知恵者の思金《オモイカネノ》神《カミ》の策略と天宇受売命《アメノウズメノミコト》らの活躍で、大御神を岩屋戸から出すことに成功する。世界に再び光が満ち、平安が返ってきた。須佐之男は刑罰を科せられ、高天原からも追われる。

舞台を訪ねる

④ 天照大御神が籠ったと伝わる洞窟がある 天岩戸神社《あまのいわとじんじゃ》

所在地●宮崎県西臼杵郡高千穂町岩戸1073-1
アクセス●JR日豊本線延岡駅からバスで約75分高千穂バスセンターで乗り換え、バスで約15分「天岩戸神社前」下車徒歩すぐ

天照大御神が隠れたとされる天の岩屋戸の伝承地は、宮崎県の高千穂町にあるその名も天岩戸神社だ。岩戸川を挟むように東本宮と西本宮の２社が立ち、西本宮の御神体が天の岩屋戸と呼ばれる洞窟で、一帯は立ち入り禁止の聖域となっている。祭神は東本宮が天照皇大御神《アマテラススメオオカミ》、西本宮は大日霊尊《オオヒルメノミコト》を祀るが、どちらも天照大御神のことである（➡P12）。

岩屋戸開きの際に、神がかりになったように踊ったとされる天宇受売命の像。東本宮の参道に立つ。

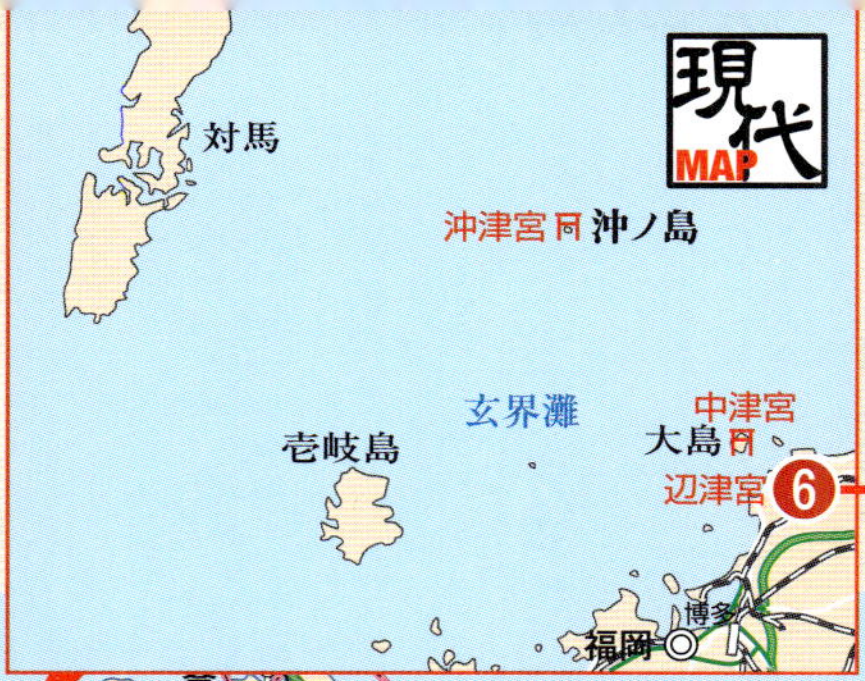

6 誓約の三女神を祀る 宗像大社《むなかたたいしゃ》

所在地●福岡県宗像市田島2331
アクセス●JR鹿児島本線東郷駅からバスで約12分「宗像大社前」下車すぐ

誓約の際に天照大御神が須佐之男の剣から生んだ宗像《むなかた》三女神を祀る。宗像市の辺津宮《へつみや》に市杵島姫《イチキシマヒメ》、沖合に浮かぶ筑前大島の中津宮《なかつみや》に湍津《タギツ》姫《ヒメ》、玄界灘の孤島、沖ノ島の沖津《おきつ》宮《みや》に田心姫《タゴリヒメ》が鎮座し、海上交通や国家鎮護の神として崇められてきた。沖津宮の参詣は毎年５月27日のみ許される。

5 神々が集まって思案した 天安河原《あめのやすのかわら》

所在地●宮崎県西臼杵郡高千穂町岩戸
アクセス●JR日豊本線延岡駅からバスで約75分高千穂バスセンターで乗り換え、バスで約15分「天岩戸神社前」下車徒歩10分

天岩戸神社から岩戸川にそって遊歩道を少したどると、仰慕窟《ぎょうぼがいわや》という洞窟がある。周辺は天安《あめのやす》河原《かわら》と称され、大御神を岩屋戸から出すために、神々が集まった場所とされている（➡P12）。

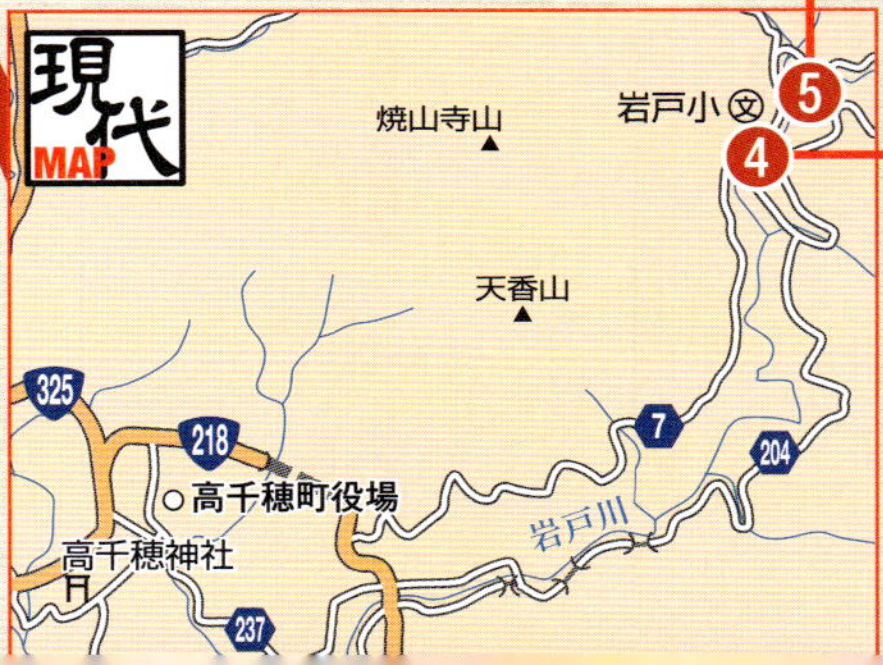

天の岩屋戸❶

神生み比べの誓約

武装し身構える天照大御神

父伊邪那岐神《イザナキノカミ》に海原国の支配を命じられた**須佐之男命**《スサノオノミコト》だったが、亡き母伊邪那美神《イザナミノカミ》が去った**根の堅州国**《ねのかたすくに》に行きたいと泣き暮らし、そのわめき声で山々の緑が枯れるほど。隙を突いて悪しき神々が世界に災いを振りまいた。父神は須佐之男の海原国からの追放を決める。根の堅州国に行く前に、須佐之男は姉の**天照大御神**《アマテラスオオミカミ》に別れを告げようと天上界の**高天原**《たかまのはら》を目指す。

ところが須佐之男が高天原に昇るとき、山河は鳴り響き大揺れした。その様子に驚いた大御神は侵略だと判断し、矢を構え武装して弟神を待ち受けた。

反逆心はないと弟は釈明するが、姉は疑いを解かない。「どう潔白を証明するか」と問われた須佐之男は、生んだ神を比べる**「誓約《うけい》」**を申し出るのだった。

誓約に勝った須佐之男命

高天原にある**天安河**《あめのやすのかわ》を挟み、誓約が始まった。互いの所持物を交換し、その物から神を生み、男か女かで勝敗を決定する。まず天照大御神が須佐之男の**剣**《つるぎ》を受け取り、噛み砕いて息を吐き出すと3人の女子が誕生。**宗像**《ムナカタ》**三女神**といわれる姉妹神である。

須佐之男が大御神の勾玉《まがたま》を噛み砕くと、その息から最初に出現したのが、皇室の祖先となる**天忍穂耳命**《アメノオシホミミノミコト》だった。2番目が**天穂日命**《アメノホヒノミコト》で、のちに国譲りの使者として出雲に送られる。さらに3人の男子が成り出て、あわせて須佐之男は5人の男神を生んだ。

誓約の結果から、須佐之男は「自分の剣から生まれた子が女だから疑念は晴れた」と勝ちを宣言する。潔白が示され、高天原に入ることが許された。

一方大御神は、「私の勾玉から成った子だから男神は自分の子だ」といった。大御神のこの言葉は重要である。皇室の祖先の天忍穂耳は大御神の勾玉から誕生し、大御神の子だと語るからだ。誓約の物語により、大御神は天皇家の**祖先神＝皇祖神**であることが示される。

誓約から生まれた神々

道具を交換して神々を生んだが、道具の持ち主が親となった。

須佐之男命《スサノオノミコト》

剣《ツルギ》

多岐都比売命《タキツヒメノミコト》
市寸島比売命《イチキシマヒメノミコト》
多紀理毘売命《タキリビメノミコト》

天照大御神《アマテラスオオミカミ》

勾玉《マガタマ》

熊野久須毘命《クマノクスビノミコト》
活津日子根命《イクツヒコネノミコト》
天津日子根命《アマツヒコネノミコト》
天穂日命《アメノホヒノミコト》
正勝吾勝勝速日天忍穂耳命《マサカツアカツカチハヤヒアメノオシホミミノミコト》 ＝ 天皇家の祖先

行って
みたい!

天照大御神を祀る伊勢神宮

太陽神にもたとえられ皇室の祖先神である天照大御神は、伊勢の五十鈴川《いすずがわ》のほとりに立つ皇大神宮（内宮）に祀られている。11代垂仁《すいにん》天皇の時代に、皇女の倭比売《ヤマトヒメ》がここに宮を定めたと日本書紀は書く。

大御神の食を司る豊受大御神《トヨウケノオオミカミ》も豊受大神宮（外宮）として祀られ、以下別宮諸社あわせて125社の総称が伊勢神宮である。

五十鈴川が注ぐ伊勢湾の二見浦にある、注連縄《しめなわ》で結ばれた夫婦岩も参詣者から信仰を集める。

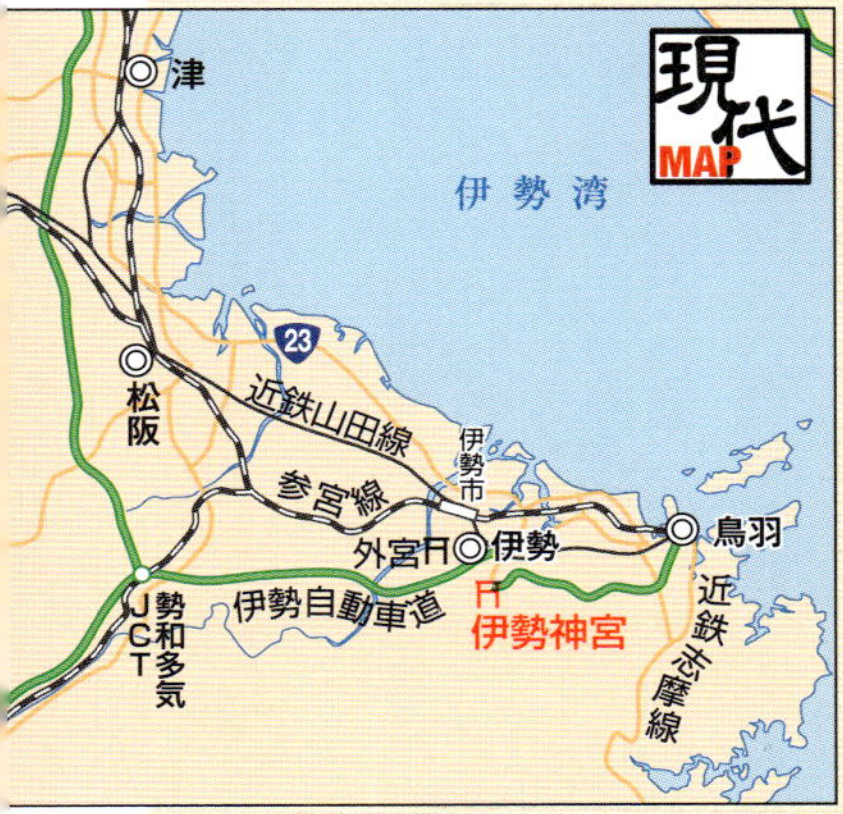

所在地●三重県伊勢市宇治館町1
アクセス●近鉄鳥羽線宇治山田駅からバスで15分「内宮前」下車

内宮の御正殿は高床式で、直接地面の穴に柱を立て、古式を今に伝える掘立式を採用。伊勢神宮では20年に一度、社殿を建て替える式年遷宮を行う。神宮司庁写真提供

天の岩屋戸 ❷

太陽神の復活

暗黒に沈む世界

潔白が証明され、**高天原**《たかまのはら》で暮らすことが許された**須佐之男**《スサノオ》は図に乗って暴挙に打ってでる。**天照大御神**《アマテラスオオミカミ》の神聖な神田を荒らし、神殿に糞をまき散らして汚した。

大御神は弟の乱暴にじっと耐えるが、須佐之男の行動は過激化する一方だった。ついに須佐之男が機織り中の機屋に皮をはいだ馬を投げ込み、侍女が驚いて死んでしまった。ここに至って大御神の怒りは爆発。**天**《あめ》**の岩屋戸**《いわやと》に入り岩の扉を閉じた。

太陽神の天照大御神が隠れたことで、高天原も地上も闇に包まれた。それをいいことに邪神たちが災いを広げ、世界は大混乱に陥る。

困った神々が**天安河原**《あめのやすのかわら》に集まり、知恵の神、**思金**《オモイカネノ》**神**《カミ》を中心に打開策を話し合った。

至上の神天照大御神の誕生

思金神は**鏡**と**勾玉**《まがたま》をつくらせて聖なる木に飾り、その木を中心に祭りを開く。

このときの鏡と勾玉は、皇室の権威を象徴する、**三種の神器**（のちに**草薙剣**《くさなぎのつるぎ》が加わる）になる。

さらに思金神は**天宇受売命**《アメノウズメノミコト》に踊りを命じた。天宇受売が肌も露わに乱舞すると、神々からどっと笑い声が巻き起こる。その歓声は高天原にこだました。

外の騒ぎを耳にした大御神は、何が起きているかと不思議に思い、岩の扉を少し開ける。それを好機と、控えていた力自慢の**天手力男神**《アメノタヂカラオノカミ》が、大御神の手をとって岩屋戸から引き出した。**布刀玉命**《フトダマノミコト》が岩屋戸に注連縄をかけてしまったため、大御神も岩屋戸に二度と入れない。

世界に光が返ってきた。命が輝きを取り戻す。岩屋戸から出てきた大御神は、もう弟に翻弄される神ではなく、尊厳に満ちた偉大な最高神に変身していた。

天の岩屋戸の神話は、世界に蘇った大御神が至上の神として生まれ変わるエピソードだ。一方、騒動を招いた須佐之男は、罰を科せられて地上に追われる。

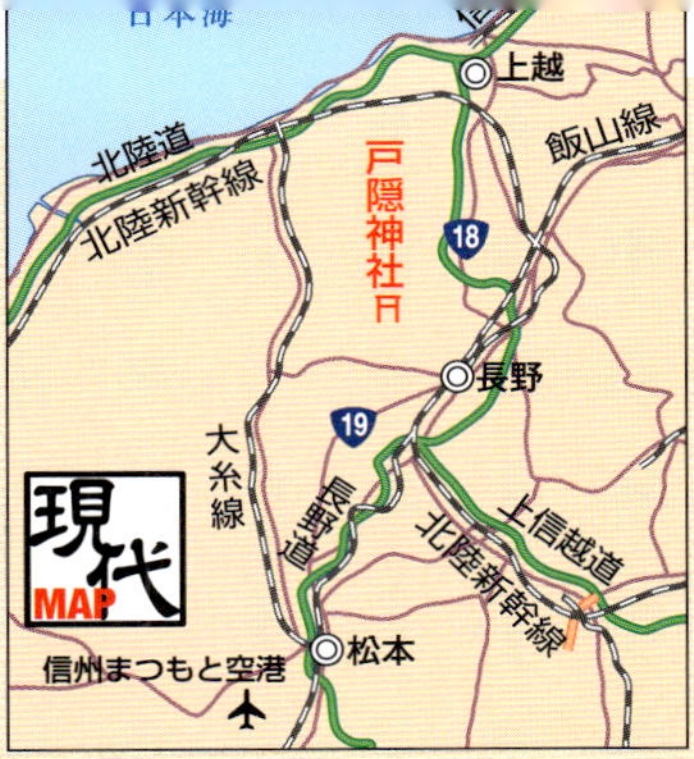

行ってみたい！ 岩屋戸開きで活躍した神々を祀る戸隠神社

長野県北部にそびえる戸隠山《とがくしやま》は、荒涼とした岩肌をむき出しにする。この山が、天手力男が放り投げた天の岩屋戸の岩扉だとされ、岩屋戸神話で活躍した神々を祀っている。

奥社、中社、宝光社、九頭龍社《くずりゅうしゃ》、火之御子社《ひのみこしゃ》からなり、戸隠山の絶壁を背景にした奥社に天手力男を祀る。火之御子社には天鈿女命《アメノウズメノミコト》が祀られ、舞楽芸能の神として親しまれ、太々《だいだい》神楽《かぐら》が伝承されている。

所在地●長野県長野市戸隠
アクセス●JR信越本線長野駅からバスで約60分「戸隠営業所」下車で火之御子社、「奥社」下車で奥社入口すぐ

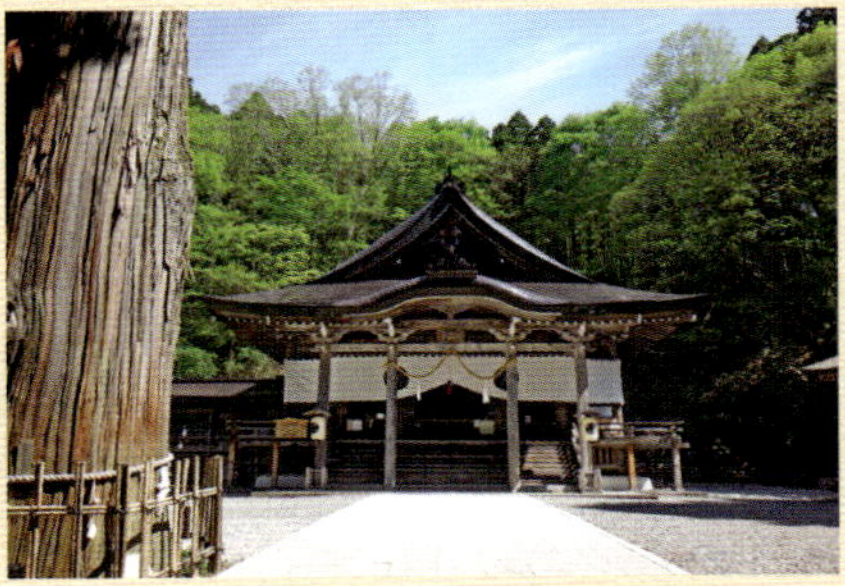

本社の奥社へは徒歩でしか参拝できず、2kmほどの上り坂をのぼる。30分ほどの道のりだが、まっすぐ続く杉並木の参道は趣があり、参拝者も多い。

もっと知りたい！ 岩屋戸伝承は日食がモチーフ？

太陽神である天照大御神が隠れて、世界が暗黒になるという岩屋戸神話は、皆既日食がもとになっているという説がある。

ことに西暦247年と248年に日食があったことが科学的に実証されていて、これを岩屋戸神話に当てはめ、史実として語られることが少なくない。

この神話は、大御神の偉大なる復活を描くためのものだ。日食が伝承のベースになっている可能性はあるが、あくまで神話である。ちなみに247年の日食は、夕刻に欠けながら落日し、248年は早朝に満ちながら太陽は昇った。どちらも地上を暗黒にするほどの規模ではない。

ここが違う！ 日本書紀 ◆誓約で男神を生んだほうを勝ちとする

書紀の本文では女神を生んだ素戔嗚《スサノオ》（須佐之男）を負けとするが、これでは潔白は証明されない。素戔嗚は高天原に入れず、天上での大暴れは、あり得ないことになる。

誓約には潔白の証明と、皇室の祖先天忍穂耳《アメノオシホミミ》は、どちらの子かという問題が絡む。大御神が天忍穂耳を生む書紀本文は皇祖神が大御神であることを重視した結果だろう。だが編者は辻褄が合わないことに気づき、誓約の方法や勝者が異なる別伝も載せる。天忍穂耳が素戔嗚の子となる逸話も入れる。女神を生んだほうが勝ちとする古事記のほうが、物語のつながりでは筋が通る。

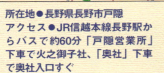

第3話

八俣の大蛇

あらすじ

天上の高天原《たかまのはら》を追放され、出雲の斐伊川《ひいがわ》に降り立った須佐之男命《スサノオノミコト》は、八俣《やまた》の大蛇《おろち》の生け贄にされようとしている櫛名田比売《クシナダヒメ》と出会う。

大蛇は8つの頭と尾をもつ巨大な化け物だったが、須佐之男は比売を助けるため、大蛇と戦う。

比売の両親の協力のもと、やってきた大蛇に強い酒を呑ませて酔わせ、眠り込んだところを剣でずたずたに切り刻んだ。流れる血で斐伊川の水は真っ赤に染まる。

大蛇を退治した須佐之男は、櫛名田比売を妻に迎え、出雲の須賀《すが》に宮を構えて睦まじく暮らした。

舞台を訪ねる

⑦須佐之男が宮を建てた **須我神社《すがじんじゃ》**

所在地●島根県雲南市大東町須賀260
アクセス●JR山陰本線松江駅からバスで約32分「須賀」下車徒歩３分

八俣の大蛇を滅ぼした須佐之男が、櫛名田比売と住む新居を求めてこの地にやってきたところ、気分がすがすがしくなり、ここに宮殿を構えたという。須賀の地名もこれに由来する。その宮跡に立つのが須我神社だ。須佐之男と櫛名田比売を祀り、須佐之男が「八雲立つ」という歌を詠んだことから、和歌発祥の地とされる。境内には多数の歌碑や句碑が立ち並ぶ。右の写真は「八雲立つ」の碑。

⑧ 須佐之男と比売の肖像が残る 八重垣神社《やえがきじんじゃ》

須佐之男が須賀から宮を移し、櫛名田比売と住んだ地といわれ、須佐之男と櫛名田比売を祭神とする。大蛇退治のときに巨木のまわりに八重の垣を巡らせ、比売を隠したという伝承から、大きなウロをもつ杉の古木を御神木として祀る。須佐之男と櫛名田比売を描いたとされる、日本最古の神社障壁画(国重文指定)も残る。

所在地●島根県松江市佐草町227
アクセス●JR山陰本線松江駅からバスで約25分「八重垣神社」下車すぐ

⑨ 戦いの舞台 斐伊川《ひいかわ》

所在地●島根県出雲市・平田市・斐川町
アクセス●JR山陰本線「出雲市駅」からバス、JR木次線「木次駅」から徒歩など

島根県南東部、鳥取県との県境にある船通山から北西に蛇行して宍道湖《しんじこ》に注ぐ。古くから氾濫を繰り返し、八俣の大蛇退治は、この暴れ川を大蛇に見立てたものとの説もある。斐伊川沿いには、伝承地が数多い(➡P28)。

須佐之男命の大蛇退治

櫛名田比売の悲劇

須佐之男命《スサノオノミコト》は高天原《たかまのはら》を追われ、出雲の肥河《ひのかわ》（斐伊《ひい》川《かわ》）上流の鳥髪《とりかみ》に降り立った。箸が川を流れてきたので、上流に人が住んでいるだろうと須佐之男が川を上っていくと、美しい娘を前に泣いている老夫婦と出会う。老父は大山津見神《オオヤマツミノカミ》の子で**足名椎**《アシナヅチ》だと名乗り、妻は**手名椎**《テナヅチ》、娘は**櫛名田比売**《クシナダヒメ》だと語る。

もとは娘が8人いたが、高志《こし》から**八俣**《やまた》**の大蛇**《おろち》がやってきて毎年ひとりずつ食べてしまう。残るのはこの娘だけで、今年も大蛇が訪れる時期になった、というのだ。大蛇は8つの頭と尾をもち、巨体は8つの谷や山を覆いつくす。体中に木々が生え、眼は赤く光る。

須佐之男は強い酒を醸すことを足名椎に命じ、酒ができると8つの桶に満たし、到来を待ち構えた。

英雄となる須佐之男命

ついに大蛇がやってきた。大蛇は酒桶を見つけると頭を突っ込んで呑み、酔いつぶれて眠った。それを待っていた須佐之男は剣で大蛇を切り散らす。大蛇から流れ出た大量の血で、斐伊川の水面は赤く変わった。

大蛇の尾から、須佐之男は見事な太刀を発見する。感服した須佐之男は姉**天照**《アマテラス》に捧げた。この太刀が皇室の三種の神器のひとつ、熱田神宮に祀られる**草薙剣**《くさなぎのつるぎ》だ。

大蛇を倒した須佐之男は比売を妻にする。宮を**須賀**に定め、雲が盛んに立ち上る様子を見て歌を詠んだ。

「八雲立つ　出雲八重垣　妻ごみに　八重垣つくる　その八重垣を」（妻を守るために宮にいくつもの垣をつくったが、その八重の垣をめぐらせたように、出雲には雲が幾重にも湧く）――。

これが日本最初の**和歌**とされる。海原国を追放され、乱暴者として高天原も追われた須佐之男だったが、邪神の大蛇を滅ぼし、悪役から英雄に変身した。八俣の大蛇は**試練**であり、居場所を見つけて偉大な神になるための重要なステップだった。

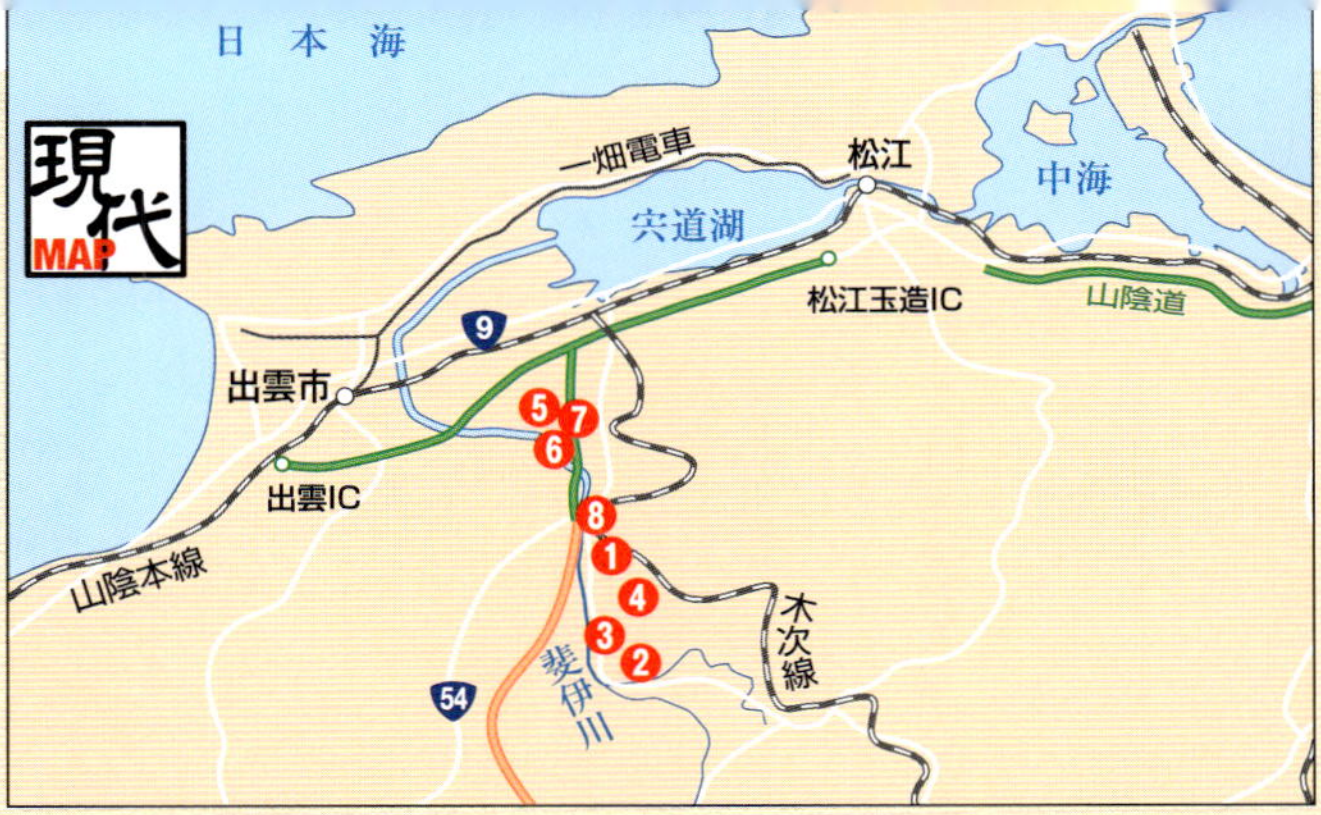

行ってみたい！ 斐伊川沿いに残る伝承地

大蛇退治の舞台の地では、ゆかりの場所が数多く語り継がれている（➡P28）。

	由来	所在地	アクセス
❶八俣大蛇公園	須佐之男が斐伊川を流れてきた箸を拾ったのがこのあたりとされている。	島根県雲南市木次町新市	JR木次線「木次駅」から徒歩10分
❷温泉神社	櫛名田比売の両親、足名椎神と手名椎神を祀る神岩がある。	島根県雲南市木次町湯村1060	JR木次線「木次駅」から車で20分
❸天が淵	八俣の大蛇が棲んでいた場所といわれる。	島根県雲南市木次町湯村	JR木次線「木次駅」から車で20分
❹印瀬の壷神	大蛇退治の際に酒を入れた壷のひとつと伝えられる壷を祀る。	島根県雲南市木次町西日登1524-1	JR木次線「木次駅」から車で15分
❺草枕	酒に酔った八俣の大蛇が枕にしたと伝わる山。	島根県雲南市加茂町神原	JR木次線「加茂中駅」から車で5分
❻八口神社	須佐之男が矢を放ち、八俣の大蛇をしとめたといわれる場所。	島根県雲南市加茂町神原98	JR木次線「加茂中駅」から車で5分
❼尾留大明神旧社地	須佐之男が八俣の大蛇の尾を切り開き、草薙剣を手に入れた場所といわれる。	島根県雲南市加茂町三代	JR木次線「加茂中駅」から車で5分
❽八本杉	須佐之男が倒した八俣の大蛇の首を埋め、8本の杉を植えたといわれる。	島根県雲南市木次町里方	JR木次線「木次駅」から車で10分

もっと知りたい！

五穀の誕生

須佐之男が出雲の肥河に天降る途中、古事記は奇妙な話を挿入させる。食物を司る大気都比売神《オオゲツヒメノカミ》に須佐之男が食事を求めたところ、比売は自分の鼻、口、尻から食材を出して調理した。それを見た須佐之男は、汚れた食べ物を出したと怒り、比売を殺してしまう。

やがて比売の遺体の頭から蚕が生じ、眼からは稲、耳からは粟、鼻からは小豆、陰部からは麦、尻からは大豆が生えてきた。万物の生成に携わる神産巣日命《カムムスヒノミコト》はそれらを集め、五穀の種をつくった。

太古の人々は、穀物は収穫のときに刈り取られていったん死に、大地にまかれた種から芽を出して生き返ると考えた。殺されて種を残した大気都比売は、穀物の死と復活を象徴する神だったのである。

第4話

大国主神の国造り

あらすじ

須佐之男命《スサノオノミコト》の六代目の子孫、大穴《オオナ》牟遅神《ムジノカミ》は、八上比売《ヤガミヒメ》に求婚する兄弟の神たちと、比売が住む稲羽《いなば》(因幡)にいく。途中の浜辺であわれな素兎《しろうさぎ》(白兎)を救ったことで、八上比売から結婚相手に選ばれるが、嫉妬を買って兄弟から命をねらわれてしまう。

逃れた紀伊国にも追手が迫り、その地の神から須佐之男が治める根《ね》の堅州国《かたすくに》にいくようすすめられる。

根の堅州国では須勢理毘売《スセリビメ》の助けを借り、須佐之男が次々に出す試練を乗り越えた。大穴牟遅は須佐之男から地上世界の王「大国主神《オオクニヌシノカミ》」の名を授かり、国土建設に力をつくす。

舞台を訪ねる

⑩大国主神と素兎が出会った白兎海岸《はくとかいがん》

アクセス●JR山陰本線・鳥取駅からバスで約30分「白兎神社前」下車すぐ

鳥取県東部、鳥取市街から12kmほどにある国道9号線沿いの風光明美な海岸が、大国主が稲羽の素兎（因幡の白兎）を助けた場所だと伝わる。現在では白兎海岸と呼ばれ、すぐ沖には素兎がワニをだましてやってきたという淤岐島があるが、淤岐島の伝承地は日本海の沖合いに浮かぶ島根県の隠岐島だと推測されている。

海岸前の道の駅にある兎の像

⑪ 素兎が体を癒した地
白兎神社《はくとじんじゃ》

素兎が体を洗ったとされる御身洗池

所在地●鳥取県鳥取市白兎603
アクセス●JR山陰本線・鳥取駅からバスで30分「白兎神社前」下車すぐ

大国主の助言で素兎が真水で体を洗い、乾かしたと伝えられる身干山《みほしやま》の丘に立つ。主祭神は白兎神で、素兎が大国主と八上比売との結婚を予言したことから縁結びの神様として、素兎の怪我が癒えたことから、皮膚病やペットの病気の神社としても親しまれる。素兎が体を洗ったという御身洗池《みたらしいけ》もある。

出雲大社（➡P83）にある大国主神と兎の像

大国主神の国造り①

稲羽の素兎

兎を助けた大穴牟遅神

須佐之男命《スサノオノミコト》の子孫である**大穴牟遅神**《オオナムジノカミ》は、**八上比売**《ヤガミヒメ》に求婚する兄弟神の**八十神**《やそかみ》たちから下僕にされ、**稲羽**《いなば》の比売の元に向かい、気多岬《けたみさき》で泣いている**素兎**《しろうさぎ》と出合った。淤岐島《おきのしま》からワニ（鮫）をだましてやってきたが、嘘がばれて毛皮を剥《む》かれ丸裸にされたと話す。八十神から「潮水を浴びて体を乾かせば治る」といわれ、その通りにすると皮膚はひび割れ、激痛に襲われた。

同情した大穴牟遅は、「真水で体を洗い、蒲《がま》の花粉をまき、その上で寝ていれば傷はよくなる」と教えた。回復した兎は大穴牟遅にいう。「兄弟から低く見られているが、あなたが八上比売を娶《めと》るでしょう」――。

その予言どおり、大穴牟遅の優しさが比売の心を射止めた。素兎は比売が遣わした神獣だったのだろう。

出雲大社の大国主神の像

八十神たちの謀略

八上比売から結婚を拒絶された八十神たちは腹を立て、**大穴牟遅**の殺害をたくらむ。

伯伎《ほうき》（伯耆とも。鳥取県）の手間《てま》の山に誘い出し、赤い猪だと偽って巨岩を焼いて山から落とし、麓で捕獲しろと命じた。言われるままに灼熱の岩を受け止めて、大穴牟遅は焼け死んでしまう。

大穴牟遅の**母神**は、高天原《たかまのはら》の**神産巣日神**《カムムスヒノカミ》に助けを求めた。神産巣日はふたりの女神を送り、その秘薬で大穴牟遅は生き返った。だが八十神たちはあきらめない。再び大穴牟遅をだまし、楔を打ち込んだ大木の割れ目に入らせ、楔を抜いて挟み殺した。

このときも母神によって蘇生できたが、母は身を案じ、木国《きのくに》（紀伊）の神のところに行くようにいう。ところが木国にも危機が迫り、その神は須佐之男が支配している**根**《ね》**の堅州国**《かたすくに》に逃げるよう助言する。

八十神からの迫害は王の座をめぐる戦いの反映であり、試練を乗り越え偉大な神へと成長していく物語である。須佐之男のもとでも、新たな試練が待っていた。

大国主神の系譜

須佐之男が出雲に居を構えて代を重ね、６世の子孫として大国主が生まれた。

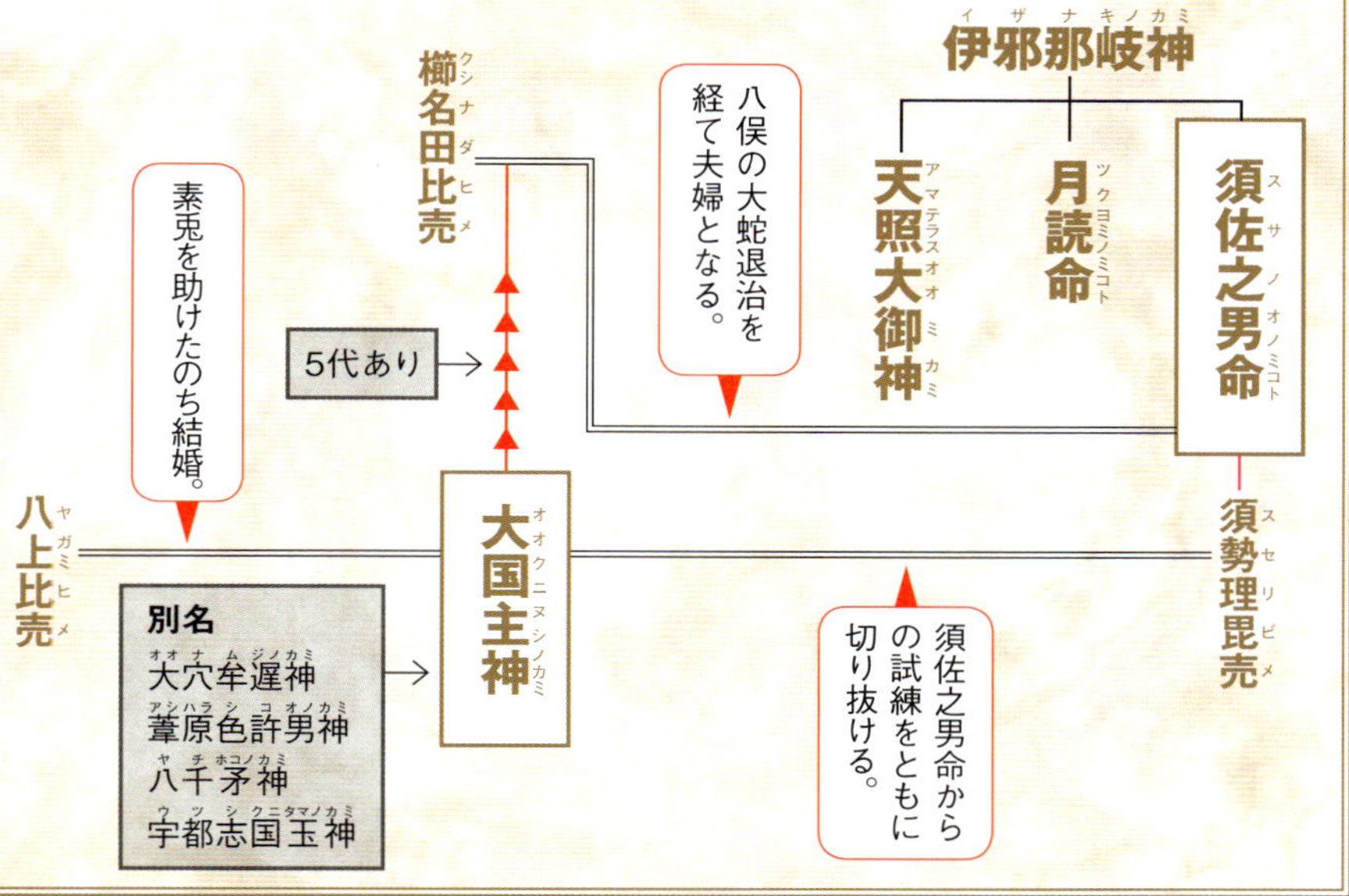

大穴牟遅神への八十神の攻撃

古代MAP

八上比売に選ばれた大穴牟遅神は、繰り返し狙われ、殺害されるが生き返る。

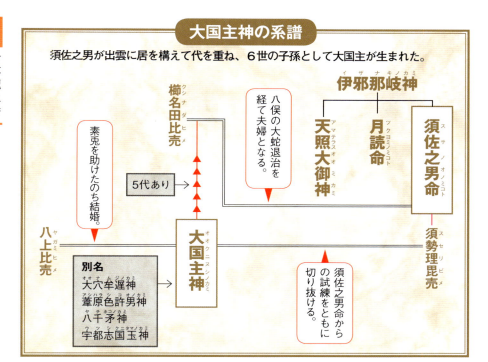

須佐之男命の試練

試練を超えて地上の王へ

根《ね》の堅州国《かたすくに》についた**大穴牟遅《オオナムジ》**に、須佐之男《スサノオ》は蛇の洞窟と、ムカデと蜂の洞窟で夜を明かすよう求めた。大穴牟遅は心を通じた須佐之男の娘**須勢理毘売《スセリビメ》**からスカーフを密かに渡され、その呪力で窮地を脱する。

次に須佐之男は野に矢を放ち、拾ってくるように命じる。大穴牟遅が矢のある場所にいくと、須佐之男が放った炎に包まれた。しかしこの危機も不意に現れた鼠の導きで乗り越えた。また須佐之男の髪の毒ムカデ退治という試練も、須勢理毘売の機転で解決する。

大穴牟遅は須勢理毘売を連れ、堅州国を離れる。試練を切り抜けたと認めた須佐之男は、去っていく大穴牟遅に地上の最高神**「大国主神《オオクニヌシノカミ》」**の名を授け、さらに須勢理毘売を正妻にするように伝えて見送った。

大国主神の国造りと結婚

ところで、苦難の克服は神々の助けによるもので、大国主自身が克服したわけではない。そんな疑問も湧くだろう。古くは戦争の勝利も神の加護だった。神が味方するに相応しいから、困難を越えられたと理解すれば納得もできるだろう。

さて**大国主**は須佐之男の命に従い、出雲の**宇迦《うか》**の山麓（御崎山《みさきやま》）に宮を設け、須佐之男の神宝だった大刀と弓矢で八十神《やそがみ》を退けて**国造り**に着手した。

物語はここで一転、大国主と各地の女神との結婚話に移る。越《こし》の**沼河比売《ヌナカワヒメ》**や宗像神社の**多紀理毘売《タキリビメ》**、**神屋《カムヤ》楯比売《タテヒメ》**や**鳥取神《トトリノカミ》**とも関係を結び、正妻の須勢理毘売は嫉妬した。それを恐れた**八上比売《ヤガミヒメ》**は稲羽に帰る。

なんとも人間臭い話だが、大国主の結婚は在地の女神を娶って平定する、国土拡大のたとえとも読める。

さらに『一寸法師』のモデルともされる**少名毘古那《スクナビコナ》神《カミ》**や、奈良県三輪山の**大物主神《オオモノヌシノカミ》**（大神神社の祭神）の協力を得て、国土建設を進めた。大国主は名称どおり、地上全体を治める偉大な神になっていった。

大国主神の恋愛

地上の支配者となった大国主《オオクニヌシ》は、各地で女性と結ばれる。

誓約のときに須佐之男命《スサノオノミコト》が生んだ三女神のうちのひとり、多紀理毘売《タキリビメ》との間にはふたりの子をなしている。
宗像
出雲
稲羽
越
美しいと評判の沼河比売《ヌナカワヒメ》に会いにいき、歌を交わし結ばれる。
白兎神話ののち、大国主の妻となった八上比売《ヤガミヒメ》だが、須勢《スセ》理毘売《リビメ》の嫉妬を恐れ、子を残して稲羽へ帰る。
大国主は嫉妬深さに悩まされ、須《ス》勢理毘売《セリビメ》に別れの歌を送るが、返歌に心を動かされる。愛を蘇らせ、ふたりは出雲に鎮座する。
場所は定かではないが、大国主の妻には、神屋楯比売《カムヤタテヒメ》、鳥取神《トトリノカミ》の名も挙がる。神屋楯比売との間に生まれたのが、国譲り（➡P86）に登場する事代主神《コトシロヌシノカミ》だ。

大国主神に恋愛譚が多いわけ

古事記では、大国主神の別名を４つ挙げている。大穴牟遅神《オオナムジノカミ》、葦原色許男神《アシハラシコオノカミ》、八千《ヤチ》矛神《ホコノカミ》、宇都志国玉神《ウツシクニタマノカミ》である。

各地の国造りの神を、大国主ひとりにまとめた結果とする説が有力だ。

大穴牟遅は大地の主神、葦原色許男は地上界の強者、八千矛は武神を意味している。宇都志国玉は現世の国土の神霊で、それぞれ神の別の面を語ったとする説もある。

各地の女神に求婚するのは武神である八千矛だった。武力を背景にした結婚だったことを、暗示しているのかもしれない。

ここが違う！ 日本書紀

◆素兎や根の堅州国訪問などの大国主神の活躍は描かれない

◆大国主神と大物主神を同一とする

書紀は一書として、大国主は素戔嗚《スサノオ》（須佐之男）の５代ないし６代の孫などの異説を挙げるが、本文では素戔嗚の子とした。

大国主の活躍を描く古事記に対し、書紀は少彦名命《スクナヒコナノミコト》と天下を築いたと紹介するのみ。国造りの過程にも触れない。

大国主に協力し、国を開拓する奈良三輪山の大物主神も、大国主の分身または同じ神だと書く。書紀の編者は、三輪山に鎮座するのは大国主だと解釈していたことになる。

第5話

大国主神の国譲り

あらすじ

天上の高天原《たかまのはら》を治める天《アマ》照《テラス》大《オオ》御《ミ》神《カミ》と高《タカ》御《ミ》産《ム》巣《ス》日《ヒノ》神《カミ》は、子どもの天《アメノ》忍《オシ》穂《ホ》耳《ミミノ》命《ミコト》に、地上世界の支配を命じる。その国譲りの交渉のため、地上界の王である大《オオ》国《クニ》主《ヌシノ》神《カミ》のもとに使者を二度も派遣するが、いずれも失敗。

ついに高天原は強力な武力神の建《タケ》御《ミ》雷《カヅチ》之《ノ》男《オノ》神《カミ》を送り、大国主に国譲りを強硬に迫る。譲渡に反対する大国主の子の建《タケ》御《ミ》名《ナ》方《カタノ》神《カミ》は、抵抗するも建御雷に屈服させられ、諏訪（長野県）の地に幽閉されてしまう。大国主は自らを祀る大きな神殿を建てることを条件に、地上を高天原に献上し、静かに幽界に去る。

舞台を訪ねる

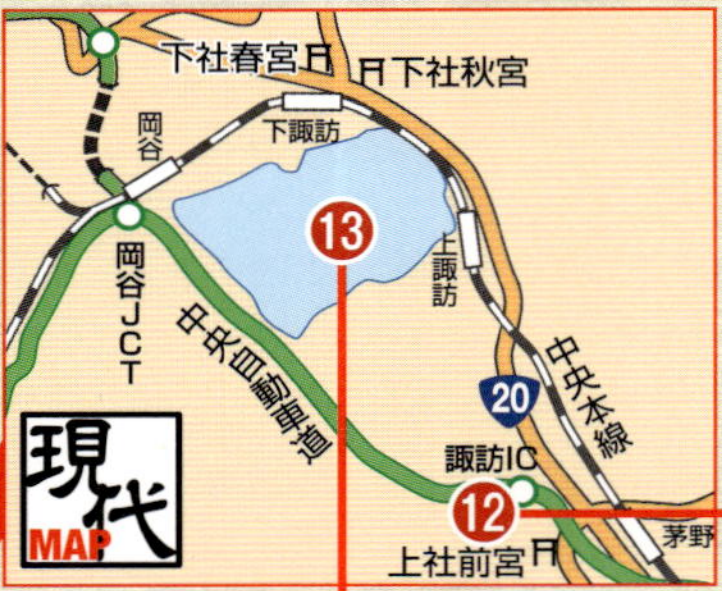

⑫ 建御名方神を祀る 諏訪大社《すわたいしゃ》

所在地（上社本宮）●長野県諏訪市中洲宮山1
アクセス●JR中央本線上諏訪駅からバスで30分ほど「上社」下車すぐ

国譲りで敗れ、諏訪の地から出ないと誓った建御名方神を祀る。諏訪神社は全国に1万社以上あるが、諏訪地方の上社と下社がその総本社だ。諏訪市の上社本宮と茅野市の上社前宮、下諏訪町にある下社春宮・秋宮の４社で構成され、社の四隅に巨木を建てる、勇壮な御柱祭でも知られる。写真は上社本宮。

⑬ 建御名方神が追いつめられた 諏訪湖《すわこ》

所在地●長野県諏訪市

諏訪湖は国譲りの際に、建御名方神が追い詰められた場所と古事記に描かれる。氷結した諏訪湖にできる氷のせり上がりは、蛇体である建御名方神が、体をくねらせて妃神のもとに通った跡＝御神渡りと伝わる。

信州・長野県観光協会写真提供

⑭話し合いの場 稲佐《いなさ》の浜《はま》

所在地●島根県出雲市大社町杵築北
アクセス●JR山陰本線出雲市駅からバスで30分ほど「稲佐の浜」下車すぐ

出雲大社から徒歩20分ほどにある稲佐の浜は、高天原からの使者、建御雷之男と大国主らが対峙した場所。出雲では旧暦の10月（新暦11月）を全国から神々がやってくる神在月とするが、神々が上陸するのがこの浜で、11月中旬には、おごそかな神迎祭が夜の闇の中で執り行われる（➡P30）。

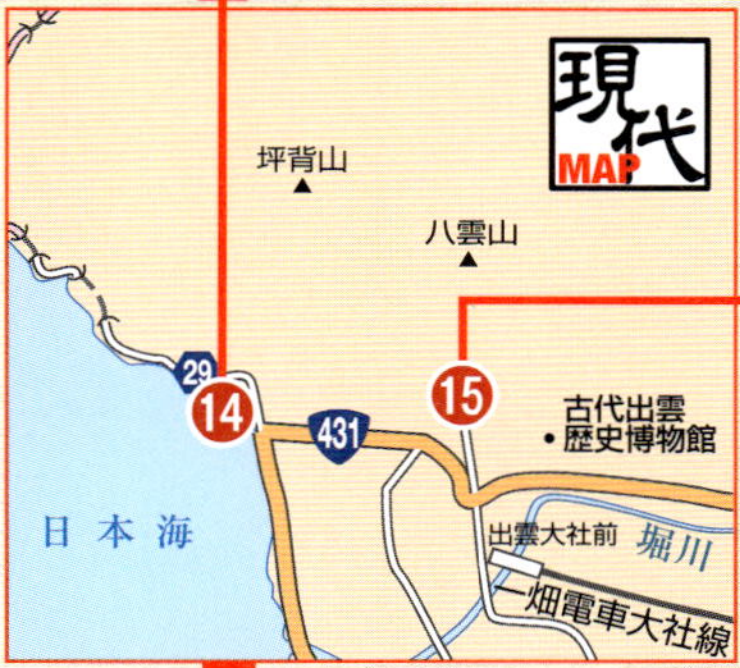

⑮大国主神の神殿として建てられた出雲大社《いずもおおやしろ》

所在地●島根県出雲市大社町杵築東195
アクセス●一畑電車・出雲大社前駅下車、徒歩５分

国譲りを承諾した大国主神のために創建されたとされる。現在も、古代より連綿と続く出雲国造家である千家氏が代々宮司を務める。社殿は国宝で、神社建築の最古の姿を今に残す（➡P32）。

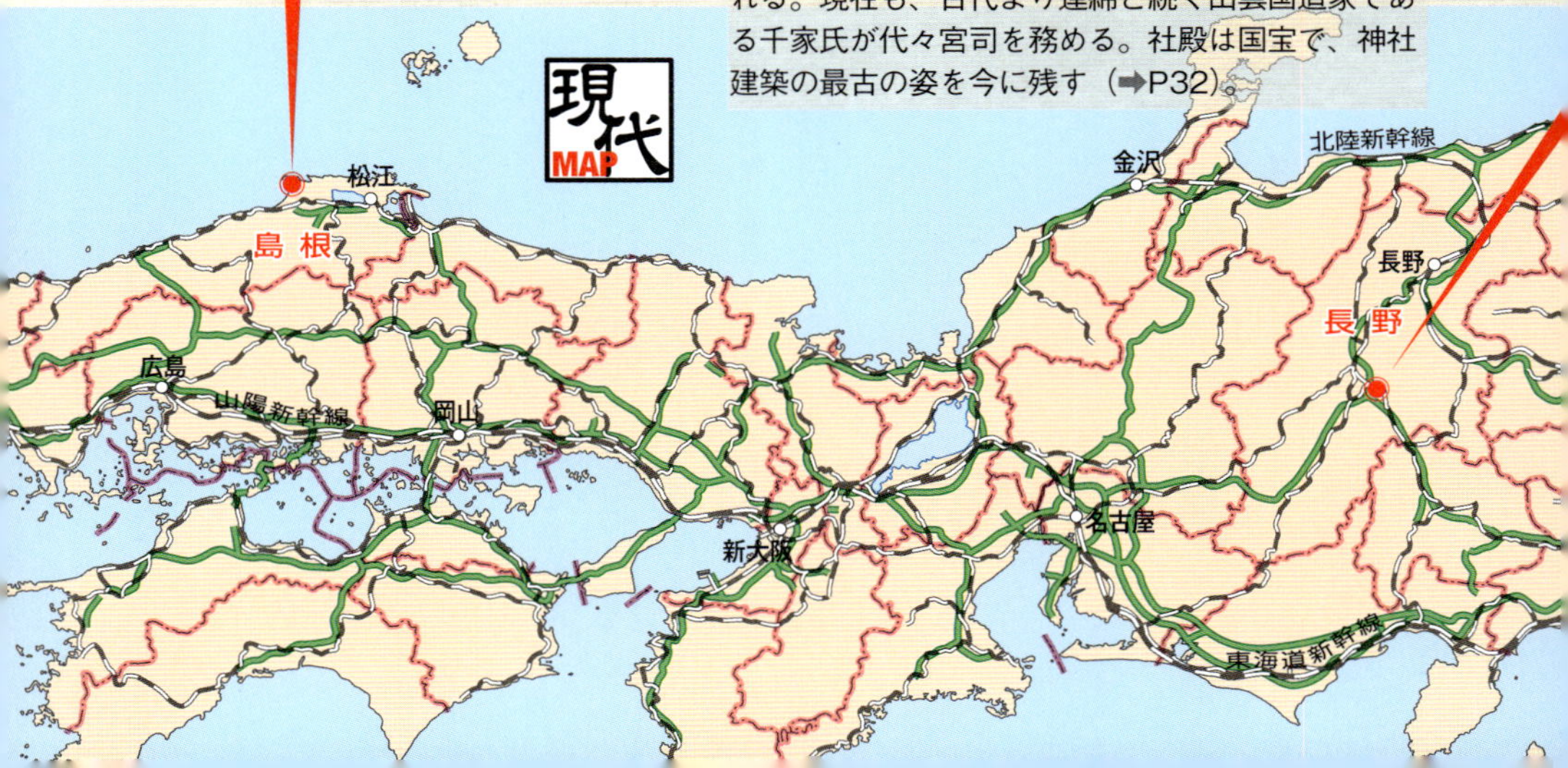

大国主神の国譲り 1

高天原からの使者

天の最高神が統治を命ずる

高天原《たかまのはら》にいる**天照大御神**《アマテラスオオミカミ》と**高御産巣日神**《タカミムスヒノカミ》は宣言する。**大国主神**《オオクニヌシノカミ》が築いた地上世界は、大御神の子である**天忍穂耳命**《アメノオシホミミノミコト》が治めるべきだ。大国主は大御神の弟、須佐之男命《スサノオノミコト》の子孫ではあるが、本来なら地上は高天原の直系が直接支配するものとの考えからだ。

大御神と高御産巣日は、いったん天忍穂耳を降《くだ》したが、地上は乱れて騒がしいと、天と地をつなぐ天の浮橋から戻ってきた。このままでは天忍穂耳は降臨できない。両神は天上の神々を集め、地上の荒ぶる神を服従させるため、誰を派遣するか協議した。

天上界の最高神から委ねられ、その最高神の系譜である天皇が地上に君臨する。古事記を編集した最大の目的、王権の正統性を語るための**国譲り**が始まる。

命令に背く使者たち

地上の凶暴な神々を服従させるため、天照大御神の二男で天忍穂耳の弟**天菩比神**《アメノホヒノカミ》**（天穂日命）**がまず遣わされることになった。ところが天菩比は、大国主に媚びて使命を忘れてしまう。

ちなみに天菩比は、出雲国造《くにのみやつこ》家の祖先とされる。出雲国造家は代々、出雲大社の宮司となり、それは今に至っている。現在の宮司は千家尊祐《たかまさ》氏で、84代目とされる。さながら生きる神話といえるだろう。

次に送られたのが**天若日子**《アメノワカヒコ》だ。この天若日子は野心から大国主の娘を娶り、地上支配をたくらんだ。

高天原は天若日子の様子をさぐるため、雉《きじ》の**鳴女**《ナキメ》を地上に派遣する。しかし天若日子は天から授かった弓矢で、鳴女を射殺してしまう。その矢は鳴女を貫いて、はるか高天原にいる**高御産巣日**のもとに届いた。

高御産巣日はその矢を拾い、「天若日子に邪心がなければ当たらない」と、地上に投げ返した。

矢は天若日子の胸に命中、神罰が下って絶命する。天若日子の野望はついえることになった。

「国譲り」の相関図

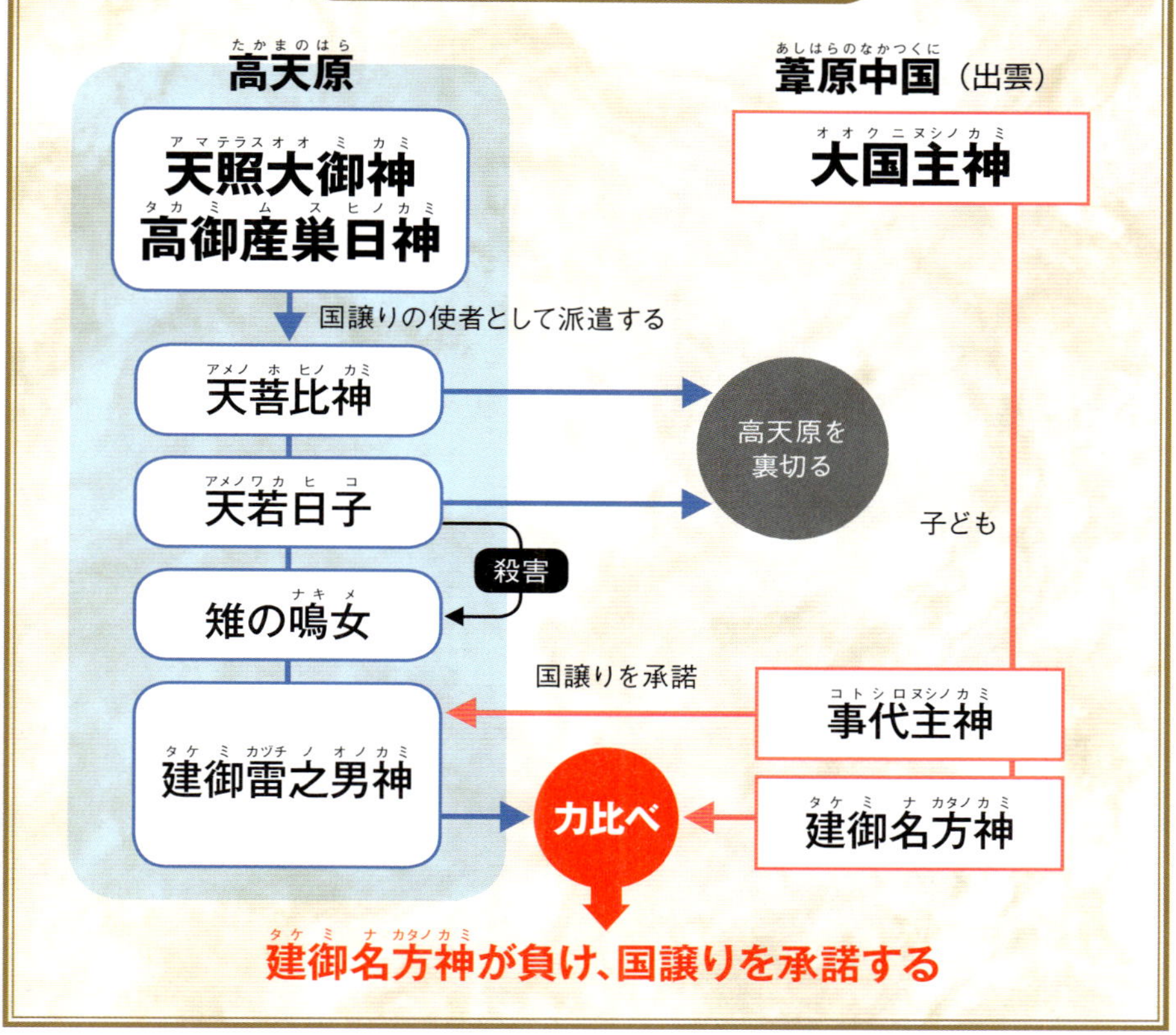

もっと知りたい!

天若日子の葬儀で暴れた神

古事記には、天若日子の葬儀の様子も語られる。弔問に訪れた大国主の子、阿遅志貴高日子《アジシキタカヒコ》根神《ネノカミ》が死んだ若日子に生き写しとされたことに怒り、喪屋を蹴飛ばした。その飛んだ喪屋が岐阜県の喪山だとする。高日子根の大暴れは、高天原への忠誠を示すための行為だったとも読める。

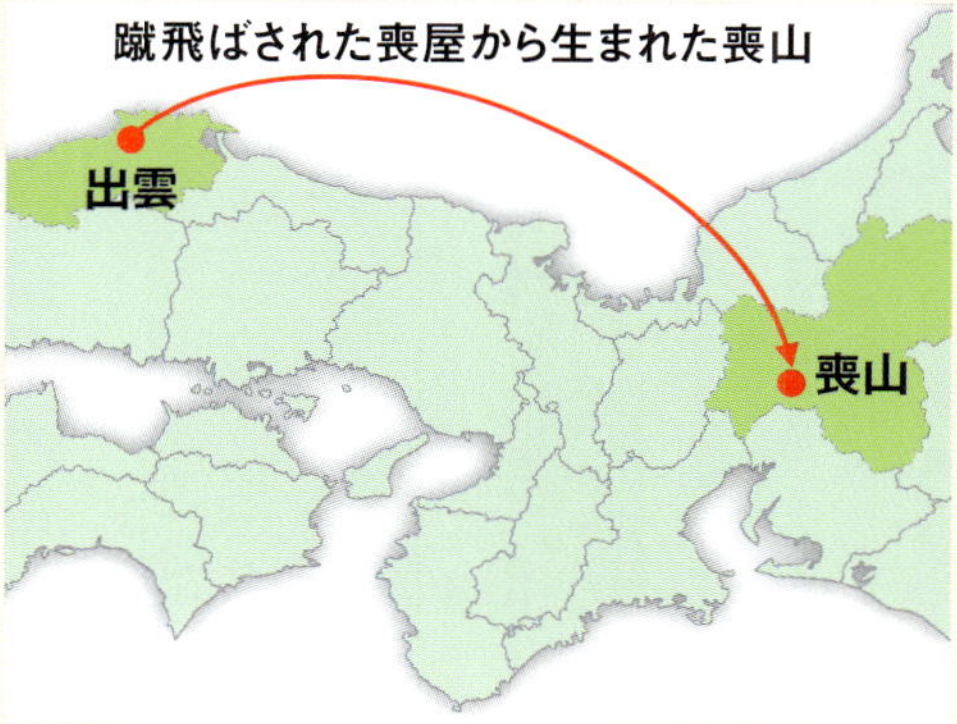

喪山は岐阜県美濃市大矢田に存在する。麓には、天若日子を祀る喪山天神社があり、境内には記紀掲載の碑が立つ。

建御名方神の抵抗

最強の武神の登場

舞台は出雲の稲佐の浜。**大国主**《オオクニヌシ》の前に**建御雷之男神**《タケミカヅチノオノカミ》が現れた。高天原《たかまのはら》が送り込んだ3番目の使者で、強力な武神である。建御雷は剣の柄を海に刺して立て、刃の切っ先の上に胡坐《あぐら》をかいて大国主に問うた。

「地上は**天照大御神**《アマテラスオオミカミ》と**高御産巣日神**《タカミムスヒノカミ》の命で、高天原の御子が治めることになった。国を譲る気持ちはあるか」

大国主は美保関《みほのせき》の岬にいた**事代主神**《コトシロヌシノカミ》を呼び、意見を求めた。やってきた事代主は献上を認める。だが事代主はその後、天《あま》の逆手《さかて》を打ち、自分の船を転覆させて柴垣《しばがき》にかえ、その中に隠れるという行動に出た。

この事代主の行動については、さまざまな解釈があるが、天の逆手とは呪術的な拍手《かしわで》の仕方で、柴垣に籠って無言の抵抗を示したとも考えられる。

諏訪に逃げる建御名方神

大国主と建御雷が向き合う稲佐の浜に、大きな岩を指先で弄びながら、国譲りに反対する大国主の子、**建**《タケ》**御名方神**《ミナカタノカミ》がやってきた。建御名方は自分のほうが強いと、建御雷に力比べを申しでる。

まずは建御名方が建御雷の手をつかんで挑んだが、建御雷は腕を氷にかえ、さらに剣に変化させたため、建御名方は恐れをなして手を放す。次は建御雷の番となったが、相手の手をとるなり、いとも簡単に握りつぶしてしまった。

負けを悟った建御名方は逃走する。建御雷は長野県の**諏訪湖**まで追いつめ、建御名方を殺そうとした。建御名方は命乞いし、諏訪の地から一歩も出ないことを誓う。そして地上世界の献上も承諾した。

この建御名方を諏訪の地で祀るのが、分社数五千社を超える**諏訪大社**だ。国譲りでは敗れたが、平安時代に東国の武神として名を高め、鎌倉時代に入ると北条氏が後ろ盾となり、武士の守護神として各地に勧請《かんじょう》され、全国的な神社になっていった。

日本海
美保神社
境港
美保湾
431
米子
鬼太郎空港
松江
中海
境線
431
山陰本線
米子
山陰道
現代 MAP

行ってみたい! 事代主神を祀る美保神社

事代主《コトシロヌシ》は七福神のひとり恵比寿ともされ、島根県松江市の美保神社を本社として、多くの神社で祀られる。

4月7日、事代主が国譲りの際に柴垣に隠れたという故事にちなんで青柴垣神事が、12月3日には大国主が事代主に船で遣いを出したことに由来した諸手船神事が盛大に行われる（➡P31）。沖合いに飛び地境内「沖の御前」があり、事代主が鯛釣りをした場所とも伝わる。

所在地●島根県松江市美保関町美保関608
アクセス●JR山陰本線松江駅からバスで43分美保関ターミナルで乗り換え、バスで30分「美保神社入口」下車すぐ

社殿は大変特殊な比翼大社造りで「美保造り」とも呼ばれ、国の重要文化財。大国主の后神で農業の神、三穂津姫命も祀る。

伝承による建御名方神の逃亡ルート

古代MAP

力比べに負けた建御名方は、諏訪の地に追い詰められる。どの経路も後世の伝承で、古事記には経路の記載はない。

- - - - 沼河比売《ヌナカワヒメ》を建御名方の母とする諏訪の伝承によるルート
・・・・ 本居宣長の説や各地の伝承から考えられるルート
―― 原田常治『古代日本正史』によるルート

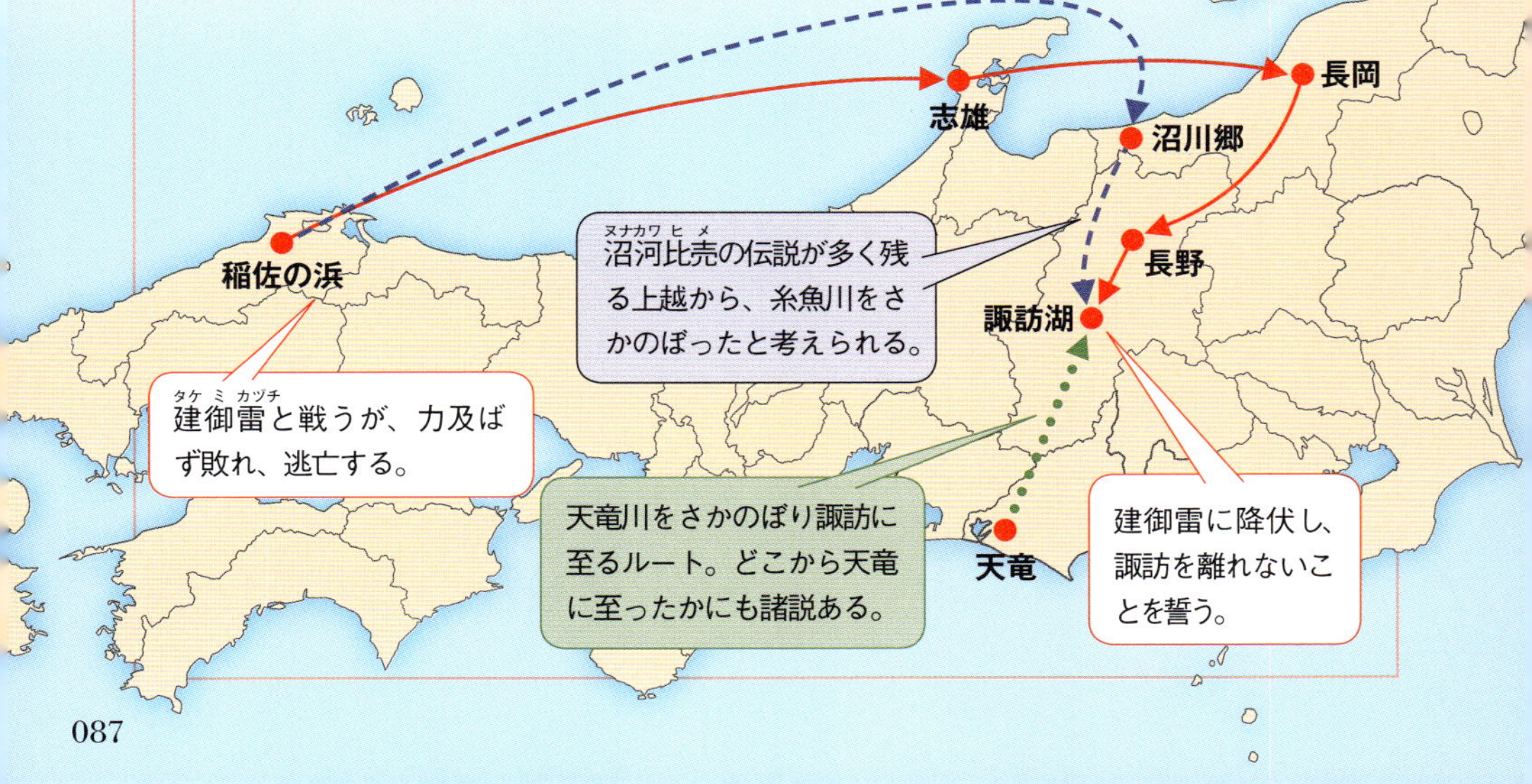
志雄
長岡
沼川郷
稲佐の浜
沼河比売《ヌナカワヒメ》の伝説が多く残る上越から、糸魚川をさかのぼったと考えられる。
長野
諏訪湖
建御雷《タケミカヅチ》と戦うが、力及ばず敗れ、逃亡する。
天竜川をさかのぼり諏訪に至るルート。どこから天竜に至ったかにも諸説ある。
天竜
建御雷に降伏し、諏訪を離れないことを誓う。

大国主神の承諾

地上を献上した大国主

諏訪から出雲に帰ってきた**建御雷**《タケミカヅチ》は、再び**大国主**《オオクニヌシ》に国譲りを迫る。「すでに事代主《コトシロヌシ》も建御名方《タケミナカタ》も、高天原《たかまのはら》に従うことを誓った。考えを聞こう」――。

ここに至り大国主は地上を献上すると約束。国譲りは成立し、天照《アマテラス》の子を地上に送る下地が整った。

国譲りの物語は、**高天原**が天皇家の祖先に地上世界の支配を命じ、また地上の最高神、大国主が国土を自ら捧げたことを記す。これは高天原の直系である**天皇家が国を統治**する、その**正統性の根拠**を表している。

さて、国譲りは神話であって史実ではないが、巨大国家でもない出雲がなぜ舞台に選ばれたのか。

日本書紀が大国主を、奈良の三輪山の神と同体とするように、大国主は出雲に留まらず、広く信仰される神だったようだ。その大国主に対し、神の上位性を主張するのが国譲りで、大和から見て日が沈む方向にある出雲を**黄泉国**《よみのくに》に見立て、そこに追放し祀ったために、出雲を神話の舞台に選んだと考えられている。

大国主が出した国譲りの条件

大国主は国譲りを承諾する際に条件を出している。

「宮柱を太くして立て、大空にそびえる立派な神殿を建ててほしい。それがかなえられれば幽界に退き、静かに暮らそう」

この説話は、大国主を祀る**出雲大社**の起源を物語る。出雲大社の成立時期は不明だが、いつの時代からか勇壮な社殿が造られるようになった。平安時代には、奈良の東大寺大仏殿を超える高さの48mを誇ったという。近年の発掘調査では、**鎌倉時代の巨大な宮柱**が発見され（➡P32）、古代の伝承を裏付けるかのようだ。

その高層ぶりは国譲りの代償であり、無念のうちに譲った大国主の魂を鎮める目的があったのだろう。今の本殿は江戸期の造営だが、千木《ちぎ》まで約24mの高さがあり、全国の神社のなかでも群を抜く。

所在地●茨城県鹿島市宮中2306-1
アクセス●大洗鹿島線「鹿島神宮駅」下車、徒歩10分

行ってみたい! 建御雷之男神を祀る鹿島神宮

国譲りに導いた武神の建御雷は剣の神霊で、藤原氏の氏神だ。鹿島《かしま》に祀られたのは、かつて鹿島は内海に面し、北に向かう船の重要な港で、東北地方への進出を図る中央の政治的拠点だったことが大きい。平安時代以前には、東北は完全には中央の統治下には入っていなかった。武神を祀り、北ににらみを利かす目的があったからだとされる。祭神名は武甕槌大神《タケミカヅチノオオカミ》。

なお、藤原氏を祀る奈良の春日大社は、ここから建御雷を勧請したものである。

古代より近くの香取神宮とともに、伊勢神宮に次ぐ神格として中央から崇敬されてきた。境内の鹿園には神の使いである鹿が飼われている。春日大社の鹿はここの子孫といわれる。

ここが違う! 日本書紀

◆国譲りの司令塔は高皇産霊尊
◆建御名方神は登場しない
◆香取神宮の祭神、経津主神が武甕槌神と国譲りにあたる

書紀では、高天原の最高神にして天皇家の祖神＝皇祖神を高皇産霊尊《タカミムスヒノミコト》（高御産巣日神）とする。国譲りの命令を発したのもこの神で、一書の異伝として天照大神（天照大御神）にふれるだけ。皇祖神が天照大御神に変更される以前の神話を伝えているのだ。

また建御名方は登場せず、大国主は穏やかに国を譲る。高天原から降《くだ》ってきた武甕槌神《タケミカヅチノカミ》と香取神社の祭神、経津主神《フツヌシノカミ》に対し、大国主は矛を与え、従わない神々の討伐をすすめるほど協力的だ。

第6話

天孫降臨

あらすじ

地上世界が平定され、高天原《たかまのはら》は天《アマ》照《テラス》大《オオ》御《ミ》神《カミ》の孫、邇邇芸命《ニニギノミコト》を地上に降ろすことにした。

邇邇芸は8人の神を引き連れ、九州の高千穂の峰に降り立った。

宮を建てて暮らしはじめた邇邇芸は、美しい木花之佐久夜毘売《コノハナノサクヤビメ》と出会う。結婚を申し込み、一夜を過ごしたが、佐久夜毘売が懐妊し、邇邇芸は自分の子どもかどうかを疑った。

火中で出産し、無事に子が生まれたら潔白が示されると、佐久夜毘売は産屋に籠って火を放つ。燃え盛る火をものともせず3人の子が生まれ、佐久夜毘売の疑いは晴れた。

舞台を訪ねる

現代MAP
高千穂町役場
天真名井
神代川
神代川
16
218
50
237
高千穂
至国見ケ丘
高千穂神社
高千穂神社前
至天安河原 天岩戸神社

16 邇邇芸命降臨の候補地 槵觸神社《くしふるじんじゃ》

所在地●宮崎県西臼杵郡高千穂町三田井713
アクセス●JR日豊本線延岡駅からバスで約75分「高千穂バスセンター」下車徒歩10分

古事記は邇邇芸の降臨地を、「筑紫の日《ひ》向《むか》の高千穂の久士布流多気《くじふるたけ》」と記す。その久士布流多気と伝わるのが槵觸神社《くしふるじんじゃ》だ。背後の小山を槵触山とし、古くは山を御神体としていた。近くには水を欲っした邇邇芸が高天原から移したという天真名《あめのまな》井《い》や、降臨後、高天原を拝したと伝わる高天原遥拝地がある。

⑲ 笠沙の岬の伝承地 野間岬《のまみさき》

所在地●鹿児島県南さつま市笠沙町片浦
アクセス●JR鹿児島中央駅からバスで85分「加世田」下車、さらにバスで80分「野間池」から5km

薩摩半島の南西端の野間岬は笠沙の岬の有力な候補地。邇邇芸が木花之佐久夜毘売を見初めた地とされている。

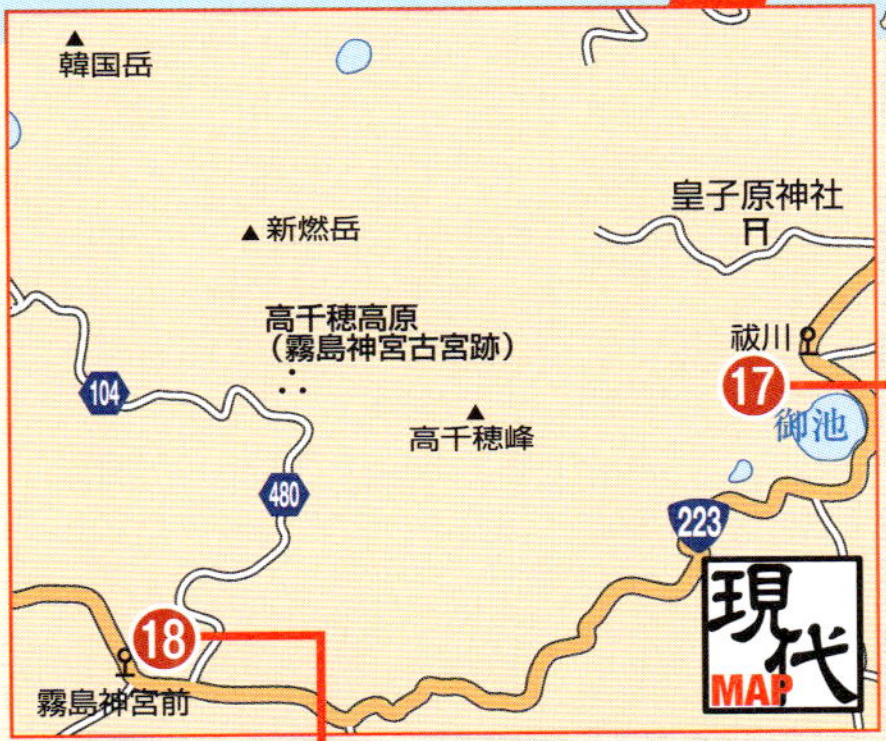

⑰ 山頂に天の逆鋒を祀る 霧島東神社《きりしまひがしじんじゃ》

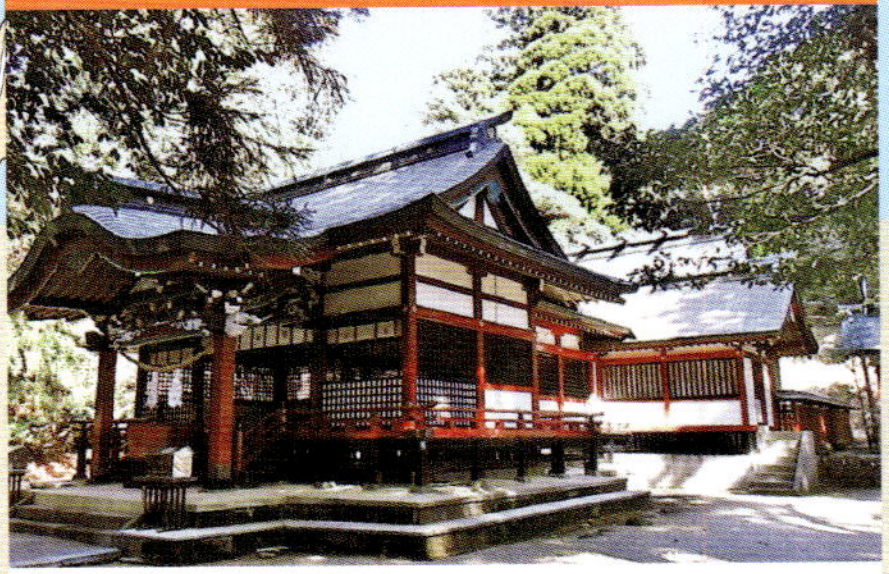

所在地●宮崎県西諸県郡高原町蒲牟田6437
アクセス●JR吉都線「高原駅」から車で15分

高千穂峰の中腹にあり、邇邇芸命が初めて祖先を祀った神社と伝わる。高千穂峰山頂に刺さる天の逆鉾《さかほこ》（➡P15）は、この神社の御神宝。

⑱ 邇邇芸命を祀る 霧島神宮《きりしまじんぐう》

所在地●鹿児島県霧島市霧島田口2608-5
アクセス●JR日豊本線霧島神宮駅からバスで10分「霧島神宮」下車すぐ

邇邇芸を祀る名社。現在の社殿は江戸中期に薩摩藩主の島津家が建てたもので、鮮やかな朱塗りが映える格式ある建物である。邇邇芸は高天原から稲穂をもって天降ったとされ、霧島神宮では2月に籾《もみ》をまく散籾祭《うちまきさい》、3月には神牛と翁らがユーモラスな神事を繰り広げる御田植祭など、五穀豊穣を祈念する祭祀が多い。11月上旬には、天孫降臨御神火祭も開催される。

高千穂に降り立つ

天孫邇邇芸命に下った命令

天照大御神《アマテラスオオミカミ》と高御産巣日神《タカミムスヒノカミ》は環境が整ったとし、地上に大御神の子、天忍穂耳命《アメノオシホミミノミコト》を降《くだ》すことにした。

その命令を受けた天忍穂耳は、高御産巣日の娘である万幡豊秋津師比売命《ヨロズハタトヨアキツシヒメノミコト》とのあいだにできた子、邇邇芸《ニニギノ》命《ミコト》を自分の代わりに降臨させるようにいい、高天原《たかまのはら》の最高神である大御神と高御産巣日はそれを了承する。

結局、地上の統治者に指名されたのは邇邇芸だった。大御神の孫にあたり、そのため天孫と呼ばれる。

天皇家の祖先神が降臨するこの神話では降る神が急きょ変更になった。古事記の作成時、女帝の持統《じとう》天皇から孫の文武《もんむ》天皇に譲位されたが、その政治状況が反映され、太上天皇として幼い天皇を後見する持統を大御神、文武を邇邇芸になぞらえたとする見方が有力だ。

九州高千穂に降臨

邇邇芸が降ろうとするとき、高天原と地上をつなぐ道の辻に、天と地を照らす不思議な神が現れた。天宇《アメノウ》受売命《ズメノミコト》が命じられて名前を聞くと、自分は地上の神の猿田毘古神《サルタビコノカミ》で、案内役を買って出たと告げた。

高天原は邇邇芸に、天児屋命《アメノコヤネノミコト》や天宇受売命ら8神を従わせ、八尺《やさか》の勾玉《まがたま》と八咫《やた》の鏡、草薙剣《くさなぎのつるぎ》の三種の神器（皇室の象徴）を与えて降らせた。

一行は雲を押し分けて進み、九州にある日向《ひむか》の高千穂の霊峰に降り立つ。そこには天孫に仕える、天忍日《アメノオシヒノ》命《ミコト》らが到着を待っていた。

「この地は朝日がよく差し、夕日が明るく照るいい国だ」と邇邇芸は話し、太い宮柱を立てて大きな宮殿をつくり、そこで暮らすことにした。

ところで天孫が降臨した、高千穂とはどこだろうか。宮崎県北部の高千穂町、宮崎・鹿児島県境にそびえる霧島連山の高千穂峰の2か所が有力な伝承地だ（⬇P14）。

一方で、高千穂とは神霊が降る高く積んだ稲穂を意味し、場所を特定したものではないとする指摘もある。

高千穂の峰に立つ邇邇芸。両脇のふたりは「日向風土記」に登場する大鉗《おおくわ》と小鉗《こくわ》。高千穂神社蔵

邇邇芸命の系譜

天皇の祖となる邇邇芸命は、高天原の支配者、高御産巣日と天照大御神の双方の孫として生まれた。

高御産巣日神《タカミムスヒノカミ》 ― 万幡豊秋津師比売命《ヨロズハタトヨアキツシヒメノミコト》

天照大御神《アマテラスオオミカミ》 ― 天忍穂耳命《アメノオシホミミノミコト》

万幡豊秋津師比売命 ＝ 天忍穂耳命

子：天火明命《アメノホアカリノミコト》、邇邇芸命《ニニギノミコト》

（天忍穂耳命）降臨の最初の候補者。

行ってみたい！ 天孫降臨の先導役、猿田毘古神を祀る方位除け総社の猿田彦神社

邇邇芸を地上に導いた猿田毘古は、天宇受売に送られて伊勢に帰った。その猿田毘古が鎮座するのが、方位除けの総社として信仰を集める猿田彦神社《さるたひこじんじゃ》だ。

伊勢神宮の内宮のそばに立つが、猿田彦の子孫が神宮の創建に尽力し、関係が深いからだという。

日本書紀は猿田彦の容貌を、巨大な体に長い鼻をもち、目は赤く輝くと書く。この異形の神は、のちに道祖神や天狗信仰と習合していった。当社に参詣し、謎に満ちた猿田彦の横顔にふれるのもいい。

所在地●三重県伊勢市宇治浦田2-1-10
アクセス●JR参宮線伊勢市駅からバス約15分「猿田彦神社前」下車すぐ

本殿は二重の破《は》風《ふ》をもつ、猿田彦造り。案内役を務めたため旅の安全を祈願する神としても信仰される。境内社には天宇受売を祭神とする佐《さ》瑠《る》女《め》神社《じんじゃ》もある。

天孫降臨 2

木花之佐久夜毘売

木花之佐久夜毘売との結婚

邇邇芸《ニニギ》は**笠沙**《かささ》**の岬**（鹿児島県薩摩半島の野間岬）で、麗しい**木花之佐久夜毘売**《コノハナノサクヤビメ》を見初める。

結婚の許可をもらおうと佐久夜毘売の親の**大山津見神**《オオヤマツミノカミ》に使者を派遣すると、大山津見は献上品を添え、姉の**石長比売**《イワナガヒメ》も差し出した。だが石長比売の容姿が恐ろしかったため、邇邇芸は姉だけを親のもとに返す。

大山津見はこういった。「姉妹を捧げたのは意味があり、石長比売と結ばれれば御子の命は岩のように永遠になり、佐久夜毘売となら咲き誇る木の花のごとく栄える。でも妹のほうだけを求めたため、生まれてくる御子たちの命は限りあるものになってしまった」

この大山津見の話は、天皇家の子孫が人間と同じ寿命をもつに至った理由を説明するものだ。

炎の中で誕生した御子たち

邇邇芸と一夜を過ごした**佐久夜毘売**はやがて懐妊し、出産のときを迎えた。ところが邇邇芸は毘売に疑いの目を向ける。きっと地上の神の子に違いない——。

佐久夜毘売は毅然と「高天原《たかまのはら》の御子だから、必ず無事に生まれる」といい放ち、産屋に入って自ら部屋に火を放った。燃え盛る業火の中で、3人の子どもが生まれた。**火照命**《ホデリノミコト》、**火須勢理命**《ホスセリノミコト》、**火遠理命**《ホオリノミコト》といい、いずれも無傷で、佐久夜毘売の宣言どおり、天の血を引くことが示されたことになる。

壮絶な神話だ。3人は天照大御神の曾孫にあたり、なかでも火遠理命は初代天皇である**神武**《じんむ》の祖父となる。

木花之佐久夜毘売について、古事記は神阿多都比売《カムアタツヒメ》の別名を挙げた。この名称から九州の阿多《あた》地方（鹿児島県加世田《かせだ》市）の氏族＝**隼人**《はやと》の女神と考えられている。

ちなみに佐久夜毘売は、後世になって富士山の神となって祀られ、また姉の石長比売も、江戸時代には山の神・石尊《せきそん》として神奈川県の大山の祭神になり、広く人々から信仰を集めていく。

行ってみたい!

邇邇芸命と木花之佐久夜毘売の伝承地

宮崎県中部の西都市には邇邇芸と木花之佐久夜毘の墓とされる古墳があり、その周囲にも伝承地が多く点在する。それらをつなぐ徒歩約1時間ほどの歴史散策路「記紀の道」が整備されている。同様の伝承地が日南市の木花神社内にもあり、あわせて訪れてみるのも一興だろう。

	伝承	所在地	アクセス
❶ 西都原古墳群	邇邇芸と佐久夜毘売の墓とされる男狭穂塚《おさほづか》と女狭《めさ》穂塚《ほづか》がある。5世紀前半に築かれたと推測されている。記紀の道の終着点。	宮崎県西都市三宅	JR日豊本線南宮崎駅からバスで60分「西都バスセンター」から車で5分
❷ 記紀の道	佐久夜毘売を祀る都萬神《つまじん》社《じゃ》から笠沙岬の伝承地・逢初川《あいそめがわ》、産室跡とする無《う》戸室《つむろ》ほかを結び、西都原古墳群まで約4km。	都萬神社：宮崎県西都市妻	JR日豊本線南宮崎駅徒歩3分、宮交シティバスセンターからバスで60分「西都原考古博物館前」下車
❸ 木花神社	邇邇芸と佐久夜毘売を祀る。境内には産屋跡の無戸室、産湯に使ったとされる霊泉がある。	宮崎県宮崎市熊野	JR日南線「木花駅」から徒歩15分

もっと知りたい!

天孫降臨神話の政治的な意味

3世紀に奈良の纒向《まきむく》の地で成立した大和王権は、吉備《きび》（岡山）など各地の有力首長に担がれた、連合政権の性格が強かった。首長らはそれぞれ自分たちの神を祀るが、古代においては神を司るのが政治。神々を抑え込み、首長らに対して優位性と唯一絶対性を確立するためには、天から特別な統治者がきて地上の神々の上に立つという、差別化のための神話が必要だった。

この降臨神話は朝鮮半島にあった、高句麗や加羅諸国の建国神話との類似性が指摘され、5世紀以降に「輸入」された思想だと考える研究者もいる。ともあれ6世紀前半には、強化された王権の影響力は国内各地に波及した。天孫降臨神話の果たした役割は大きい。

第7話

海佐知毘古・山佐知毘古

舞台を訪ねる

あらすじ

兄、火照命《ホデリノミコト》(海佐知毘古《ウミサチビコ》)の大切な釣針をなくした火遠理命《ホオリノミコト》（山佐知《ヤマサチ》毘古《ビコ》)は、塩椎神《シオツチノカミ》のはからいで海神の国にゆく。そこで海神の娘の豊玉《トヨタマ》毘売《ビメ》と結婚し、３年間過ごしたあと、兄の釣針を取りもどして帰ってきた。

懐妊した豊玉毘売のために、火遠理は産屋をつくる。

産屋に入る豊玉毘売から出産を見るなといわれたが、火遠理はのぞいてしまった。そこで巨大なワニ（鮫）に姿をかえ、のたうつ様を目にした。

毘売は正体を見られたことを恥じて、海神国に去っていく。生まれた子が鵜葺草葺不合命《ウカヤフキアエズノミコト》だった。

⑳ 火遠理命の上陸地 鬼《おに》の洗濯板《せんたくいた》

所在地●宮崎県宮崎市青島
アクセス●JR日南線「青島駅」から徒歩18分

風光明媚な青島（➡P16）は、島全体が青島神社の境内。周囲の海岸は鬼の洗濯板と呼ばれる板状の岩場で、海神の国から帰ってきた火遠理命が上陸した地とされる。砂が堆積した岩でできていて、やわらかい部分が波に浸食され、硬い部分が残って板状に連なる独特の地形となった。

青島神社の境内にある日向神話館には30体の蝋人形が並び、天孫降臨から神武東征（遷）までの神話をわかりやすく解説する。

㉒ 豊玉毘売出産の地 鵜戸神宮《うどじんぐう》

所在地●宮崎県日南市大字宮浦3232
アクセス●宮崎駅前バスセンターからバスで約90分「鵜戸神宮」下車徒歩10分

豊玉毘売が出産をした場所と伝わり、子の鵜葺草葺不合命を祀る。本殿は、日南海岸国定公園の美しい海に面した大きな洞窟の中に建つ。この洞窟が産屋跡だとされ、本殿裏にはお乳岩がある（➡P17）。

鵜戸神宮の玉垣の下に横たわる巨岩は、霊石亀石と呼ばれ、豊玉毘売がお産をするために、海神国から乗ってきたといわれている。

㉑ 火遠理命の宮跡とされる 青島神社《あおしまじんじゃ》

所在地●宮崎県宮崎市青島2-13-1
アクセス●JR日南線「青島駅」から徒歩約10分

青島は山佐知毘古《ヤマサチビコ》こと火遠理命が海神国から帰り、宮を建てて住んだとされる。祭神は火遠理命と豊玉毘売、さらに海神国行きをすすめた塩椎神の三神。1月の成人の日には、男性は褌《ふんどし》、女性は白襦袢《しろじゅばん》姿で参拝する「裸まいり」が行われるが、これは火遠理が上陸したとき、住民が衣類も着けずに迎えたことに由来する（➡P17）。

海佐知毘古・山佐知毘古 1

兄弟の争い

釣針を求め海神の宮へ

兄の**火照命**《ホデリノミコト》は海で魚をとり、弟の**火遠理命**《ホオリノミコト》は山で猟をして暮らしていた。兄弟は**邇邇芸命**《ニニギノミコト》と**木花之佐久夜**《コノハナノサクヤ》**毘売**《ビメ》の子どもで、**天照大御神**《アマテラスオオミカミ》の血を受け継ぐ。

ある日、火遠理は無理をいって兄から**釣針**を借り、釣りをしてみた。ところが1匹もとれず、おまけに兄の大事な釣針もなくしてしまった。

謝っても兄は許してくれない。火遠理が海辺で悲しんでいると、**塩椎神**《シオツチノカミ》がやってきて、**海神国**へ行くことをすすめてくれた。塩椎の編んだ竹籠《たけかご》の船に乗って潮に乗ると、海神、**大綿津見神**《オオワタツミノカミ》の宮殿に到着した。

海神は快く迎え、宮殿で歓待する。海神の娘の**豊玉**《トヨタマ》**毘売**《ビメ》も心を寄せてくれた。火遠理は豊玉毘売と結婚し、海神国での暮らしは瞬く間に時間が過ぎ去った。

兄火照命の服従

3年経ち、**火遠理**は兄の釣針を探しにきたことを思い出す。海神は赤鯛の喉《のど》に刺さった**釣針**を見つけてくれ、火遠理は故郷に帰ることにした。

その際に海神は、兄を懲らしめる呪文と、海の潮の満ち引きを操る玉を授ける。

戻ってきた火遠理が、呪文を込めて釣針を返したため、不漁続きで兄の生活は貧しくなった。兄はついに弟を攻めるが、火遠理は海神の玉を使って、潮を満たして兄を溺れさせ、助けを求めると潮を引かせた。

兄は火遠理に背かず、弟の護衛として仕えることを誓う。その子孫である九州南部を出身地とする**隼人**《はやと》も、代々朝廷の警護役を担うことになった。

神話では兄弟争いを通し、隼人の大和王権への服従の由来を語る。隼人は中央とは早くに関係を築いたが、たびたび反抗し、警護役になったのは7世紀の後半だ。物語は海神国訪問に兄弟の抗争を合体させてつくられているが、実は兄弟争いで説明される史実を反映した部分は、意外に新しいことになる。

火遠理命《ホオリノミコト》の系譜

天照大御神、邇邇芸命の直系として、火遠理命が生まれた。

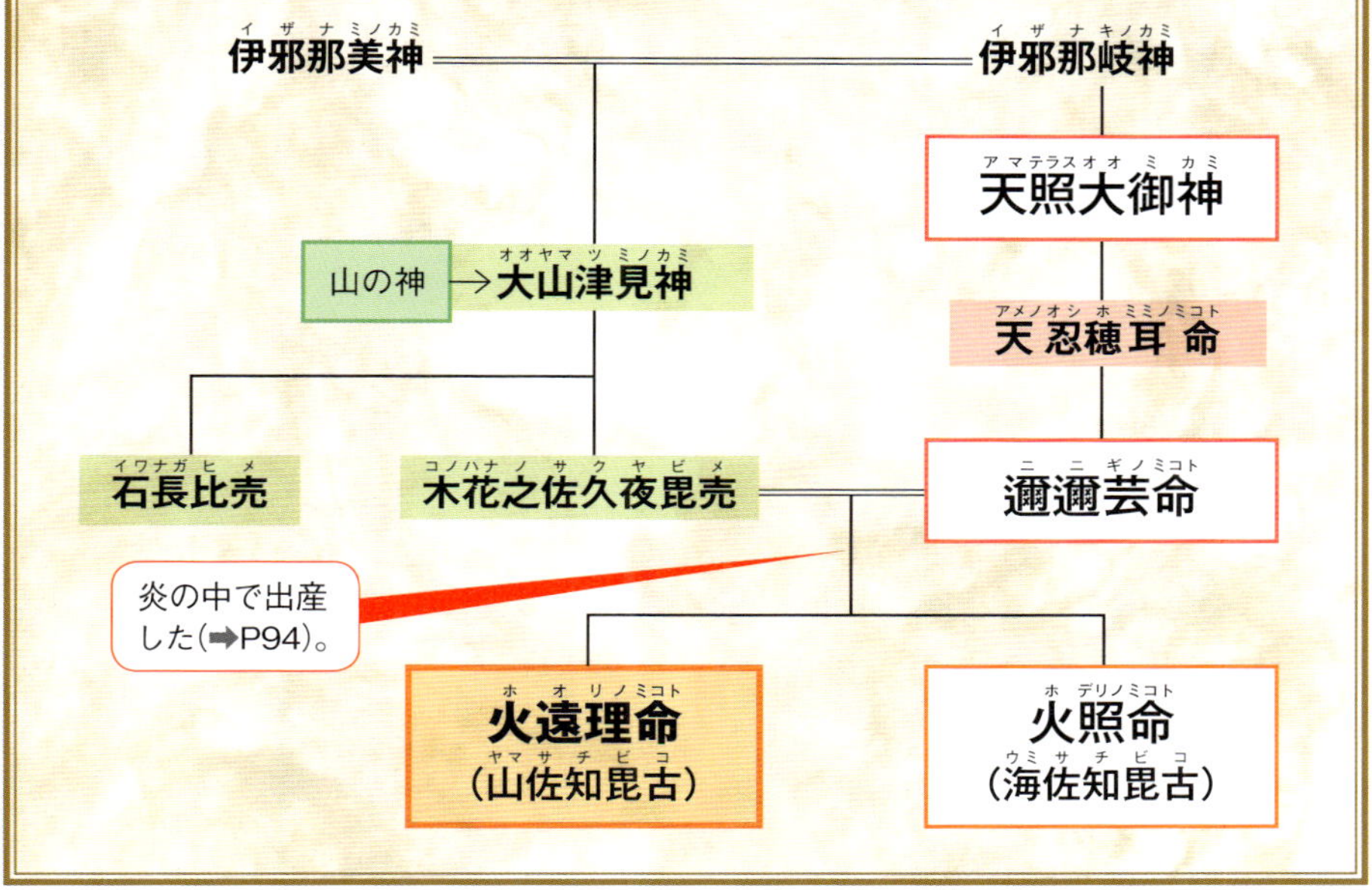

もっと知りたい!

火遠理命を助けた塩椎神

火遠理の窮地を救い、海神国に導いた塩椎は海路を司ったことで、航海の神とされる。また日本書紀では神武天皇に東征をすすめ、知恵の神としての性格もあわせもっていた。

火遠理のために竹で編んだ船をつくったことから、江戸時代には建細工の職人たちの信仰を集めた。

そんな塩椎を祀る本社的な存在が、宮城県塩竈市の鹽竈《しおがま》神社だ。社伝によれば、東北が平定されたあとに、この地に鎮まったとされる。ここから分霊された神社が日本各地にある。

塩椎神を祀る鹽竈神社

祭神名は日本書紀にならい鹽土老翁神《シオツチオジノカミ》で、東北地方一の大社だ。製塩を伝えた神とされ、4口の鉄釜を御神体とする御釜神社が末社にあり、鹽竈の地名の由来となっている。

豊玉毘売の出産

豊玉毘売の異様な出産

海神国で**火遠理**《ホオリ》と結婚し、身ごもった**豊玉毘売**《トヨタマビメ》は、出産の時期を迎えて夫のもとにやってきた。火遠理は妻のために渚に産屋をつくり、屋根を鵜《う》の羽で葺《ふ》く。ところが産屋ができあがらないうちに陣痛が激しくなり、産室に豊玉毘売は入った。いよいよお産がはじまるというときに、妻は夫にこういった。

「異郷の者である私は、本国の姿に返ってお産をする。絶対に様子を見ないでほしい」

この言葉が気になって、火遠理はこっそりのぞいてしまう。そこには大きなワニに変身し、身をくねらせる妻がいた。恐ろしくなり、その場から逃げ去った。

本当の姿を見られた豊玉毘売は恥じて、御子を残して海神国に帰っていく。

初代天皇神武の父が誕生

火遠理の子は屋根を鵜の羽で葺き終わらないうちに生まれたので、**鵜葺草葺不合命**《ウカヤフキアエズノミコト》と名づけられた。火遠理のもとを去った豊玉毘売は、置いてきた我が子が心配になり、海神国から妹の**玉依毘売**《タマヨリビメ》を送る。

成長した鵜葺草葺不合は、育ててくれた叔母の玉依毘売と結ばれ4人の子どもをなした。**五瀬命**《イツセノミコト》、**稲氷命**《イナヒノミコト》、**御毛沼命**《ミケヌノミコト》、そして末子の**若御毛沼命**《ワカミケヌノミコト》である。

のちになって、次男の稲氷命は母が住む海神国に行き、三男の御毛沼命は海の彼方にある常世国に渡った。日向に残ったのは長男の五瀬命と四男の若御毛沼命で、若御毛沼はまたの名を**神倭伊波礼毘古命**《カムヤマトイワレビコノミコト》といい、のちに初代天皇・神武《じんむ》になる。

なお山佐知毘古《ヤマサチビコ》こと火遠理は580年間生き、陵墓は高千穂の山の西にあると古事記は記す。

邇邇芸命《ニニギノミコト》の天孫降臨に始まり、火遠理の海神国訪問を経て鵜葺草葺不合の誕生で終わる物語を「日向三代」という。古事記もここまでは神の話の神代（上巻）で、次の中巻からは天皇が統治する人代に入っていく。

日向三代の系譜

高千穂に降臨した邇邇芸命から初代天皇に至るまでの日向三代は、山の神、海の神と結ばれ力を整えた。

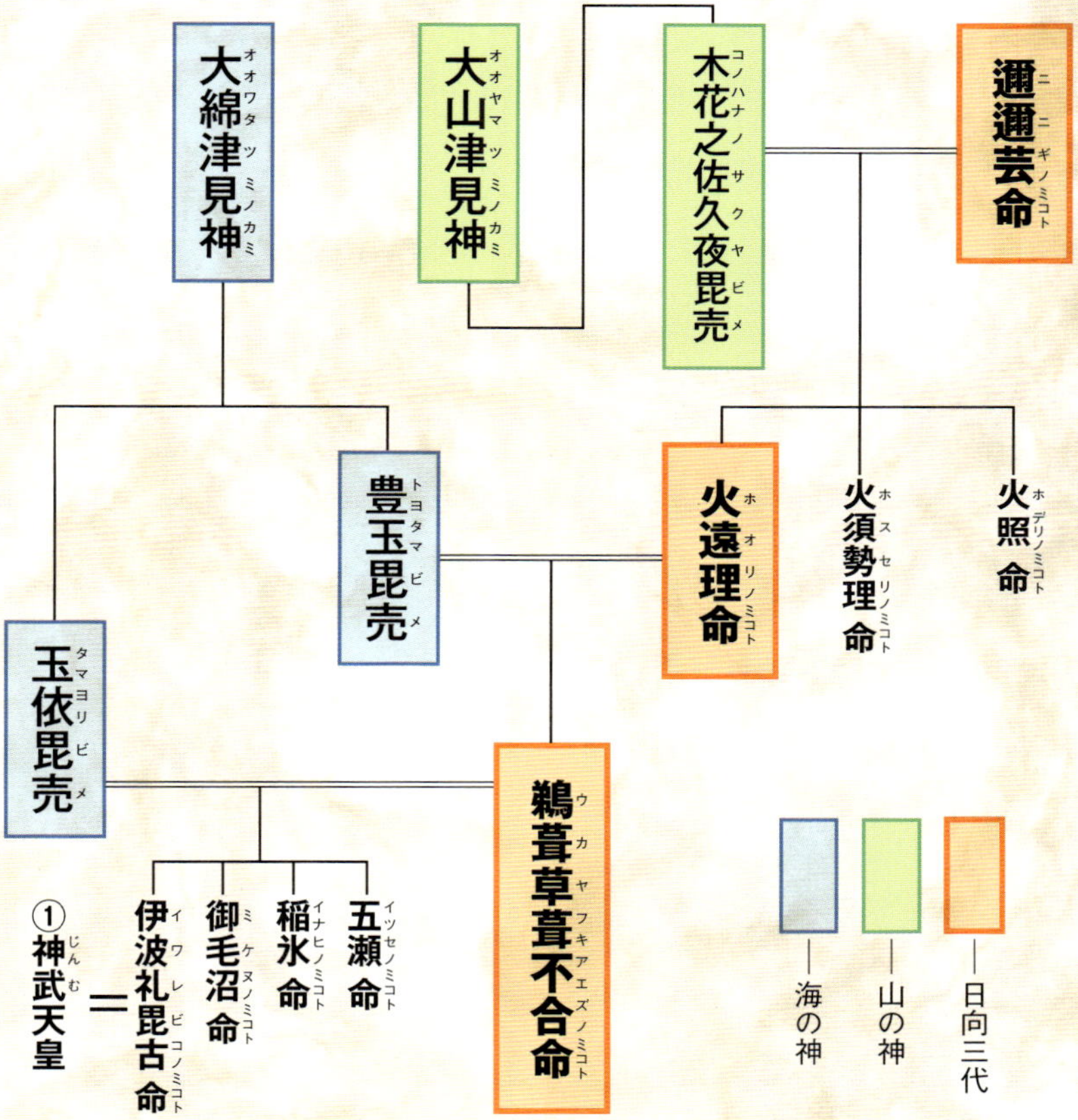

山神や海神の娘を娶ったわけ

高く積み上げた稲穂を意味する高千穂に降り立った邇邇芸は、穀物の霊＝穀霊と考えられている。火遠理の「火」は本来「穂」であり、この神も穀霊だ。穀霊の邇邇芸は、山の恵みを司る大山津見《オオヤマツミ》の娘と結婚し、子の火遠理は海と水を司る大綿津見《オオワタツミ》の娘と結ばれた。

山の神、水の神と結合し、力を得ることで穀霊は豊穣をもたらす。鵜葺草葺不合も当然穀霊で、日向三代の神話は、穀霊の成長を語る一面をもっている。

天皇は新嘗祭《にいなめさい》など、代々穀霊を祀り、権威の基盤に穀霊信仰を置く。王権の確立のために穀霊の強化は不可欠で、大和で政権を確立するために、日向三代の神話を設けたのだろう。

column コラム 1

神社の社号

神社の名前についている「大社」や「宮」というのが社号。社号による違いとはなんだろうか？

全国には8万を超える神社があるが、その大まかな区分けを「社号《しゃごう》」という。神社名につく称号で、「神宮《じんぐう》」「宮《ぐう》」「大社《たいしゃ》」「社《やしろ》」があり、たとえば鹿島神宮や諏訪大社の「神宮」や「大社」の部分がそれにあたる。

鳥居や拝殿、本殿に掲げられた額から、それを知ることができるだろう。

「神宮」は、天皇や皇室の祖先神を祭神とする、規模の大きい神社が名乗ることが多い。しかし伊勢神宮だけは特別だ。伊勢神宮の正式名称が「神宮」であり、便宜上「伊勢」をつけているので、伊勢神宮の神宮は社号にはあたらない。

「宮」は香椎宮《かしいぐう》など、皇室にまつわる人物を祭神にする場合と、天満宮、東照宮のように、人間神など特別な神を祀る神社で使われる。

「大社」は、大国主神《オオクニヌシノカミ》の出雲大社のみの社号だったが、明治以降、規模や格が高く、多数の分社をもつ有名神社が用いるようになり、さらに戦後はその数も増えた。

「社」は、比較的小規模の神社で、大きな神社から祭神を勧請していることがほとんどだ。

社号	内容	主な神社
神宮《じんぐう》	天皇や皇室の祖先神を祭神とする、規模の大きい神社	熱田神宮、石上神宮、鹿島神宮、香取神宮、鵜戸神宮、橿原神宮、平安神宮など
宮《ぐう》	皇室にまつわる人物や、人間神などを祭神にする神社	香椎宮、筥崎宮、聖母宮、北野天満宮、日光東照宮など
大社《たいしゃ》	出雲大社のみの社号だったが、明治以降、規模や格が高い神社に使われている	出雲大社、諏訪大社、春日大社、多賀大社、熊野本宮大社など
社《やしろ》	大きな神社から祭神を勧請している小規模の神社	祇園社、稲荷社、天神社、八幡社など

2章

古事記

中巻《なかつまき》

この章の舞台

天皇誕生に伴い、舞台は奈良を中心にめまぐるしく移りかわる。

第4話

⑮狭岡神社 → P126
沙本比売の伝説が残る

⑯垂仁天皇陵 → P127
沙本比売の夫、垂仁天皇の陵墓

⑰纏向遺跡 → P127
垂仁天皇の宮に由来する

第5話

⑱焼津神社 → P134
倭建命が火攻めを逃れた地

⑲酒折宮 → P134
倭建命が老人と歌を交わした地

⑳居寤の清水 → P135
倭建命が体を休めた地

㉑伊吹山 → P135
倭建命が痛めつけられた場所

㉒能褒野陵 → P135
倭建命最期の地

第7話

㉗宇治川 → P154
皇位継承争いの戦いの地

㉘大山守命那羅山墓 → P154
負けた大山守がねむる

㉙出石神社 → P155
新羅からきた天之日矛を祀る

⑱ 焼津神社《やいづ》

第2話

④橿原神宮 ➡ P116
神武天皇の宮跡

⑤神武天皇陵※ ➡ P116
神武天皇の陵墓

⑤綏靖天皇陵※ ➡ P117
欠史八代の天皇の陵墓

⑥安寧天皇陵 ➡ P117
欠史八代の天皇の陵墓

⑦懿徳天皇陵 ➡ P117
欠史八代の天皇の陵墓

⑧孝昭天皇陵 ➡ P117
欠史八代の天皇の陵墓

⑨孝安天皇陵 ➡ P117
欠史八代の天皇の陵墓

⑩孝霊天皇陵 ➡ P117
欠史八代の天皇の陵墓

⑪孝元天皇陵 ➡ P117
欠史八代の天皇の陵墓

⑫開化天皇陵 ➡ P117
欠史八代の天皇の陵墓

※神武天皇陵と綏靖天皇陵は近くにあるため同じ⑤で表しています。

第3話

⑬大神神社 ➡ P120
大物主神を祀る

⑭木津川 ➡ P121
建波邇安王の乱の地

㉔香椎宮《かしいぐう》

第6話

㉓氣比神宮 ➡ P146
応神天皇がミソギをした

㉔香椎宮 ➡ P147
神功皇后が仲哀天皇を祀った

㉕鎮懐石八幡宮 ➡ P147
神功皇后が出産を鎮めた石を祀る

㉖皇后御立石 ➡ P147
神功皇后が上って釣りをした

第1話

①美々津海岸 ➡ P106
神武の東征、船出の場所

②神倉神社 ➡ P107
神武が登ったとされる岩がある

③竈山神社 ➡ P107
五瀬命が葬られた

第1話

神武の東征

あらすじ

神倭伊波礼毘古命《カムヤマトイワレビコノミコト》は、天下を治めるために東を目指し、日向《ひむか》を出発した。船で豊予海峡を北上して北九州に向かい、瀬戸内海を経て大阪に達する。そこには最大の敵、那賀須泥《ナガスネ》毘古《ビコ》の軍勢が待ち構えていた。この戦いで伊波礼毘古は兄を失う。

一行は神々の加護を得て、熊野から上陸し大和に向かう。次々に現れる敵を倒し、邇芸速日命《ニギハヤヒノミコト》が帰順することで大和の平定を終える。

橿原《かしはら》に宮を建て、伊波礼毘古は統治を始める。初代天皇、神武《じんむ》の誕生だ。皇后には奈良三輪山の神、大物《オオモノ》主《ヌシ》の娘、伊須気余理比売《イスケヨリヒメ》を迎えた。

舞台を訪ねる

① 船出の場所 美々津海岸《みみつかいがん》

所在地●宮崎県日向市
アクセス●JR日豊本線「美々津駅」から徒歩約15分

美々津《みみつ》は耳川が日向灘に注ぐ古くからの港だ。神武天皇が東征のときに船出した海岸だとされ、それにちなみ「日本海軍発祥之地」の碑が立つ。天皇が風待ちする間、航海の安全を祈願したと伝わる立《たて》磐《いわ》神社（➡P18）もある。

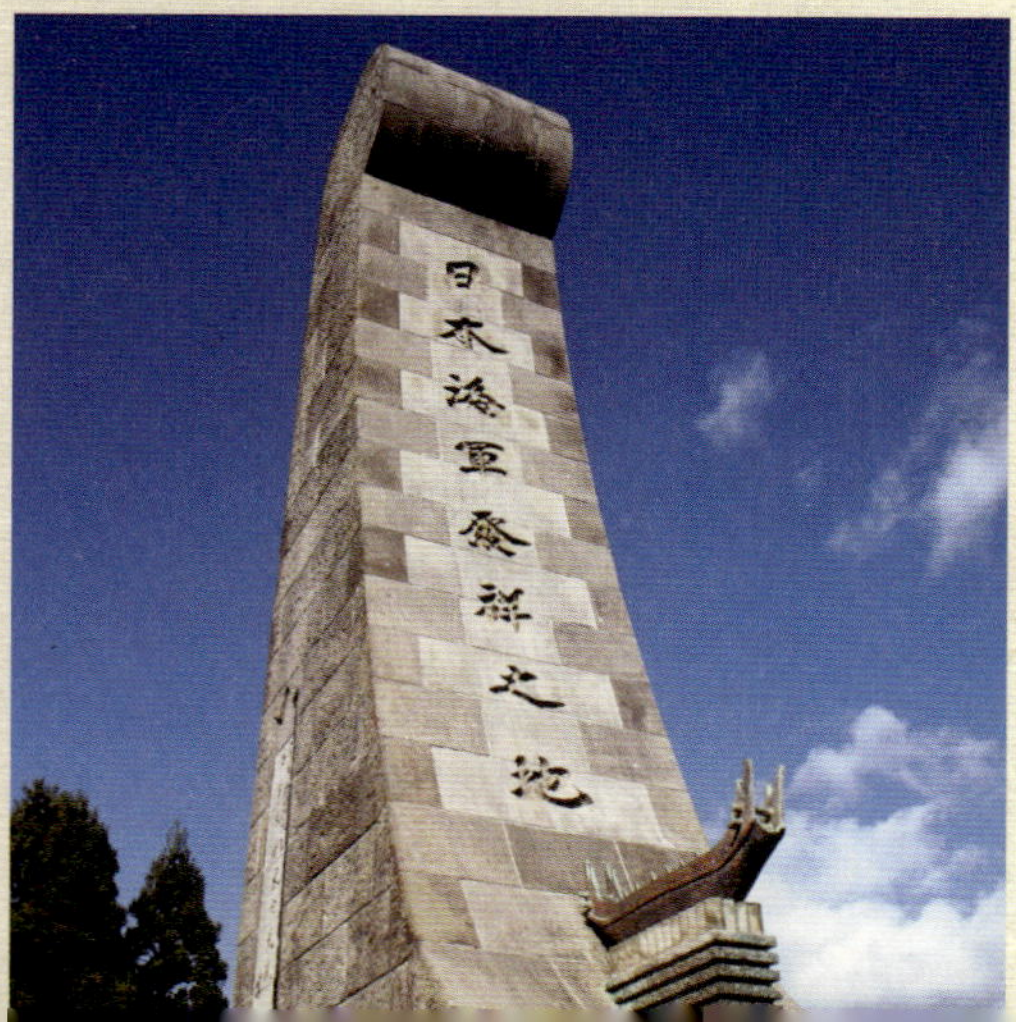

❸ 兄・五瀬命が葬られた 竈山神社《かまやまじんじゃ》

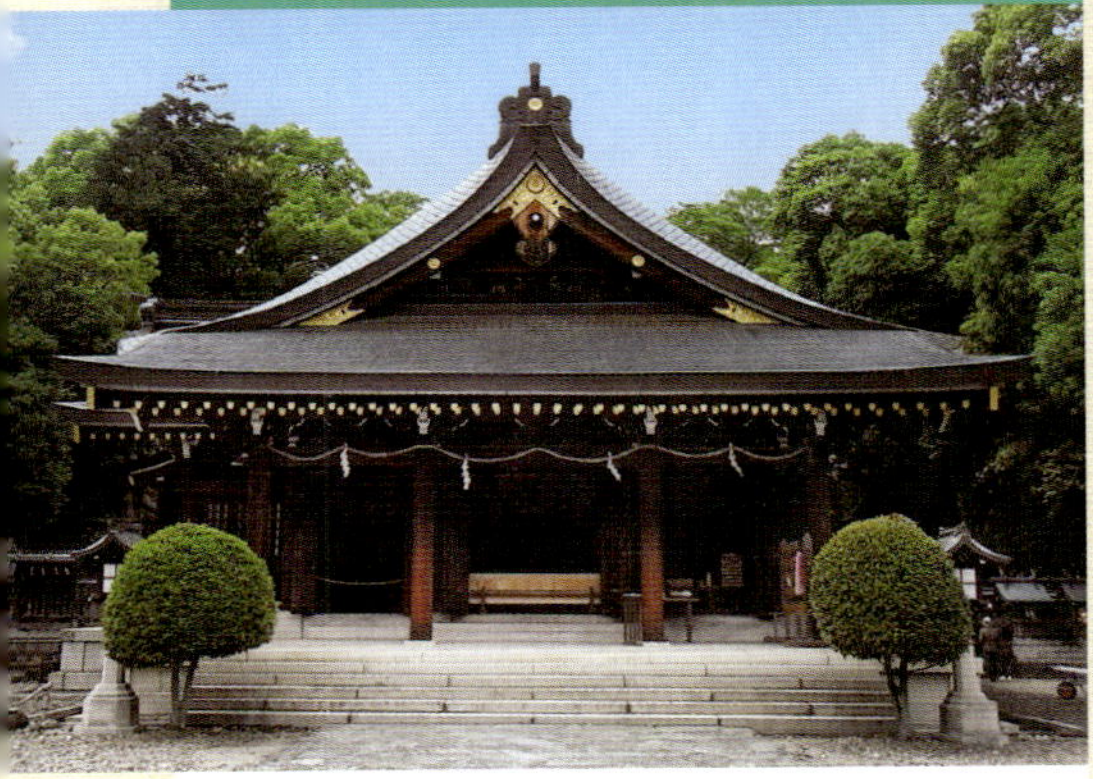

所在地●和歌山県和歌山市和田438
アクセス●わかやま電鉄貴志川線「竈山駅」から徒歩10分

那賀須泥毘古との戦いで負傷した伊波礼毘古の兄、五瀬は、男之水門（大阪府泉南市）までやってきて、無念にも絶命してしまう。紀伊国竈山《かまやま》に墓が作られたと古事記には書かれ、ここがその地とされている。隣接して彦五瀬命《ヒコイツセノミコト》墓とする墳墓がある。

❷ ごとびき岩がある 神倉神社《かみくらじんじゃ》

所在地●和歌山県新宮市神倉1-13-8
アクセス●JR紀勢本線「新宮駅」から徒歩15分

日本書紀では伊波礼毘古は熊野で天磐盾《あまのいわたて》に登ったと書く。天磐盾は現在の神倉神社の御神体「ごとびき（ひきがえる）岩」だとされる。祭神は天照大御神《アマテラスオオミカミ》と、高天原《たかまのはら》が下した大刀を伊波礼毘古に献上した高倉下命《タカクラジノミコト》（➡P38）。

日向から熊野へ

天下を治めるために東へ

鵜葺草葺不合命《ウカヤフキアエズノミコト》の子の**神倭伊波礼毘古命**《カムヤマトイワレビコノミコト》（後の神武天皇）は、兄の**五瀬命**《イツセノミコト》と話し合い、東の地で政治を行おうと船で**日向**《ひむか》を旅立った。

この大和への大移動を**神武東征（遷）**という。大和王権の成立を語る重要な物語として、古事記だけでなく、日本書紀も大きくページを割く。

まず豊予海峡を越えて宇佐に着き、**宇沙都比古**《ウサツヒコ》、**宇**《ウ》**沙都比売**《サツヒメ》のもてなしを受ける。福岡県の岡田宮には1年滞在し、そこから一行は瀬戸内海に入り、広島県の多祁理宮《たけりのみや》に7年、岡山県の高島宮では8年間暮らした。

高島宮を出て、大和が近づいた大阪湾の楯津《たてつ》（東大阪市日下）では、大和の**那賀須泥毘古**《ナガスネビコ》の軍勢と戦闘になった。ここで伊波礼毘古の軍は大きな痛手を負う。

五瀬命の無念の死

那賀須泥毘古との戦いは激烈だった。兄の**五瀬**は矢を受けて負傷し、「我々は太陽神の子なのに、日に向かって布陣して戦ったために敗れた。日を背中にして敵を討とう」と提案する。兄の言葉を受け入れ、**伊波礼毘古**は紀伊半島沿いに船で下り、**熊野**で上陸して、南から大和に攻めのぼることにした。

ところが**男之水門**《おのみなと》（大阪府泉南市）まで来たとき、傷が悪化して五瀬が亡くなる。日向を出て16年、行動をともにしてきた大事な兄だった。

それにもめげず南へ進み、熊野村（和歌山県新宮市のあたり）に到着したが、熊の姿が見えた途端、伊波礼毘古は兵士とともに意識をなくしてしまう。

すると**高倉下**《タカクラジ》という地元の者が現れ、一振りの大刀を献上。それにより伊波礼毘古たちは正気をとり戻した。大刀は天上の**天照大御神**《アマテラスオオミカミ》と**高御産巣日神**《タカミムスヒノカミ》が、伊波礼毘古の窮地を救うために、**建御雷神**《タケミカヅチノカミ》に命じて下したものだった。大刀の霊威は絶大で、瞬く間に熊野の敵対する神々は滅ぼされた。

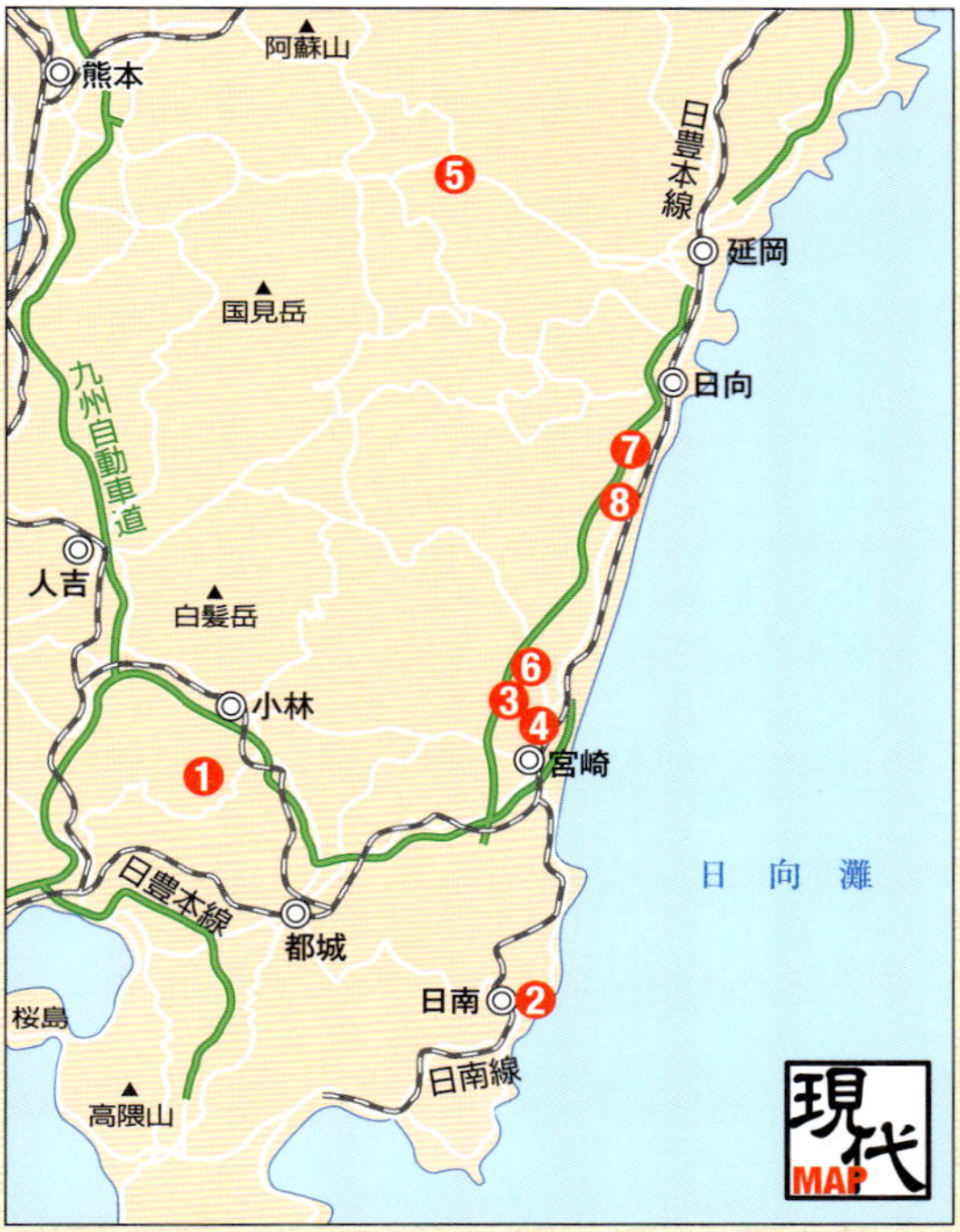

行ってみたい!

宮崎県に残る神武伝承地

日向三代（⬇P101）の子孫である神武天皇。地元の日向（宮崎県）には、生誕地や宮跡などの伝承地が多い（⬇P18）。とくに祖父にあたる火遠理《ホオリ》命《ミコト》の伝承が残る宮崎市の周囲に多く、誕生から東征までの日々を過ごしたとされる場所が点在している。

天孫降臨の候補地のひとつ県北部の高千穂町にも、生誕地とされる場所があるのも興味深い。

	由来	所在地	アクセス
❶皇子原《おうじばる》神社	神武天皇が誕生した産屋の跡地と伝わる。	宮崎県西諸県郡高原町大字蒲牟田3-251	JR吉都線「高原駅」から車で約10分
❷駒宮《こまみや》神社	幼少期に過ごした少宮趾と伝わる。	宮崎県日南市平山1095	JR日南線「油津駅」から車で約10分
❸皇宮屋《こぐや》	東征の前まで過ごしていた皇居跡と伝わる。	宮崎県宮崎市下北方町横小路	JR日豊本線・日南線・宮崎空港線「宮崎駅」から車で約10分
❹宮崎神宮	神武天皇を祀る。皇宮屋のある皇宮神社は摂社。	宮崎県宮崎市神宮2-4-1	JR日豊本線「宮崎神宮駅」から徒歩約10分
❺四皇子峰《しおうじがみね》	神武天皇とその兄弟、4人の御子の生誕地と伝わる。	宮崎県高千穂町大字三田井字上原	JR日豊本線延岡駅からバスで約75分「高千穂バスセンター」下車徒歩15分
❻佐野原《さのばる》聖地	父、鵜葺草葺不合命の宮跡で神武誕生地と伝わる。	宮崎県宮崎市佐土原町上田島久保土	JR日豊本線「佐土原駅」から車で約25分
❼立磐《たていわ》神社	船出の地にあり、渡航の安全を祈願したと伝わる。	宮崎県日向市美々津町3419	JR日豊本線「美々津駅」から徒歩約30分
❽都農《つの》神社	東征の際に立ち寄り、国土平定を祈願したと伝わる。	宮崎県児湯郡都農町川北13294	JR日豊本線「都農駅」から徒歩約25分

古事記における神武の東征ルート1

神倭伊波礼毘古は、天下平定のため、日向の地から東へ向かう。

古代MAP

登美毘古《トミビコ》（那賀須泥毘古《ナガスネビコ》）の放った矢を受けた五瀬が太陽を背にして戦うことを決意。傷ついた腕の血を洗って清める。
槁根津日子《サオネツヒコ》の案内で白肩津《しらかたのつ》に向かう。
摂津
紀国
速吸門
浪速の渡
血沼海
男之水門
竈山
熊野村

高千穂宮（現・宮崎県高千穂町、宮崎県宮崎市）
↓
美々津《みみつ》（現・宮崎県日向市美々津町）
↓
宇沙（現・大分県宇佐市）
↓
岡田宮（現・福岡県芦屋市）
↓
多祁理宮《たけりのみや》（現・広島県府中町）
↓
高島宮（現・岡山県玉野市）
↓
速吸門《はやすいのと》（現・明石海峡）
↓
浪速《なみはや》の渡《わたり》（現・大阪湾）
↓
血沼海《ちぬのうみ》（現・大阪府泉佐野市）
↓
男之水門（現・大阪府泉南市）
↓
竈山《かまやま》（現・和歌山県和歌山市）
↓
熊野村（現・三重県熊野市）

ここが違う！ 日本書紀

◆6年で東征を達成する

日本書紀は、古事記よりもくわしく神武東征を記述する。

どちらも東征の順路はほぼ同じだが、速吸門《はやすいのと》（書紀では速吸之門）という場所を、岡山から大阪湾に向かう途中とする古事記に対し、書紀は出発地・日向と宇佐の間とする。この違いは古くから指摘されてきた問題で、速吸門は古名からいっても豊予海峡を指し、古事記は記述順を間違えたとする見方が学界の定説だ（上記のルートは古事記のもの）。

また書紀は東征をすすめたのは塩土老翁《シオツチオジ》とし、大和平定にかかった時間は6年間（古事記は16年間）と語る。さらに神武天皇の皇后を事代主《コトシロヌシ》の娘とするなど、細部の記述では随所に違いをみせている。

神武天皇の像。「武神像」橿原神宮蔵

亀の甲羅に乗った国つ神に出会い、道案内の供として仕えさせる。
8年間滞在する。
7年間滞在する。
阿岐
吉備
長門
多祁理宮
高島宮
1年間滞在する。
周芳
岡田宮
竺紫
宇沙
宇沙都比古《ウサツヒコ》と宇沙都比《ウサツヒ》売《メ》が足一騰宮《あしひとつあがりのみや》をつくり、もてなす。
豊国
五瀬命が「賤しい奴に手傷を負わされ死ぬことになろうとは」と雄叫びをあげて死去。
神武が東征を決意し、五瀬と話し合った高千穂宮については諸説ある。宮崎県の北部の高千穂町や、宮崎市などが候補地。
高千穂宮
日向
美々津
五瀬を葬る。竈山神社に五瀬が祀られている。
東征の船出の地。

神武の東征 2

熊野・吉野の戦い

天が遣わした八咫烏の導き

天の**高御産巣日神**《タカミムスヒノカミ》は、熊野の先には反抗する神がたくさんいるからと、案内役に**八咫烏**《やたがらす》を送ってきた。

八咫烏についていくと、吉野川の下流で魚をとる神がいた。さらに進むと井戸から尾の生えた神が現れた。山に入ると同じく尾を生やした神がいて、いずれも**伊**《イ》**波礼毘古**《ワレビコ》に忠誠を誓うために参上した在地の神だった。

これらの神はその後、大和王権を支える豪族の祖先神となる。いわばこの物語は、大和の各豪族の伊波礼毘古への服属を示していると考えるべきだろう。

さて八咫烏は、サッカー日本代表のシンボルマークに採用されている。マークでは3本足だが、古事記、日本書紀には具体的記述がなく、中国の神話の影響で、いつしか3本足で描かれるようになっていったようだ。

反抗する勢力を次々攻略

奈良盆地の東南に位置する宇陀に、**兄宇迦斯**《エウカシ》と**弟宇**《オトウ》**迦斯**《カシ》という兄弟がいた。八咫烏が伊波礼毘古に仕えるかどうかを聞くと、兄は矢を放って追い返した。

さらにこの兄は悪知恵を働かせ、いったん従う姿勢を見せて欺き、罠を仕掛けた御殿をつくって、**伊波礼毘古の暗殺**をたくらむ。

そんな兄に対し弟宇迦斯は恭順を示し、兄の陰謀を伊波礼毘古に知らせた。

結局、軍務を担当する**道臣命**《ミチノオミノミコト》（大伴氏の祖先）らによって攻め立てられ、兄宇迦斯は自分が設けた罠に追い込まれ、無残に殺された。

いよいよ奈良盆地に入り、**忍坂**《おさか》（桜井市）に到着すると、尾の生えた土雲《つちぐも》と呼ばれる多数の土豪たちが、岩屋で唸り声を挙げて待ち構えていた。伊波礼毘古は彼らを油断させるために料理を出して接待し、歌を合図に隙をついて打ち殺した。

こうして伊波礼毘古の軍は、従わない地元の勢力を駆逐していき、平定を進めていった。

古代MAP

古事記における神武の東征ルート2

熊野に上陸した神倭伊波礼毘古は、荒ぶる者たちを平定していく。

熊野（現・和歌山県新宮市あたり）
↓
吉野（現・奈良県南部吉野川流域）
↓
宇陀（現・奈良県宇陀市）
↓
忍坂《おさか》（現・奈良県桜井市忍阪）
↓
畝火《うねび》（現・奈良県橿原市）
5 邇芸速日命《ニギハヤヒノミコト》が帰順。畝傍山の麓に白檮原《かしはら》（橿原）宮を建て天下を治める。
4 食事中に配膳人と策略を仕込み、油断した敵に斬り込む。
3 弟宇迦斯《オウカシ》の密告を受け、兄《エ》宇迦斯《ウカシ》を自らの罠へと追い込む。
2 高御産巣日神《タカミムスヒノカミ》に遣わされた八咫烏に先導され、吉野川沿いを進む。
1 熊に遭遇し意識を失うが、大刀を献上しに来た高倉下《タカクラジ》が現れ、目を覚ます。
畝火
宇陀
忍坂
吉野
熊野

もっと知りたい！

神武の東征は歴史的事実か？

神武の東征をめぐっては、歴史的事実かどうか、研究者の間で論争が続けられてきた。

現在では、何らかの史実を反映している可能性はあるが、事実ではないという見方が大勢を占める。考古学的な発掘調査でも、一切、証拠は出てきていない。

また神武天皇の実在性にも疑問符がつき、天孫降臨の地である日向と大和王権を結ぶためにつくられた伝承とする説が有力だ。

かつて朝鮮半島から北九州に騎馬民族がやってきて、その一団が大和に進出したという説が立てられ、それが天孫降臨と神武東征だとされたこともあったが、今ではほぼ否定されている。

大和平定

別の降臨神、邇芸速日命の帰順

大和平定も目前となったとき、**邇芸速日命**《ニギハヤヒノミコト》が伊波礼《イワレ》毘古《ビコ》のもとにやってきた。高天原《たかまのはら》の御子が天降《あまくだ》ったと聞き、あとを追って天から降りてきたと話す。天の神の印である宝物を献上し、臣下になることを願い出る。

古事記はこの別の降臨系譜をもつ神について、**那賀**《ナガ》**須泥毘古**《スネビコ》の妹と結婚し、生まれた子が**物部氏**《もののべ》らの祖先になったとしか語らない。だが日本書紀では、邇芸速日は那賀須泥毘古が祀ってきた神だとし、伊波礼毘古に逆らう那賀須泥毘古を殺害して帰順したと続ける。

五瀬《イツセ》を死に追いやった主敵である那賀須泥毘古の最期と、その神の服属について、古事記はくわしくふれようとしない。朝廷の軍事と祭祀権を司った古代の大豪族、物部氏への言及をさけたためとされる。

神武天皇の即位と結婚

大和で政権を確立した**伊波礼毘古**は、**畝傍山**《うねびやま》の麓に**白檮原**《かしはら》**（橿原）宮**を造営し、そこで即位して初代天皇である**神武天皇**になり、国を治めはじめた。

なお日本書紀は即位の日を「辛酉《かのととり》年の春正月、庚辰《こうしん》の朔《さく》」と書き、明治政府はそれを紀元前660年2月11日のこととした。現在の建国記念の日も、この判断にもとづいて制定されている。

天皇は日向《ひむか》にいたころに、阿比良比売《アヒラヒメ》を娶って多芸《タギ》志美美命《シミミノミコト》と岐須美美命《キスミミノミコト》が生まれていたが、大和で政治を行うために、正式に皇后になる女性を探した。

それに応え**大久米命**《オオクメノミコト》がひとりの乙女を推す。奈良三輪山の神**大物主神**《オオモノヌシノカミ》と、**三島湟咋**《ミシマノミゾクイ》（大阪府茨木市の溝《みぞ》咋《くい》神社の祭神）の娘との間にできた**伊須気余理比売**《イスケヨリヒメ》だ。大物主は出雲の**大国主神**《オオクニヌシノカミ》の分身、ないしは同一神とされる。大国主は国譲りした、かつての地上界の最高神だ。この結婚は天孫系神と出雲系神の統合を物語る。

ふたりは結ばれ、やがて**日子八井命**《ヒコヤイノミコト》、**神八井耳命**《カムヤイミミノミコト》、**神**《カム》**沼河耳命**《ヌナカワミミノミコト》（次の綏靖天皇《すいぜいてんのう》）の3人の子が誕生した。

神武天皇の妻たち

神武天皇は日向にいたときにすでにふたりの子がいたが、大和平定後、正妻をもうけて2代目の天皇となる神沼河耳命らをもうけた。

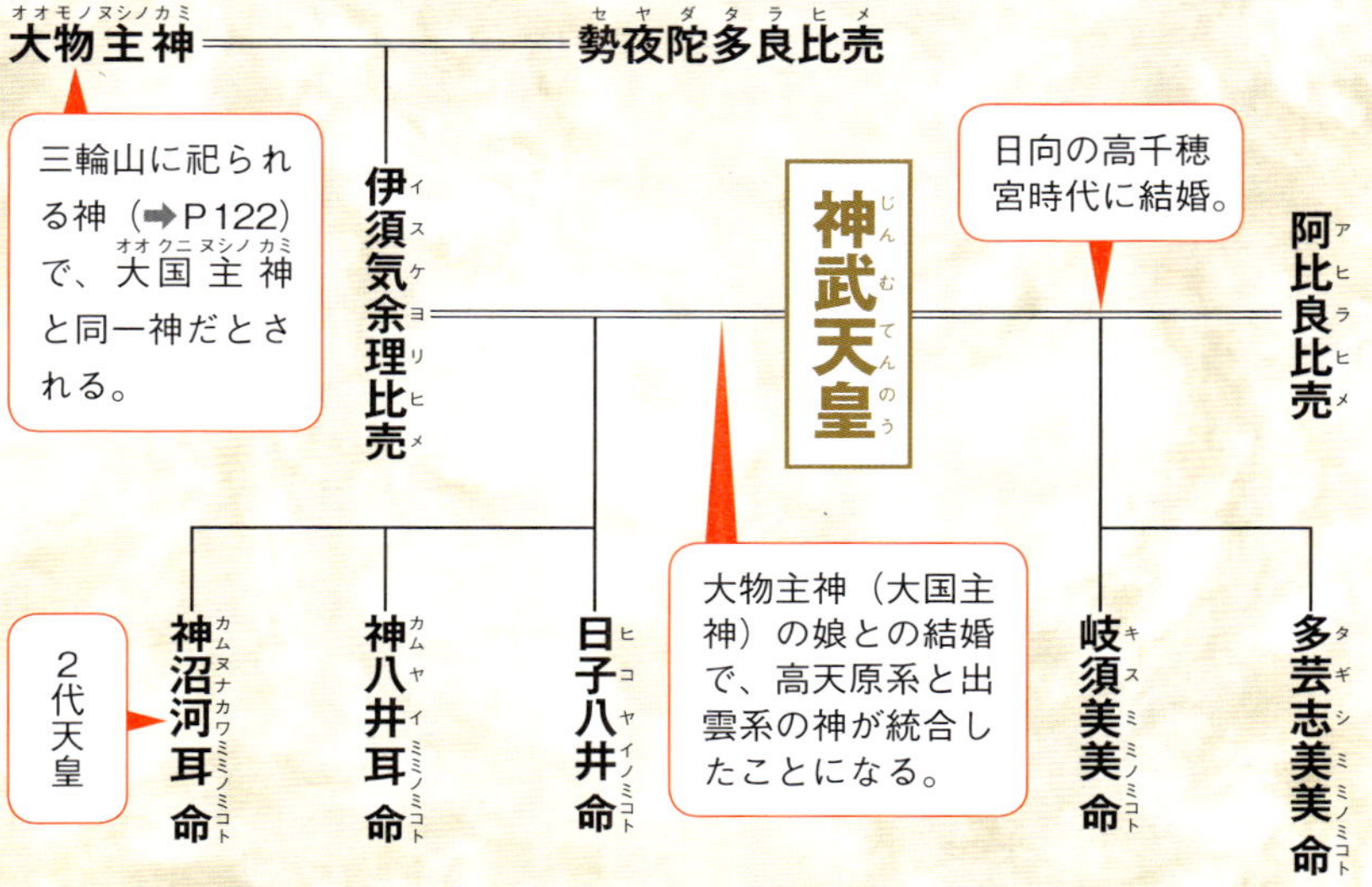
大物主神《オオモノヌシノカミ》
勢夜陀多良比売《セヤダタラヒメ》
三輪山に祀られる神（➡P122）で、大国主神《オオクニヌシノカミ》と同一神だとされる。
伊須気余理比売《イスケヨリヒメ》
神武天皇《じんむてんのう》
日向の高千穂宮時代に結婚。
阿比良比売《アヒラヒメ》
大物主神（大国主神）の娘との結婚で、高天原系と出雲系の神が統合したことになる。
2代天皇
神沼河耳命《カムヌナカワミミノミコト》
神八井耳命《カムヤイミミノミコト》
日子八井命《ヒコヤイノミコト》
岐須美美命《キスミミノミコト》
多芸志美美命《タギシミミノミコト》

行ってみたい！

邇芸速日命を祀る石切劔箭神社

邇芸速日《ニギハヤヒ》は古代豪族、物部氏の氏神で高天原から降臨したとされる。記紀の記述からは、神武天皇以前に近畿を治めていたとも読めるが、謎の部分も多い神である。

そんな邇芸速日を祀るのが、平安時代の神社の記録にも載る石切《いしきり》劔《つるぎ》箭《や》神社《じんじゃ》だ。祭神名は饒速日尊と表記する。生駒山の西麓にある古社で、上ノ社と下ノ社に分かれ、上ノ社の背後にそびえる生駒山に邇芸速日が天降ったとされている。

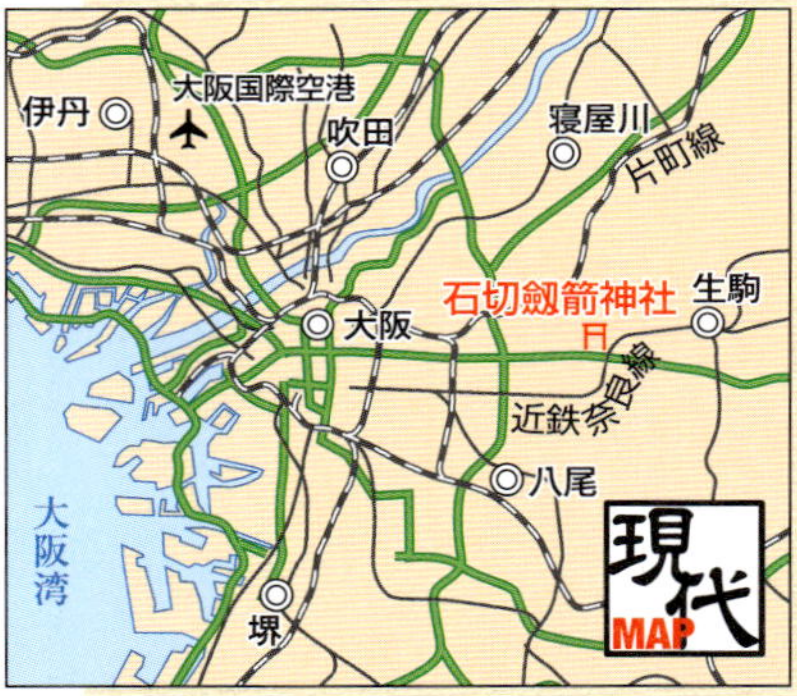
伊丹
大阪国際空港
吹田
寝屋川
片町線
石切劔箭神社
生駒
大阪
近鉄奈良線
八尾
大阪湾
堺
現代
MAP

所在地●大阪府東大阪市東石切町1-1-1
アクセス●近鉄奈良線「石切駅」から徒歩約15分

「石切さん」の呼び名で親しまれ、年間多数の参詣者が訪れる石切劔箭神社。劔箭とは剣と矢を意味し、その象徴として下ノ社の楼門の屋根に立てた剣を載せている。

第2話

欠史八代

あらすじ

天皇家の第一代となった、偉大な神武天皇が137歳で亡くなると、子どもたちの間で、皇位の座をめぐって争いが巻き起こった。

権力をほしいままにする、義兄の多芸志美美命《タギシミミノミコト》に暗殺されそうになった神沼河耳命《カムヌナカワミミノミコト》は、逆に義兄を討って後継者の地位を手にした。

神沼河耳は宮を設けて即位し、2代天皇綏靖《すいぜい》になった。

綏靖天皇のあとは、子の安寧《あんねい》天皇が継ぐ。以降、父から子へと王位は譲られていき、懿徳《いとく》天皇→孝昭《こうしょう》天皇→孝安《こうあん》天皇→孝霊《こうれい》天皇→孝元《こうげん》天皇→開化《かいか》天皇と代を重ねていった。

舞台を訪ねる

⑤神武天皇陵《じんむてんのうりょう》※

橿原神宮の北にある神武天皇陵は東西500m、南北約400mの広大な敷地を持つ。江戸時代末期に選定が行われ、神武天皇の陵と決定された。とはいえ神武天皇の存在自体が架空とされ、陵墓をめぐってはさまざまな議論もある。橿原市教育委員会写真提供

所在地●奈良県橿原市大久保町
アクセス●近鉄橿原線「畝傍御陵前駅」から徒歩10分

④橿原神宮《かしはらじんぐう》

大和に東遷した神武天皇は、畝傍山《うねびやま》の東南麓に宮を設けて即位し初代天皇になった。その宮地の推定場所に、明治23年に創建されたのが橿原神宮だ。神武天皇を祀り、本殿は京都御所の一部を移築して建てられた。

所在地●奈良県橿原市久米町934
アクセス●近鉄南大阪線・橿原線・吉野線「橿原神宮前駅」から徒歩10分

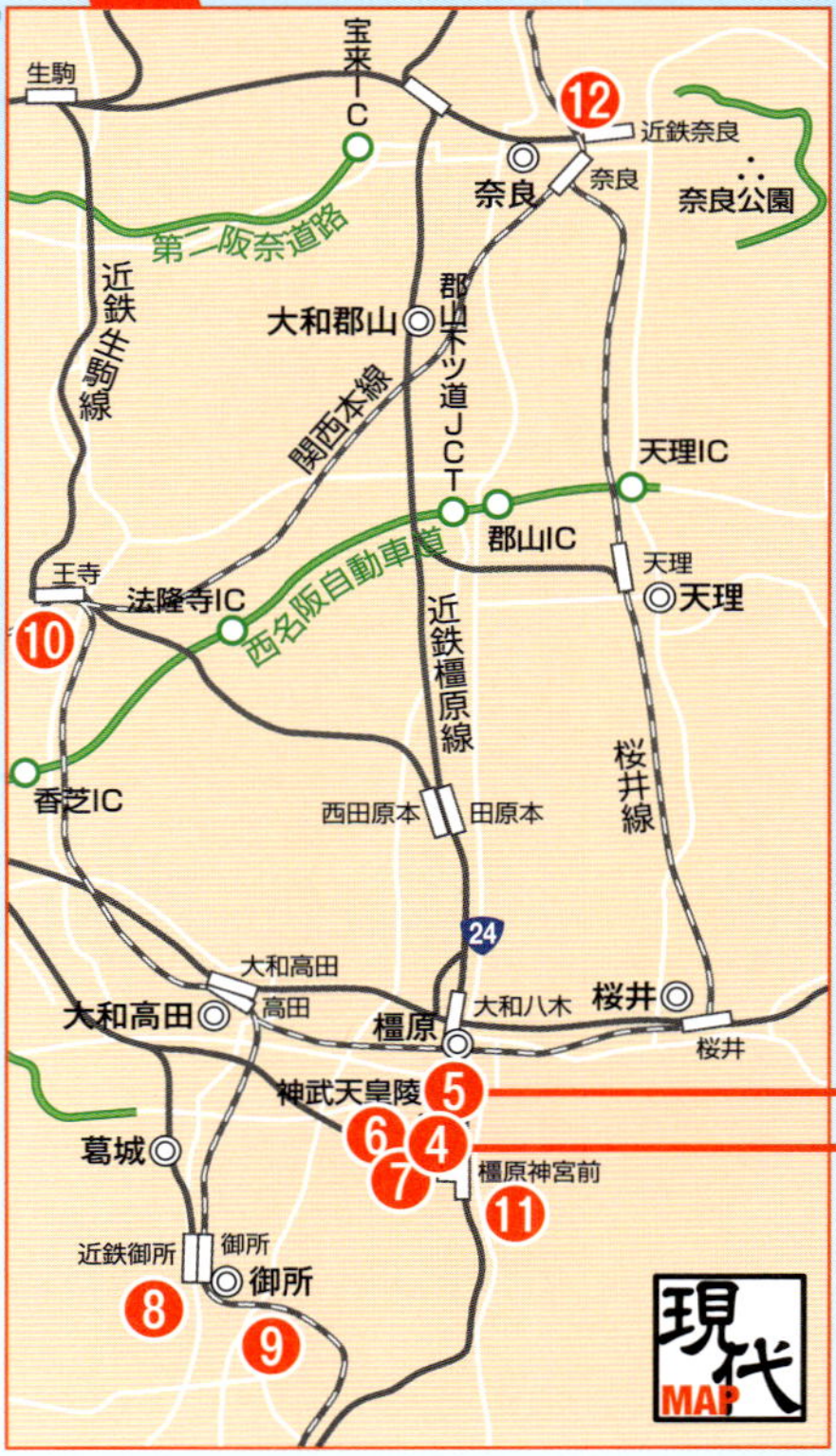

❺ 綏靖天皇陵※

所在地●奈良県橿原市四条町
アクセス●近鉄橿原線「畝傍御陵前駅」から徒歩15分

❻ 安寧天皇陵

所在地●奈良県橿原市吉田町
アクセス●近鉄南大阪線「橿原神宮西口駅」から徒歩７分

❼ 懿徳天皇陵

所在地●奈良県橿原市西池尻町
アクセス●近鉄南大阪線「橿原神宮西口駅」から徒歩約５分

❽ 孝昭天皇陵

所在地●奈良県御所市三室
アクセス●近鉄御所線「近鉄御所駅」から徒歩約12分

❾ 孝安天皇陵

所在地●奈良県御所市玉手
アクセス●JR和歌山線「玉手駅」から徒歩約10分

❿ 孝霊天皇陵

所在地●奈良県北葛城郡王寺町本町三丁目
アクセス●JR大和路線王寺駅からバスで「王寺本町二丁目」下車徒歩約４分

⓫ 孝元天皇陵

所在地●奈良県橿原市石川町
アクセス●近鉄南大阪線・橿原線・吉野線「橿原神宮前駅」から徒歩約15分

⓬ 開化天皇陵

所在地●奈良県奈良市油阪町
アクセス●JR大和路線・桜井線「奈良駅」から徒歩約10分

※神武天皇陵と綏靖天皇陵は近くにあるため同じ❺で表しています。

欠史八代

創作された8人の天皇

皇位をめぐる権力闘争

神武天皇の死後、子どもたちの最年長にあたる**多芸《タギ》志美美命《シミミノミコト》**が権力を握ろうとする。父の皇后だった義母の伊須気余理比売《イスケヨリヒメ》を妻にし、邪魔になる伊須気余理比売の子、3人の腹違いの弟たちを殺そうとたくらむ。

その計略を伊須気余理比売が歌で知らせ、驚いた3人の子のうち、次兄の**神八井耳命《カムヤイミミノミコト》**と末弟の**神沼河耳《カムヌナカワミミノ》命《ミコト》**が多芸志美美の排除に立ち上がった。

だが神八井耳は武器を手にしながらも、異母兄を前にすると弱気になって討てない。かわって神沼河耳が武器をとり、多芸志美美の命を絶った。

何もできなかった神八井耳は、弟の勇気に敬服し、神武の後継に神沼河耳を立てることにした。

こうして2代目の天皇、**綏靖《すいぜい》天皇**が誕生する。

業績が書かれない天皇たち

権力闘争に勝利した**綏靖天皇**が没すると、その子どもの**安寧《あんねい》天皇**が即位した。さらに皇統は**懿徳《いとく》天皇**に受け継がれ、以後、**孝昭《こうしょう》天皇**、**孝安《こうあん》天皇**、**孝霊《こうれい》天皇**、**孝《こう》元《げん》天皇**へと王位はわたり、9代**開化《かいか》天皇**に至る。

ところで古事記にとどまらず、日本書紀もこの2代綏靖から9代開化までの8代について、妃の出身や御子、皇族から派生した氏族、宮や陵墓の場所など、簡単な記録しか記さない。統治内容については語られないため、この天皇たちは**「欠史八代」**と呼ばれる。

ではなぜ、具体的な治世の話が書かれないのか。

実は欠史八代は、記紀に挿入された架空の存在だというのだ。各種の発掘調査の結果もそれを裏付け、7世紀後半の推古天皇のころに創作された、フィクションとするのが定説となっている。

史実のうえで実在が確かだと考えられている初代天皇は第10代の**崇神《すじん》天皇**で、王権の歴史を古く見せ、より権威づけるためにつけ加えられた「神話」にすぎない。そう解釈するのが妥当のようだ。

欠史八代

天皇名		宮名	享年		陵墓の場所
			古事記	日本書紀	
2代	綏靖天皇《すいぜい》	葛城《かずらき》の高岡宮《たかおかのみや》	45歳	84歳	衝田崗《つきたのおか》
3代	安寧天皇《あんねい》	片塩《かたしお》の浮穴宮《うきあなのみや》	49歳	57歳	畝火山《うねびやま》の美富登《みほと》
4代	懿徳天皇《いとく》	軽《かる》の境崗宮《さかいおかのみや》	45歳	77歳	畝火山《うねびやま》の真名子谷《まなごたに》近辺
5代	孝昭天皇《こうしょう》	葛城《かずらき》の掖上宮《わきがみのみや》	93歳	113歳	掖上《わきがみ》の博多山《はかたやま》近辺
6代	孝安天皇《こうあん》	葛城《かずらき》の室《むろ》の秋津島宮《あきづしまのみや》	123歳	137歳	玉手岡《たまでのおか》近辺
7代	孝霊天皇《こうれい》	黒田《くろだ》の廬戸宮《いおとのみや》	106歳	128歳	片岡《かたおか》の馬坂《うまさか》近辺
8代	孝元天皇《こうげん》	軽《かる》の堺原宮《さかいはらのみや》	57歳	116歳	剣池《つるぎのいけ》の中崗《なかのおか》近辺
9代	開化天皇《かいか》	春日《かすが》の伊耶河宮《いざかわのみや》	63歳	111歳	伊耶河《いざかわ》の坂《さか》近辺

もっと知りたい!

延々と記される豪族の氏祖注釈

欠史八代には膨大な数の有力氏族の名が、天皇家の系譜に位置づけられて記述される。吉備《きび》や蘇我《そが》、平群《へぐり》、息長《おきなが》、許勢《こせ》など、多くが後世に朝廷で権勢を振るう豪族たちだが、それぞれ即位しなかった皇子から枝分かれした旨を、かなりのエネルギーを割き、丹念に記される。各氏族にとって、王家との関係の深さは重要な関心ごと。それが政権内で発揮できる力の淵源《えんげん》になるからだ。

だが欠史八代が疑問視される以上、氏族の出自もそのまま信じるわけにはいかない。それまでに登場しなかった有力豪族を、「一括処理」したのではないか。そんな気さえしてくる数の多さである。

第3話

崇神天皇の王権確立

あらすじ

10代崇神《すじん》天皇の時代、疫病がはやって国民の多くが亡くなった。天皇の夢に大物主神《オオモノヌシノカミ》が現れて、自分の祟りだという。そして子孫にきちんと祀ってもらえば、国内は平穏になると告げた。

天皇は大物主の末裔を探して祭主にし、三輪山に大物主を祀らせる。さらに天上界や、地上界の神を丁重に祀ることで疫病も収まり、国内は落ち着きを取り戻した。

また崇神天皇は、各地に将軍を派遣して、従わない人々を服属させていく。叔父がくわだてた陰謀も鎮圧。天下泰平に導き、国民は栄えた。

舞台を訪ねる

⑬ 大物主を祀る 大神神社《おおみわじんじゃ》

左の写真の木は巳《み》の神杉《かみすぎ》。三輪の神の化身である蛇がすむとされている。下は御神体の三輪山。一帯は禁足地で、許可を得て登拝する仕組みになっている。

所在地●奈良県桜井市三輪1422
アクセス●JR桜井線「三輪駅」から徒歩５分

奈良盆地の東南にある三輪山を御神体とする日本最古といわれる古社。本殿をもたず拝殿から三輪山を遥拝する形式で、大物主神（倭大物主櫛甕魂命）を祀る。古事記では神武天皇の皇后は大物主の娘とされ、大和王権の初期段階から関係は緊密で、朝廷の守護神的な役割をはたしてきた（➡P40）。

14 叔父との戦いの場 木津川《きづがわ》

所在地● 京都府

京都府南部を流れ、淀川に合流する木津川は、王位を奪おうとする崇神天皇の叔父建波邇《タケハニ》安王《ヤスノミコ》と、それを阻止すべく派遣された大毘《オオビ》古命《コノミコト》軍が激突した古戦場だ。中流部には、両軍が激突した泉（伊杼美《いどみ》）など、戦いの伝承地が点在する（➡P125）。

三輪山の神

疫病をもたらした祟り神

史学では初代神武《じんむ》から9代開化《かいか》までを架空とするが、この第10代**崇神《すじん》天皇**については、実在性が高いと見なす。3世紀後半から4世紀初頭の天皇だったようだ。

さて崇神天皇は、疫病の大流行に悩まされた。その猛威により国が滅びそうになる。神に意見を求めると、夢の中に三輪山の**大物主神《オオモノヌシノカミ》**が現れて、疫病は自分が起こしたもので、末裔の**意富多々泥古《オオタタネコ》**に祀ってもらえば、祟りを止め、世の中は安らかになると語った。

さっそく意富多々泥古を祭主に命じ、大物主を三輪山に祀らせた。さらに天と地の神々にも社を定めた結果、猛威を振るった疫病も止み、平穏が戻った。

この記事は、実は崇神が神々の祭祀権を握り、政権内に取り込んだことを暗に物語っている。

大物主神の恋愛伝説

物語はここで流れを変え、意富多々泥古の先祖、**大物主**と**活玉依毘売《イクタマヨリビメ》**の恋愛をつづる。

輝くほど美しい活玉依毘売のもとに、ある夜、高貴な男性が訪ねてきた。ふたりは結ばれ、月日も経たないうちに毘売は身ごもった。父母が不審に思って、男性について問うが、毘売は相手の名前すら知らない。

父が素性を知ろうと毘売に知恵を授け、糸巻きに巻いた麻糸を針に通し、男性の着物に刺すように教えた。毘売がそのとおりにすると、翌朝、糸は戸の鍵穴を抜け、三輪山に鎮座する大物主の社に達していた。

糸巻きに三輪だけ糸が残っていたため、この地を**美和（三輪）**と名づけたという地名説話で話を閉じるが、大物主信仰の拠点、三輪山近くに崇神が宮を置いたことで、王権とこの在地神との関係は深まった。

4世紀後半からは、三輪山信仰は大和王権の拡大とともに地方に波及し、**大国主神《オオクニヌシノカミ》**と同一視されながら、王権強化に貢献していく。神社の基本スタイルは、この三輪山信仰が形成したとする説もあるほどだ。

行ってみたい!

三輪山周辺に集まる宮跡と陵墓

奈良県三輪山周辺には、10～12代の天皇の宮跡と陵墓が点在している。それらをつなぐように走る古事記にも登場する「山の辺の道」（⬇P41）は日本最古の道とされ、石上神宮や大神神社などの古社もこの道沿いにある。奈良から桜井までをつないでいるが、天理から桜井までの約16㎞は史跡散策コースとして人気が高い。なお、垂仁天皇の陵墓は奈良市にある（⬇P127）。

	住所	アクセス
❶西殿塚古墳	奈良県天理市中山町	JR桜井線・近鉄天理線天理駅からバスで「中山」下車徒歩約10分
❷崇神天皇陵（行燈山古墳）	奈良県天理市柳本町	JR桜井線「柳本駅」から徒歩15分
❸垂仁天皇 師木玉垣宮跡	奈良県桜井市穴師周辺	JR桜井線「巻向駅」から徒歩10分
❹景行天皇陵（渋谷向山古墳）	奈良県天理市渋谷町	JR桜井線「巻向駅」から徒歩20分
❺景行天皇 纒向日代宮跡	奈良県桜井市穴師周辺	JR桜井線「巻向駅」から徒歩15分
❻箸墓古墳	奈良県桜井市箸中	JR桜井線「巻向駅」から徒歩10分
❼崇神天皇 師木水垣宮跡	奈良県桜井市金屋	JR桜井線「三輪駅」から徒歩10分

ここが違う! 日本書紀

◆箸墓伝説が語られる

三輪山麓にあり、全国の前方後円墳のひな形になった箸墓《はしはか》古墳は、倭迹迹日百襲姫《ヤマトトトヒモモソヒメ》の陵だ。書紀ではこの姫を崇神の叔母とし、予言を下す巫女として描く。姫が大物主の妻になった箸墓伝説も、書紀だけが書く。

夜にだけ訪れる大物主の姿が見たいと思った姫は、夫に懇願する。夫は朝になったら櫛箱に入っていると答えた。翌日、姫が箱を開けると、そこには小さな蛇がいた。驚いた姫は座り込んだ拍子に箸で陰部をつき、死んでしまう。そのため箸墓というのだと、書紀は古墳の名の由来を語っている。姫を邪馬台国の卑弥呼に重ねる説があり、倭迹迹日百襲姫の謎はつきない。

諸国平定

伯父、建波邇安王の反乱

大物主《オオモノヌシ》ほか神々を鎮めて世を平安に導いた**崇神天皇**《すじんてんのう》は、まだ朝廷に屈しない地域に王権を広めるため、将軍たちを送り、武力で鎮圧することにする。その将軍のひとり、崇神の伯父の**大毘古命**《オオビコノミコト》が北陸地方に向かうために**幣羅坂**《へらさか》（奈良市北）に来ると、奇妙な歌をうたう少女がいた。歌は天皇の命が狙われていることをほのめかす。大毘古は急いで天皇のもとに戻った。

天皇の殺害を画策していたのは、崇神の叔父で大毘古の異母兄、**建波邇安王**《タケハニヤスノミコ》。大毘古は軍勢を率いて出発し、建波邇安の軍と**木津川**を挟んで向かいあった。

戦いはすぐに決着した。大毘古軍の放った矢が建波邇安に命中し、敵兵は雪崩を打って逃げ出す。大毘古はそれらを追いつめて滅ぼし、勝利を手にした。

反抗する地方の勢力を討伐

再び北陸地方に出撃した大毘古は、その地を平定。また伊勢から東北地方に至る、太平洋側の東国一帯に将軍として派遣された大毘古の子の**建沼河別命**《タケヌナカワワケノミコト》も、服従しない豪族を駆逐していった。崇神天皇の兄弟、**日子坐王**《ヒコイマスノミコ》も丹波地方で敵を打ち負かす。北陸を越えて進んだ大毘古と建沼河別の父子は、相津《あいづ》（福島県会津）で出会った。そのためそこを相津というのだと地名説話を語って、将軍たちの諸国平定の物語は終わる。

なお日本書紀では、**吉備津彦**《キビツヒコ》の瀬戸内海沿いの征服も加えて、**四道**（4つの地方）**将軍**の話とする。

さて、この将軍派遣の伝承だが、新潟県が大和王権に属するようになるのは、大化改新のあとだ。太平洋側の東国も、崇神天皇の時代に掌握していたとはいいがたい。つまり史実とは考えられていないのだ。

古事記における崇神天皇の段の目的は、神々の祭祀権を掌握し、さらに東北地方に至るまでの地方も勢力下においた天皇の偉業を示すことにあり、将軍派遣はそのために用意されたフィクションといえる。

崇神天皇の諸国平定

古代MAP

崇神天皇は、各地に将軍を遣わし平定を進めた。

第4話

沙本毘売の悲劇

あらすじ

開化天皇の孫の沙本毘古《サホビコ》は、垂仁《すいにん》天皇の皇后で、実の妹の沙本毘売《サホビメ》に道ならぬ愛を抱く。皇后をわがものにし、王位の略奪も画策した。

謀略を知った垂仁天皇は沙本毘古を攻めるが、皇后が兄に同情して命を絶ち、天皇はひとり残される。

天皇は皇后との間にできた品牟智《ホムチ》和気《ワケ》を大事に養育するが、その子は成人しても口が利けなかった。夢で出雲の大国主神《オオクニヌシノカミ》が、大きな社殿を築いてもらえば治してやるといったので、天皇は品牟智和気を出雲に遣わして参拝させる。すると話せるようになり、天皇は大国主に社殿を贈った。

舞台を訪ねる

⑮ 沙本毘売の伝説が残る 狭岡神社《さおかじんじゃ》

所在地●奈良県奈良市法蓮町609
アクセス●近鉄奈良線「新大宮駅」より徒歩15分

一帯の丘が沙本比売の母の所領地とされ、沙本比売も成人するまでこの地に住んでいたと伝わる。姿見に使っていたとされる鏡池があり、このほとりで垂仁天皇と出会ったともいう。霊亀《れいき》2（715）年、藤原不比等《ふじわらのふひと》が邸宅「佐保殿《さほどの》」の丘に天神八座を祀ったことが神社のはじまりとされている。奈良市役所写真提供

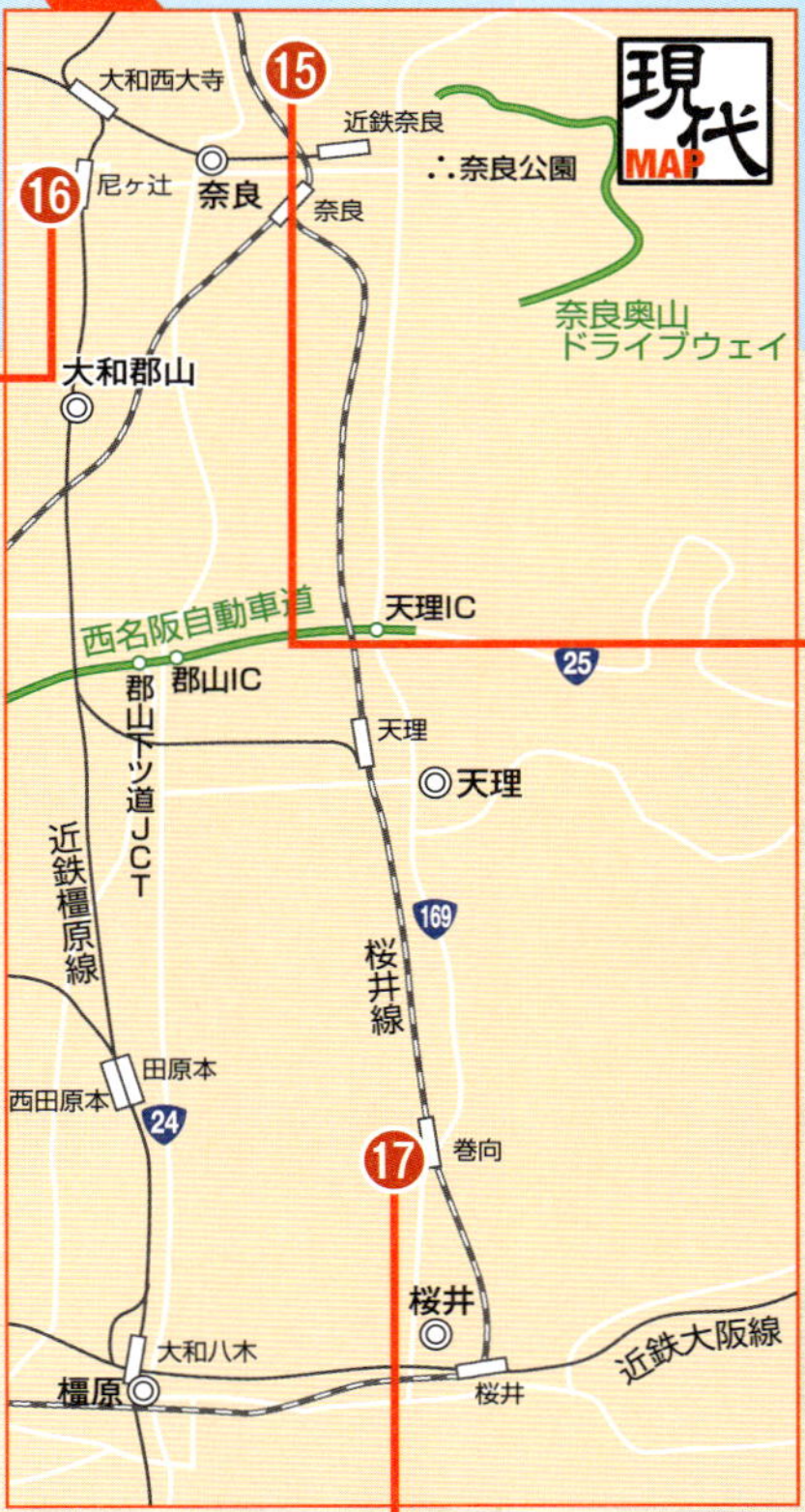

16 多遅摩毛理の塚もある 垂仁天皇陵《すいにんてんのうりょう》

所在地●奈良県奈良市尼ヶ辻西町
アクセス●近鉄橿原線「尼ヶ辻駅」から徒歩５分

古事記には垂仁天皇の御陵は「菅原の御立野の中にあり」と記されており、現在の菅原町の近くに比定地がある。水をたたえた濠に囲まれ、橘《たちばな》を探しに常世《とこよ》の国へと遣わされた多遅摩毛理《タジマノモリ》の塚も浮かぶ。逸話にちなんで、陵のそばには橘の木が植えられている。

17 垂仁天皇の都が由来 纏向遺跡《まきむくいせき》

所在地●奈良県桜井市
アクセス●JR桜井線「巻向駅」から徒歩すぐ

三輪山の北西麓、纏向川の扇状地に広がる南北約1.5km、東西約２kmにもおよぶ集落遺跡で、邪馬台国の候補地としても知られる。垂仁天皇の「纏向珠城宮《たまきのみや》」（玉垣宮とも記される）より名づけられたとされる。

沙本毘古の謀反

兄妹の許されぬ禁断の愛

第11代**垂仁天皇**の皇后になっていた**沙本毘売命**《サホビメノミコト》に、ある日のこと、同母兄の**沙本毘古王**《サホビコノミコ》がたずねる。天皇と自分とでは、どちらが愛しいか――。とっさのことで毘売は兄だと答えてしまった。沙本毘売と沙本毘古は開化天皇の孫で、垂仁天皇の従兄弟にあたる。

古代では、異母兄弟どうしの結婚は許されていたが、さすがに同母となるとタブーだった。

沙本毘古は妹を奪い、天皇を殺して自分が王位に就こうと考える。皇后に小刀を渡して殺害を命じた。

自分の膝枕で眠る天皇に、沙本毘売は3度も小刀を振り上げるが目的をはたせない。兄と天皇の間で板挟みになり、涙が頬を伝わって天皇の顔に滴り落ちた。それで目覚めた天皇に、毘売は兄の陰謀を打ち明ける。

兄と運命をともにする皇后

謀反を潰そうと天皇が軍勢を送ると、**沙本毘古**は城にこもって待ち受けた。皇后は兄を心配しその城に駆け込む。このとき皇后は天皇の子を身ごもっていた。

皇后を深く愛する天皇は、城を囲んだまま攻められない。やがて子が生まれ、皇后はその子を城の外に出すことにした。そして立派に育ててほしいと天皇に頼む。皇后は兄とともに死ぬ覚悟ができていた。

妻への思いが絶てない天皇は、必死に説得を続ける。だが皇后の気持ちは、もはや固まっていた。

自分の代わりに従姉妹たちを妃に迎えるように天皇に告げ、兄に従って城の中ではてる。

悲しみに沈む天皇は、沙本毘売の遺児、炎の中で生まれた**本牟智和気**《ホムチワケ》を大切に養育することにした。

天皇を愛しながらも、情熱をぶつけてくる兄の心情によりそって揺れ動く沙本毘売。また天皇もそんな毘売を許して、やさしく慈しもうとする。ふたりの気持ちをナイーブにつづりあげ、古事記のなかでも、もっともはかなく物悲しい物語だ。

沙本毘売の系譜

兄の野心が、仲睦まじい夫婦を切り裂いた。

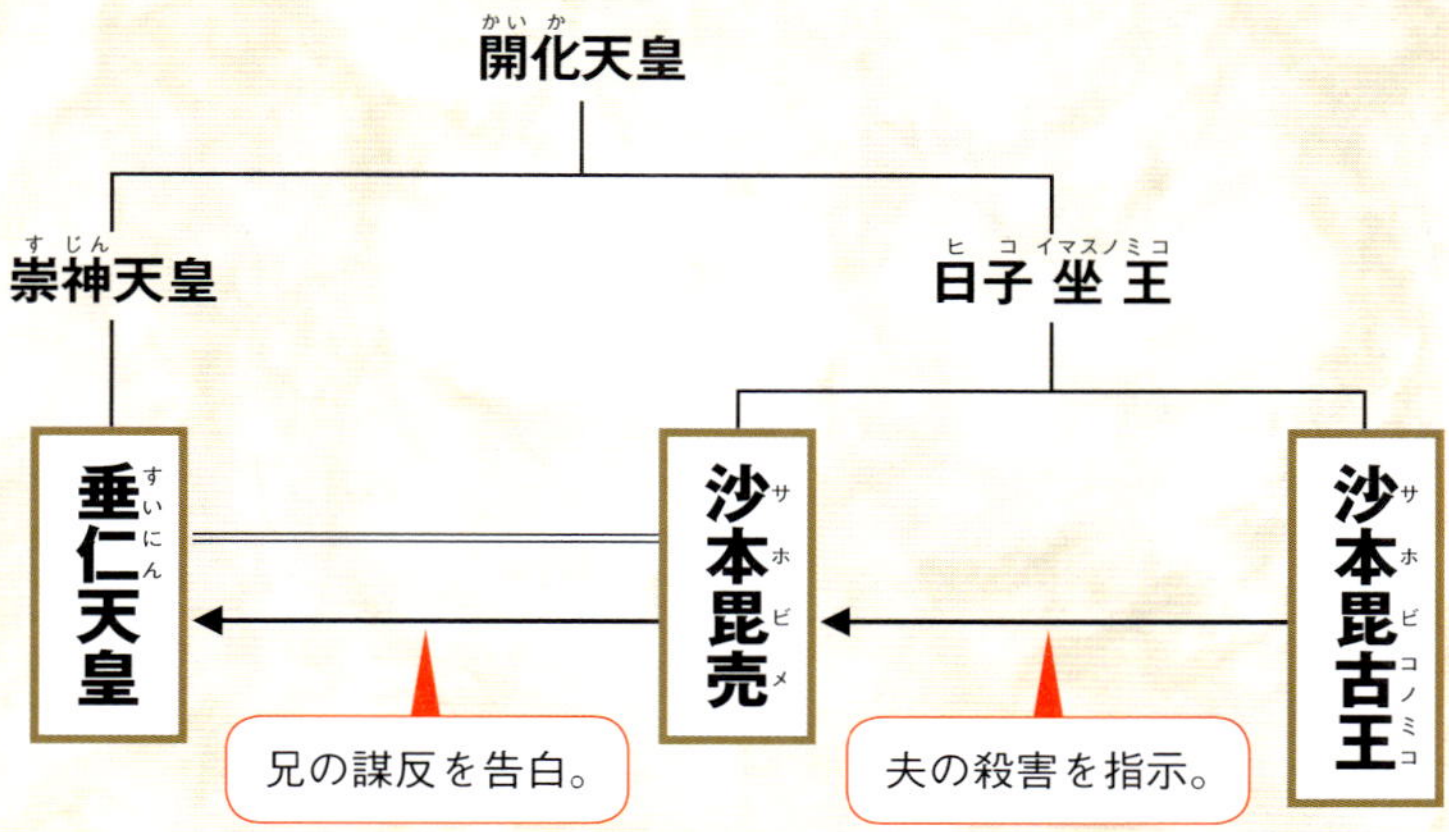

垂仁天皇と沙本毘売のやりとり

皇子はひきとったものの毘売の身を取り戻せなかった天皇は、毘売に切々と訴えるが毘売の決意は固かった。天皇はすべて毘売の指示に従った。

垂仁天皇：名は母親がつけるものだが、この子にはなんと名づけたらよいか？

沙本毘売：城を焼く炎の中で生まれたので、本牟智《ホムチ》和気《ワケ》としてください。

垂仁天皇：いかにして養育したらよいか？

沙本毘売：乳母をつけ、大湯坐《おおゆえ》、若湯坐《わかゆえ》（湯坐とは産湯をつかわせる者）を定めて養育してください。

垂仁天皇：下紐は誰に解かせればよいだろうか？（次の后は誰にしたらよいかという意味）

沙本毘売：旦波比古多々須美智宇斯王《タニノソヒコタタズミチノウシノミコ》の娘の兄比売《エヒメ》、弟比売《オトヒメ》のふたりがよいでしょう。

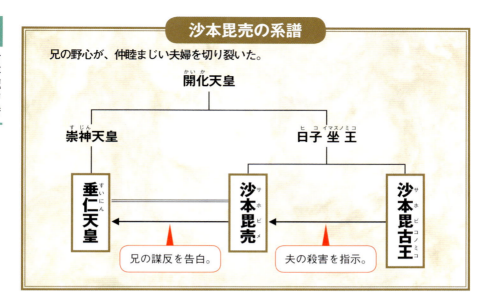

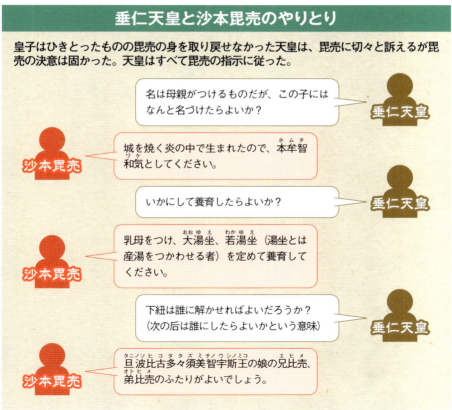

沙本毘売の悲劇 2

もの言わぬ皇子

子の回復を懸命に願う天皇

亡き沙本毘売《サホビメ》が残した**本牟智和気**《ホムチワケ》に、**垂仁**《すいにん》**天皇**は愛情を注いで育てる。めずらしい小舟を地方から取り寄せ、池に浮かべて一緒に乗って遊んだりもした。

ところが本牟智和気は、髭が胸元に届くようになっても話すことができず、天皇は心を痛める。

そんな本牟智和気だったが、空を飛ぶ白鳥の鳴き声を耳にし、はじめて片言を口にした。天皇はよろこび、**山辺之大鶙**《ヤマノベノオオタカ》にその白鳥を捕まえるように命じる。

白鳥のあとを追って大鶙は紀伊国に行き、播磨から山陰地方を経て、さらに東国をめぐり、ようやく越国の**和那美**《わなみ》**の水門**《みなと》で捕獲することができた。

大鶙は白鳥を天皇に献上するが、それを見ても、本牟智和気が言葉を発することはなかった。

大国主神の夢のお告げ

ある夜、垂仁天皇の夢に神が現れ、「私の神殿を天皇の宮のように荘厳につくってもらいたい。そうすれば本牟智和気は会話ができるようになる」と告げた。

どの神かと占うと、出雲の**大国主神**《オオクニヌシノカミ》だと判明。天皇は本牟智和気に供をつけ、出雲に参拝に向かわせた。

大国主の社に詣で、大和に帰ろうと一行が**斐伊川**《ひいかわ》まできたときだった。突然、本牟智和気が供に話しかける。口が利けるようになったのだ。天皇は大国主に感謝し、出雲の社を立派な社殿に建てかえさせた。

物語はそれだけでなく、本牟智和気が出雲で**肥長比売**《ヒナガヒメ》と一夜をすごし、比売の正体が蛇だったことに驚いて、急いで大和に逃げ帰る話も挿入する。この挿話はかなり唐突で不自然だ。

古来より蛇は水を司る水神として崇められてきたが、在地の水神との結婚をとおして、本牟智和気の大人への脱皮を語っていると解釈されている。とはいえ本牟智和気は恐れをなして逃走し、皇族と在地神との結婚をタブーとする説話のようにも思える。

古代MAP 白鳥を追う山辺之大鶙の旅

白鳥に反応した皇子のため、山《ヤマノ》辺《ベ》之《ノ》大鶙《オオタカ》は、
捕獲のため長い旅をすることになった。

罠を仕かけ、ようやく白鳥を捕獲する。
和那美の水門
越国
越国とされているが場所は不明。
信濃国
但馬国
因幡国
丹波国
近江国
美濃国
尾張国
播磨国
大和
紀伊国

もっと知りたい！

本牟智和気は天皇だった？

垂仁天皇の子、本牟智和気の段は、天皇の皇子の話にしては、かなりのページ数を費やして記す。炎の中で生まれ、生母が天皇を捨てた罰で口が利けなくなり、神の加護により治ったという特異な伝承だ。蛇神との結婚の顛末にもふれる。

この説話は本来、垂仁天皇の物語とは別のもので、垂仁の話に溶け込ませてはいるが、実は垂仁とは別のひとりの天皇の誕生と成長を語っているという説がある。

たしかに内容は王の出現を暗示する、神話的な構造をなす。そしてその天皇とは、第15代天皇・応神天皇だというのだ。

応神の名前は品《ホム》陀《ダ》和《ワ》気《ケ》で、その類似性も説の根拠となっている。

沙本毘売の悲劇 3

多遅摩毛理の嘆き

みにくさを恥じた比売

垂仁天皇《すいにん》は亡き皇后、沙本毘売《サホビメ》の遺言に応え、彼女の従姉妹たちを宮中に召した。**比婆須比売**《ヒバスヒメ》、**弟比売**《オトヒメ》、**歌凝比売**《ウタゴリヒメ》、**円野比売**《マトノヒメ》の4人姉妹である。

ところが天皇は、比婆須比売と弟比売は気に入って妃に迎えたが、歌凝比売と円野比売は容姿がみにくいと、国許に帰してしまった。

円野比売は恥じ、故郷には戻れないと、山城国の**相**《さが》**楽**《らか》（京都府木津川市周辺）で首をくくろうとする。しかし死にきれず、さらに**乙訓**《おとくに》（京都市南西）まで行き、そこにあった深い淵に身を投げて世を去った。

この説話も哀切あふれるが、邇邇芸命《ニニギノミコト》が木花之佐久《コノハナノサク》夜毘売《ヤビメ》を選び、石長比売《イワナガヒメ》を遠ざけた話と似ていて、史実ではなく、創作された物語だと指摘する見方もある。

常世国から持ち帰った実

古事記は垂仁天皇の記事の最後に、こんな話を載せる。天皇は**多遅摩毛理**《タジマモリ》を遠い**常世国**《とこよのくに》に遣わし、いつもよい香を放ち続ける、**橘の実**を持ち帰るように命じた。

常世国は海の向こうにある、命が生まれ出る国だ。また橘の実とは、みかんを指しているとされる。

多遅摩毛理は苦労を重ねた末に常世国にたどりつき、実のなった橘の木を手に入れ、意気揚々と大和に帰ってくる。ところが多遅摩毛理の帰郷を待たず、天皇はすでにこの世の人ではなかった。

携えてきた橘の木の半数を皇后に献上し、残りの半分を天皇の御陵に捧げて、声をあげて泣き悲しんだ。そして「ようやく持ち帰ることができたのに」と絶叫し、多遅摩毛理はその場で亡くなった。

なお中国の**神仙思想**では、常世国の実には寿命をのばす薬効があるとされ、古事記、日本書紀は説明していないが、天皇が長寿を願ったための派遣と考えられる。また多遅摩毛理は渡来系氏族出身で、神仙思想に通じていたために遣わされたようである。

行ってみたい！

多遅摩毛理を祀る中嶋神社と橘本神社

橘の実＝みかんを持ち帰った多遅摩毛理は、菓子の神、菓祖となった。そんな多遅摩毛理を祀るのが、兵庫県にある中嶋神社と、和歌山県の橘本《きつもと》神社だ。ともに菓子業者などからの信仰を集め、例祭には全国から多くの菓子が奉納される。

中嶋神社の名は、多遅摩毛理の墓が垂仁天皇陵（➡P127）の池の中に、島のように浮かんでいるからだといわれている。

橘本神社近くには多遅摩毛理が持ち帰った橘を移植したとされる六本樹の丘があり、こちらはみかんの神様としても親しまれている。

中嶋神社
所在地●兵庫県豊岡市三宅1
アクセス●JR山陰本線豊岡駅からバスで20分「中嶋神社」下車すぐ

橘本神社
所在地●和歌山県海草市下津町橘本125
アクセス●JRきのくに線「海南駅」から車で10分

上／中嶋神社は多遅摩毛理の子孫の創建と伝わり、現在の社殿は室町中期に再建されたもので、重要文化財に指定されている。右／橘本神社の橘の木。毎年冬には香りの高い小さな実をつける。

和歌山県写真提供

ここが違う！ 日本書紀

◆伊勢神宮の遷座を語る

日本書紀は天照大神《アマテラスオオミカミ》（天照大御神）を祀る伊勢神宮が、いかに五十鈴川のほとりに鎮座したかを垂仁天皇の段で語る。

崇神天皇の時代に大和の笠縫邑《かさぬいのむら》で祀っていたが、垂仁天皇は新たに、大御神の神霊が鎮まる場所を娘の倭姫《ヤマトヒメ》に探させた。

倭姫はまず宇陀《うだ》の篠幡《ささはた》にいき、次に近江にまわり、美濃を経て伊勢に至る。大御神が姫に「この地は美しいから、ここにいたい」と告げ、それで五十鈴川のそばに宮を建てたという。伊勢神宮の創建説話である。

書紀では新羅の王子、天日《アメノヒ》槍《ホコ》の来日など、朝鮮半島に関する記述も垂仁紀から登場。海外情勢に終始関心を払わない古事記とは、一線を画す編集方針だ。

第5話

倭建命の遠征

あらすじ

父・景行《けいこう》天皇の命を受け、倭建《ヤマトタケルノ》命《ミコト》は反抗する九州南部の熊曾《くまそ》を討ちに行く。敵を倒して意気揚々と大和に戻ってくると、体を休める間もなく、東国の平定をいいわたされた。

戦いを名目に、父は自分を遠ざけているのではないか。屈折した思いを抱いたまま攻め下っていく。

三浦半島では愛する妃を失った。それを乗り越えて戦いを進め、ついに東国各地の勢力を服従させる。

帰路についた倭建だったが、懐かしき大和を目前にして命が燃え尽きた。倭建の魂は1羽の白鳥となり、大空高くに飛び去っていった。

舞台を訪ねる

⑱ 火攻めを逃れた地で倭建を祀る 焼津神社《やいづじんじゃ》

所在地●静岡県焼津市焼津2-7-2
アクセス●JR東海道本線「焼津駅」から徒歩約10分

この地の豪族にだまされて火攻めにあったが、倭建は草薙《くさなぎの》剣《つるぎ》と火打石を用いて難を逃れ、逆に相手を焼きつくした。これが「焼津《やいづ》」の地名の由来と伝わる。焼津神社は倭建を祀り、1600年の歴史をもつ。

⑲ 老人と歌を交わした 酒折宮《さかおりのみや》

所在地●山梨県甲府市酒折3-1-13
アクセス●JR中央本線「酒折駅」から徒歩5分

甲斐《かい》に立ち寄った倭建が歌を詠んだとされる地に立つ神社。火の番をしていた老人が続けて歌を詠んだのを称賛して東国造《あずまのくにのみやつこ》に任命した。このことから連歌発祥の地とされる。

21 苦戦を強いられた 伊吹山《いぶきやま》

所在地●滋賀県米原市、岐阜県揖斐郡
アクセス●JR東海道本線関ヶ原駅、大垣駅などからバスで伊吹山山頂

尾張から征伐へと向かった岐阜県と滋賀県境にある標高1377mの山。山頂に倭建の像が立つ。

20 体を休めた 居寤《いさめ》の清水《しみず》

所在地●滋賀県米原市醒井58
アクセス●JR東海道本線「醒ケ井駅」から徒歩10分

伊吹山の神に痛めつけられた倭建がたどりつき、もうろうとした意識を取り戻した泉と伝わる。今も澄んだ清水がわき、すぐそばに倭建の像が立っている。

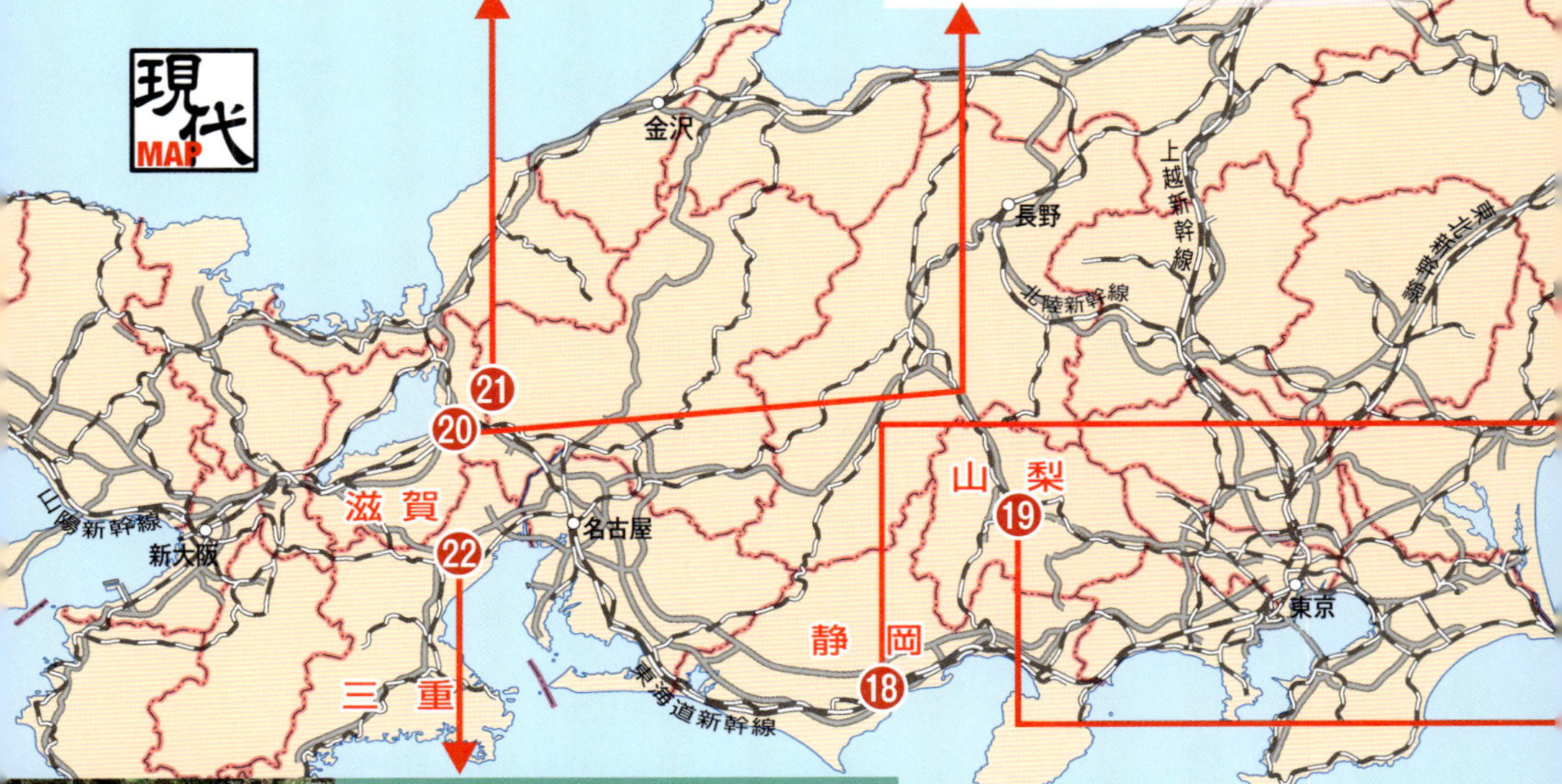

22 最期の地にある御陵 能褒野陵《のぼのりょう》

所在地●三重県亀山市田村町名越
アクセス●JR関西本線「井田川駅」から徒歩30分

弱った体で故郷の大和へ向かう途中、力つきた地。全長90mの前方後円墳で、隣接して倭建と弟橘比売《オトタチバナヒメ》を祀る能褒野《のぼの》神社が鎮座する。

景行天皇のふたりの子

天皇の妃を奪った大碓命

多数の妃を召した第12代の**景行天皇**《けいこう》には、80人もの子どもがいた。そのなかでとくに目をかけたのは、皇后が生んだ**大碓命**《オオウスノミコト》と**小碓命**《オウスノミコト》の兄弟である。

あるとき天皇は、開化天皇（9代）の孫にあたる美濃《みの》（岐阜県）の大根王《オオネノミコ》の娘ふたりが美しいと聞き、妃にすることにした。大碓を派遣して迎えに行かせる。

ところが姉妹を目にした**大碓**は、自分のものにしたくなった。そして天皇を裏切ってふたりと結婚し、別の女性たちを差し出したのである。

天皇は横取りの事実を知って悩む。しかし大碓をとがめなかった。バツが悪い大碓は天皇と顔を合わせるのを避け、朝夕の食事にも同席しない。天皇は態度を改めさせるため、弟の小碓に諭させることにした。

天皇との間に生じた溝

小碓に説得を命じて5日経っても、**大碓**は食事の席にやってこない。まだ話していないのかと、天皇は小碓にただした。するとすでに教え諭したと答える。

ではどのようにしたのかと聞くと、夜明け前に兄が厠に入るのを待ち構え、手足を引きちぎって、ムシロに包んで投げ捨てたと小碓はいう。

小碓は天皇の言葉を復讐せよといったものと誤解し、勝手に制裁を加えたことになるが、父を思い、不実な兄が許せなかったのだろう。

ところがこの行為が、天皇に恐れを呼ぶ。この子が秘める荒々しさは危険ではないか――。勇猛ではあるが、きっと将来、災いを招くに違いない。

父に忠誠を誓う子と、我が子を疎ましく思う父。親子の間にこのとき気持ちのずれが生まれていた。

そのころ九州南部では、**熊曾建**《クマソタケル》というふたりの兄弟が、朝廷に従わず反抗を続けていた。天皇は小碓を遠ざけるため、熊曾建の討伐を命ずることにした。戦いで亡くなってしまってもいい、というのが本音だ。

西征前の相関図

親子、兄弟間ともに確執が生じていた。叔母の倭比売だけは倭建にやさしかった。

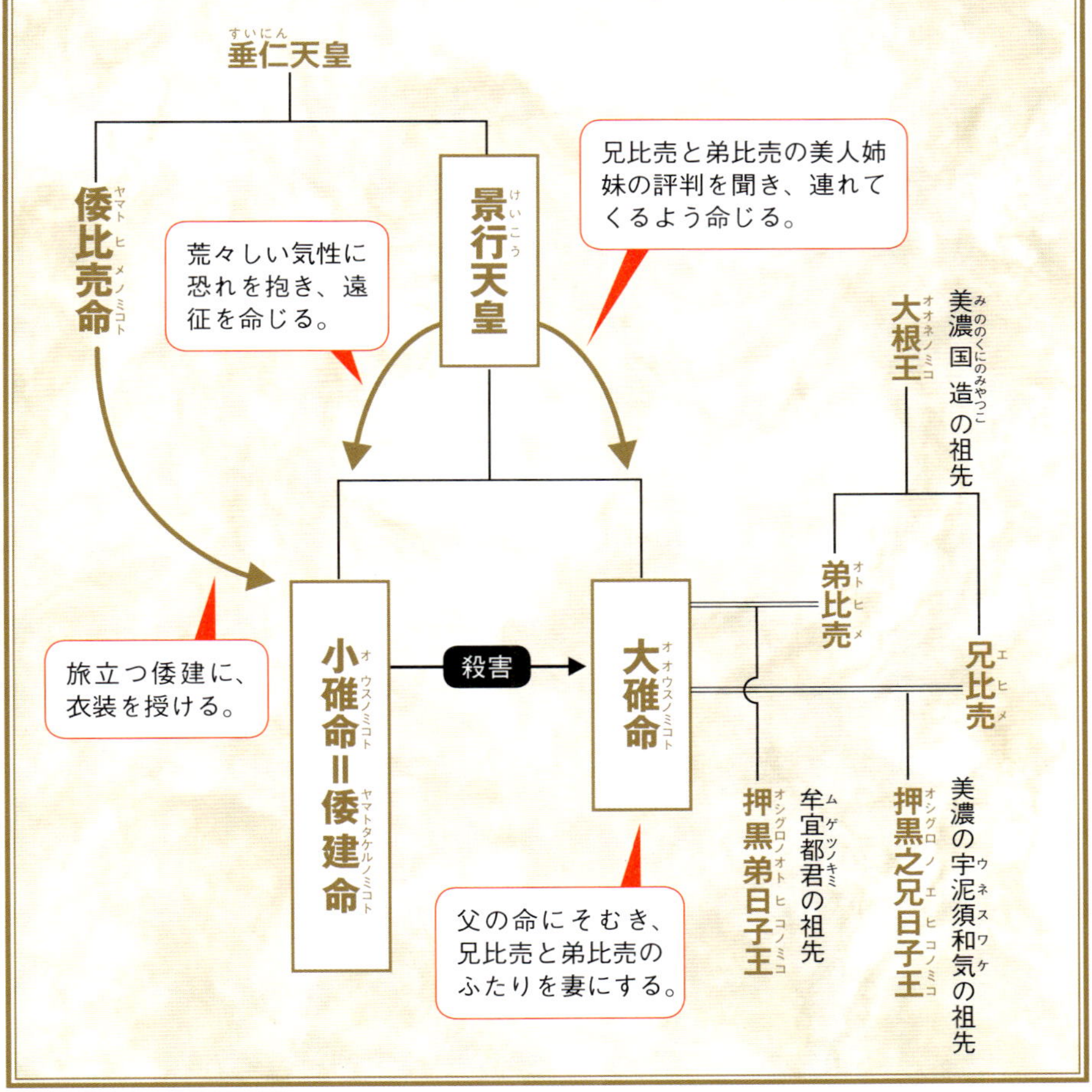
垂仁《すいにん》天皇
倭比売命《ヤマトヒメノミコト》
景行《けいこう》天皇
荒々しい気性に恐れを抱き、遠征を命じる。
兄比売と弟比売の美人姉妹の評判を聞き、連れてくるよう命じる。
大根王《オオネノミコ》
美濃国造《みののくにのみやつこ》の祖先
弟比売《オトヒメ》
兄比売《エヒメ》
旅立つ倭建に、衣装を授ける。
小碓命《オウスノミコト》＝倭建命《ヤマトタケルノミコト》
殺害
大碓命《オオウスノミコト》
父の命にそむき、兄比売と弟比売のふたりを妻にする。
押黒弟日子王《オシグロノオトヒコノミコ》
牟宜都君《ムゲツノキミ》の祖先
押黒之兄日子王《オシグロノエヒコノミコ》
美濃の宇泥須和気《ウネスワケ》の祖先

ここが違う！ 日本書紀

◆兄比売が景行天皇の后となり成務天皇を産む
◆倭建命による兄殺しは行われない

日本書紀では倭建命を日本武尊と書き、大碓命と小碓命の兄弟を双児とする。

美濃の兄媛《エヒメ》（兄比売）と弟媛《オトヒメ》（弟比売）を景行天皇が妃に迎える話では、弟媛が天皇を嫌い、そのかわりに姉を差し出して、その兄媛が皇后になり、第13代成務天皇を生んだとしている。

また大碓が横取りしたのは兄《エト》遠子《オコ》と弟遠子《オトオコ》で、天皇がそれを恨み、のちに大碓が美濃に左遷される伏線となった。そのため書紀には日本武尊の兄殺しのシーンは登場しない。

古事記における倭建命の遠征ルート

父・景行天皇の命により、倭建は各地の荒ぶる者たちを征服していった。

西征ルート

大和（現・奈良市）
↓
熊曾国《くまそのくに》（九州南部）
↓
出雲（現・島根県）

東征ルート

大和（現・奈良市）
↓
伊勢神宮（現・三重県伊勢市）
↓
尾張（現・愛知県）
↓
焼津（現・静岡県焼津）
↓
走水海《はしりみずのうみ》（現・浦賀水道）
↓
新治《にいばり》・筑波（現・茨城県）
→
足柄峠《あしがらとうげ》（現・静岡県と神奈川県の境）
↓
酒折宮《さかおりのみや》（現・山梨県）
↓
熱田（現・愛知県）
↓
伊吹山（現・滋賀県）
↓
能煩野《のぼの》（現・三重県）

3
出雲建と親しくなって偽の大刀を渡し、大刀合わせを挑んで斬り殺す（➡P140）。
出雲
吉備
豊後
日向
熊曾国
1
景行天皇が日代宮《ひしろのみや》を構える地。遠征の出発地。
2
熊曾建《クマソタケル》兄弟の新築祝いの宴に女装して入り込み、ふたりを討ち、倭建《ヤマトタケル》の名を得る（➡P140）。

熊曾・出雲征伐

少女に変装する小碓命

小碓《オウス》は当時まだ15、16歳の少年だった。父から与えられた熊曾《くまそ》討伐の使命をはたす前に、伊勢にいる叔母**倭比売命**《ヤマトヒメノミコト》のもとを訪れた。

倭比売は垂仁天皇の娘で、天照大御神《アマテラスオオミカミ》を祀る伊勢神宮を管轄する。叔母は小碓に少女の衣装を授けた。小碓はその衣装を持ち、剣を懐に秘めて、父の期待に応えるため九州南部へと旅立った。

朝廷に刃向かう**熊曾建**《クマソタケル》の兄弟の屋敷は、軍勢で固められていて容易に攻め込めない。

じっと機会を待つと、増築完成を祝う宴が開かれるという。小碓は髪を下ろし、叔母からもらった衣装を着て**少女に変装**。その姿で宴に潜入する。熊曾建は小碓を気に入り、そばに置いて酒盛りを始めた。

倭建の名前を献上される

宴会が最高潮になったとき、大胆不敵にも、**小碓**は懐に隠し持っていた剣を抜き、**熊曾建**の兄のほうの胸を刺し貫いた。それを目にし、弟のほうはあわてふためいてその場を逃げ出す。小碓は追いかけていき、敵の尻に剣を突き立てた。

弟は息も絶え絶えにいう。西には我ら兄弟より強い者はいなかった。ところが大和には、我らを超える強者がいたようだ。建の名前を献上するから、今後は**倭**《ヤマト》**建**《タケルノ》**御子**《ミコ》と呼んで敬おう——。

だが小碓は許さずに、熊曾建の体を斬り裂いた。

九州の熊曾を屈服させた小碓は**倭建**を名乗り、その足で、**出雲建**《イズモタケル》を倒すために出雲に向かう。

出雲建に近づいた倭建は、木で偽の大刀をつくり、それを出雲建にわたして立会を申し込んだ。出雲建は受けて立つが、木刀では戦えない。あわてる出雲建を倭建は一刀両断に斬り倒した。

大任をはたした倭建は、晴れて**大和**に帰還する。胸を張って挙げた戦果を父に報告するために。

ここが違う！ **日本書紀**

◆親子関係が良好
◆景行天皇自ら九州に遠征する

古事記の景行《けいこう》天皇の話は、倭建一色だ。天皇の業績など、ほとんどふれない。

それに対して日本書紀は天皇が主役で、九州の討伐も、自ら出向いて7年間にわたって転戦している。

また古事記は父との葛藤をうたい上げるが、書紀は父子が互いを思いやるトーンでまとめる。さらに晩年には、倭建が成しとげた東国平定の偉業をしのび、天皇自らが房総半島まで出向いて行幸している。

ちなみに倭建の東征ルートも異なっていて、具体的な場所の記述も書紀のほうがくわしい。

景行天皇の九州遠征ルート

古代MAP

日本書紀では、景行天皇が自ら九州征伐に出向く。

1
神夏磯媛《かむなつそひめ》の帰順を受け入れ、四悪人とされる九州の鼻垂《はなたり》、耳垂《みみたり》、麻剥《あさはぎ》、土折猪折《つちおりいおり》を討って筑紫に入る。
周芳の《すわのくに》娑麼《さば》
京
碩田《おおきた》
来田見邑《くたみむら》
浮羽《うきは》
八女国《やめのくに》
御木《みけ》
阿蘇国
高来県《たかくのあがた》
玉杵名邑
2
土蜘蛛の青と白、直入県《なおいりのあがた》（大分県直入郡）の打猿《うちさる》、八田《やた》、国麻侶《くにまろ》を討つ。
八代県豊村
葦北《あしきた》
熊県《くまのあがた》
4
兄熊、弟熊を討つ。
高屋宮《たかやのみや》（日向）
3
ここを拠点に6年かけて襲の国を平定。
夷守《ひなもり》
襲《そ》の国

東国征伐

強いられた失意の旅立ち

大和に戻ってきた**倭建**《ヤマトタケル》に、父は称賛の言葉をかけなかった。かわりに**東国の平定**を厳命する。倭建は席の暖まる暇もなく都をあとにした。

下向する途中で伊勢に寄り、叔母の**倭比売**《ヤマトヒメ》と対面する。そこで倭建は弱音をはいた。西を平穏にして帰ってきたのに、兵士も与えず、ただちに東に向かえという。父は私が死ねばいいと思っているようだ――。

倭比売は**草薙神剣**《くさなぎのみつるぎ》を授けた。須佐之男命《スサノオノミコト》が八俣《やまた》の大蛇《おろち》の体内から取り出した聖剣である。もしものことがあれば、これを開けよと、ひとつの袋も渡した。それらを持って尾張国の**美夜受比売**《ミヤズヒメ》を訪ね、結婚の約束をしたあと、抵抗する神々や王権に従わない氏族を次々に打ち負かし、倭建は東海道地域を東に進軍していく。

愛する妃弟橘比売の入水

静岡の**焼津**《やきづ》まで来たとき、地元の豪族にだまされて野原で火攻めに遭った。炎に包まれた倭建は、叔母の言葉を思い出す。もらった袋に入っていたのは火打石で、草薙剣で周囲の草を刈り払い、火打石で向かい火をつけると、迫りくる火の勢いは弱まった。

窮地を脱した倭建は、豪族を斬り殺して焼いた。

房総半島に向かうため、**走水海**《はしりみずのうみ》（浦賀水道）を船でわたっていると、海峡の神が嵐を起こした。妃の**弟橘比売**《オトタチバナヒメ》は神の怒りを鎮めようと、荒れ狂う海に身を投げる。急に海は穏やかになり、船を進めることができた。

7日後に弟橘比売の櫛が海岸に流れ着き、倭建は悲しみのなか比売の墓をつくり、その櫛を納めた。

北方を平定して足柄峠まで戻り、そこから山梨に入って**酒折宮**《さかおりのみや》に着いた。

戦いに明け暮れる日々を思い、常陸《ひたち》（茨城県）から何夜経ったかと倭建がうたうと、酒折宮の灯火番の老人が9夜だと歌で返す。その機転と風雅さをたたえ、老人を地方長官に任命した。

行ってみたい！

草薙神剣を祀る熱田神宮

倭建が東征の行きと帰りに立ち寄った尾張の国。ここで妃としたのが美夜受比売だ。叔母から授かった草薙神剣をこの比売のもとに置いたまま伊吹山へと賤征伐に向かい、倭建は倒れてしまう。比売があとに残った剣を尾張一族の祭場であった熱田に祀ったことが、熱田神宮のはじまりとされている。

祭神は熱田大神で、これは御神体である草薙神剣によせられる天照大御神のこととされている。約20万平方㎡もの敷地をもち、本宮と別宮のほかに12の摂社、31の末社がある。

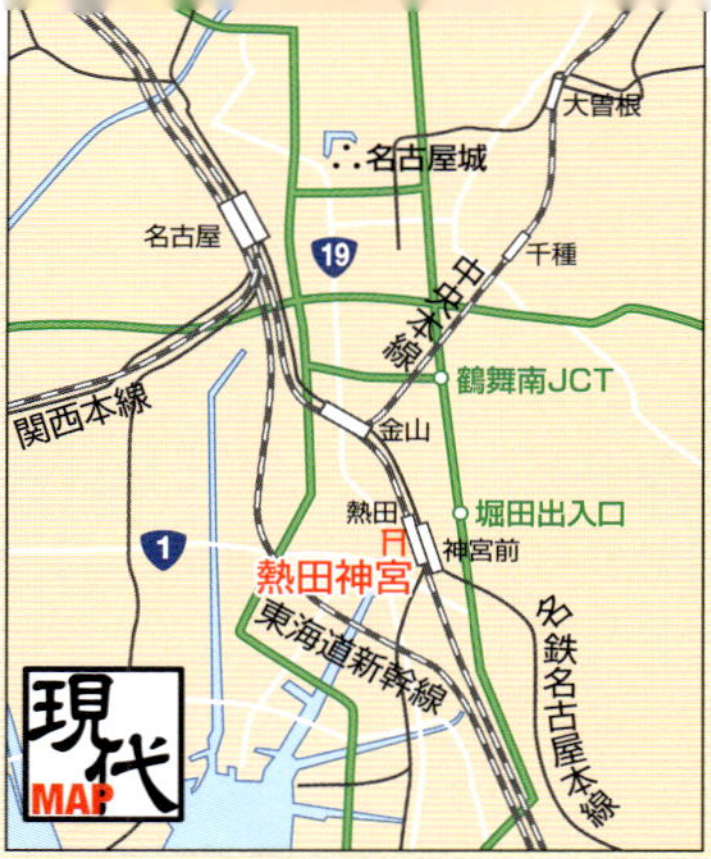

所在地●愛知県名古屋市熱田区神宮1-1-1
アクセス●名鉄名古屋本線「神宮前駅」から徒歩3分

熱田神宮は2013年に創祀1900年を迎えた。本殿は神明造りだ。

もっと知りたい！

東国の名の由来

箱根の北にある足柄峠にきたとき、走水で入水した弟橘比売への思いが込み上げてきて、倭建は「吾妻はや（ああ、我が妻よ）」と絶叫した。それで足柄峠から東を、吾妻（東）国というと古事記は書いている。

一方日本書紀は、妻をしのんだ場所を軽井沢近くの碓井峠として、そこから以東を東国とする。

「弟橘媛」伊東深水画（神宮徴古館所蔵）

倭建命の死と白鳥伝説

伊吹山の神の祟り

倭建《ヤマトタケル》は酒折宮《さかおりのみや》から信濃を越え、尾張の**美夜受比売**《ミヤズヒメ》のもとに帰ってきた。約束どおり結婚し、今度は**伊吹**《いぶき》**山**《やま》の神を倒すために出かける。その際、素手で討ち取ると意気込み、草薙神剣《くさなぎのみつるぎ》を比売のもとに置いていった。巨大な白い猪となって現れた伊吹山の神を、山の神の下僕だと侮辱したため、神は怒って激しく雹《ひょう》を降らせた。倭建は意識もうろうとなり、**玉倉部**《たまくらべ》**の清水**にたどり着いて、なんとか正気を取り戻す。

倭比売《ヤマトヒメ》が授けた草薙神剣は、伊勢神宮の加護の証しで剣を手放したことで倭建の運命が暗転した。挙げた軍功も、伊勢神宮の神威が後ろ盾になっていたからだ。倭建の肉体は衰えていく。歩くのも困難になった体を鞭打って、故郷大和への道をたどる。

白鳥になった悲劇の英雄

鈴鹿を越えれば大和という**能煩野**《のぼの》まできて、ついに死期を悟った。故郷をしのんで歌をつくる。

「倭は国のまほろば　たたなづく青垣《あおかき》　山隠《やまごも》れる倭しうるはし」（大和国は国の中でもっとも秀でている。山々が青垣のように囲み、なんと美しいことか）

そして懐かしい我が家のほうから雲が湧き起こってくるとうたい、やがて絶命した。

勇猛ゆえに父から避けられ、結局、戦いに明け暮れるしかなかった悲劇の英雄の最期だ。

悲報を聞いた遺族が大和から駆けつけ、陵をつくって嘆き悲しんだ。だが倭建の魂は白い鳥になって陵から飛び立つ。白鳥は河内の**志幾**《しき》に飛来したため、その地にも陵を設けたが、白鳥は留まることなく、はるか空の彼方に飛び去っていった。

倭建命の物語は各地を平定していった多数の戦士たちの活躍と苦闘を、ひとりの英雄に結集させたもののようだ。古事記の編者は歴史の表舞台に登場しない彼らを称え、その魂を鎮めたかったのかもしれない。

古代MAP

古事記における倭建命終焉の地と白鳥陵

伊吹山《いぶきやま》の神に打ちのめされた倭建は、能煩野《のぼの》の地で最期を迎え、白鳥となって飛んでいく。

1
挑発されて怒った山の神に、大粒の雹で痛めつけられもうろうとなる。
2
玉倉部の清水にたどりついて休息をとると意識が戻った。そのため「居寤清水《いさめのしみず》」の名がついた。
3
「歩くことができず、たぎたぎしくなってしまった」といったため、当芸《たぎ》という地名がついた。
4
疲労し、杖をたよりに歩いたため、杖衝坂《つえつきざか》の名がついた。
5
「足が三重《みえ》の勾餅《まがりもち》のようになってしまった」といったため、三重という地名がついた。
6
大和をしのぶ歌を詠み、力つきる。
7
后らが来て葬儀を行うと、魂が白鳥になって飛び立った。
伊吹山
居寤清水
当芸野
杖衝坂
三重村
能煩野
白鳥陵

日本武尊
白鳥陵
加佐登神社奉讃会

白鳥陵

能煩野を飛び立った白鳥は、河内国の志幾にとまった。そこに御陵をつくって魂を鎮まらせようとしたが、倭建の魂はさらに飛び立ってしまったという。そのときの御陵がこの白鳥陵と伝えられている。

所在地●大阪府羽曳野市軽里3丁目
アクセス●近鉄南大阪線「古市駅」から徒歩９分

第6話

神功皇后の遠征

あらすじ

仲哀《ちゅうあい》天皇の妻、神功《じんぐう》皇后に神が降り、朝鮮半島を攻めろと告げる。神託を疑った仲哀天皇は、神に罰せられ亡くなってしまう。

神功皇后は神の教えに従い、軍勢を整え半島に出航。その勢いに押され、新羅《しらぎ》は降伏を申し出た。百済《くだら》も毎年貢物を届けることを約束する。

遠征を終えて、九州に帰ってきた皇后は、のちに応神天皇になる品陀《ホムダ》和《ワ》気命《ケノミコト》を生む。だが大和では、皇后と品陀和気を亡き者にして王位に就こうとする勢力が蜂起——。

皇后は彼らを倒し、大和に帰って品陀和気の統治を補佐した。

舞台を訪ねる

㉓ 応神天皇がミソギをした 氣比神宮《けひじんぐう》

所在地●福井県敦賀市曙町11-68
アクセス●JR北陸本線「敦賀駅」から徒歩15分

神功皇后の祖が敦賀《つるが》を統治していたとされ、日本書紀では皇后と仲哀天皇はここに行宮を建てて住んだと書く。また書紀は、皇后が九州に行く前にここで過ごしたとする。皇子の応神天皇《おうじんてんのう》は即位する前、ミソギに訪れ、気比《けひ》の神と名前を交換した。その神を祀るのが気比神宮で、神功皇后、仲哀天皇もともに合祀する。重要文化財の大鳥居は日本三大鳥居のひとつ。

㉖ 皇后が釣りをした皇后御立石《こうごうみたていし》

所在地●佐賀県唐津市浜玉町南山
アクセス●JR筑肥線「浜崎駅」から車で5分

古事記には、神功皇后が玉島《たましま》の里の川のほとりで釣りをしたと書かれている。そのときに上がった石がこの御立石と伝わる。道を挟んで皇后を祭神とする玉島《たましま》神社がある。

㉕ 出産を鎮めた石を祀る 鎮懐石八幡宮《ちんかいせきはちまんぐう》

所在地●福岡県糸島市二丈深江
アクセス●JR筑肥線「筑前深江駅」から徒歩10分

新羅遠征の際、皇后が出産を遅らせるために懐中にはさみ、安全無事な出産の願をかけたという石を祀る神社。玄界灘を望む高台に鎮座する。無事、帰国後出産した皇后が、自ら石を拝納したのがはじまりとされている。

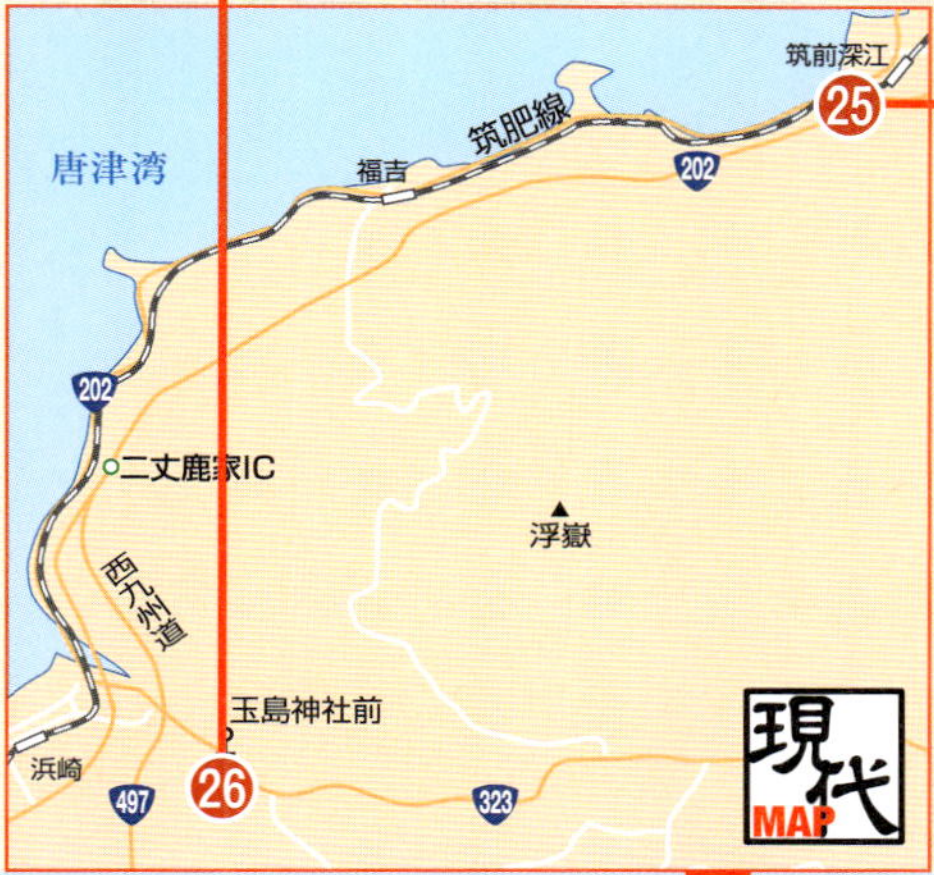

㉔ 神功皇后が仲哀天皇を祀った 香椎宮《かしいぐう》

所在地●福岡県福岡市東区香椎4-16-1
アクセス●JR香椎線「香椎神宮駅」から徒歩3分

熊曾《くまそ》征伐のために立ち寄ったこの地で、仲哀天皇は急死した。神功皇后がその亡き夫を祀ったのがはじまりとされる神社で、仲哀天皇と神功皇后、住吉三神を祭神とする。

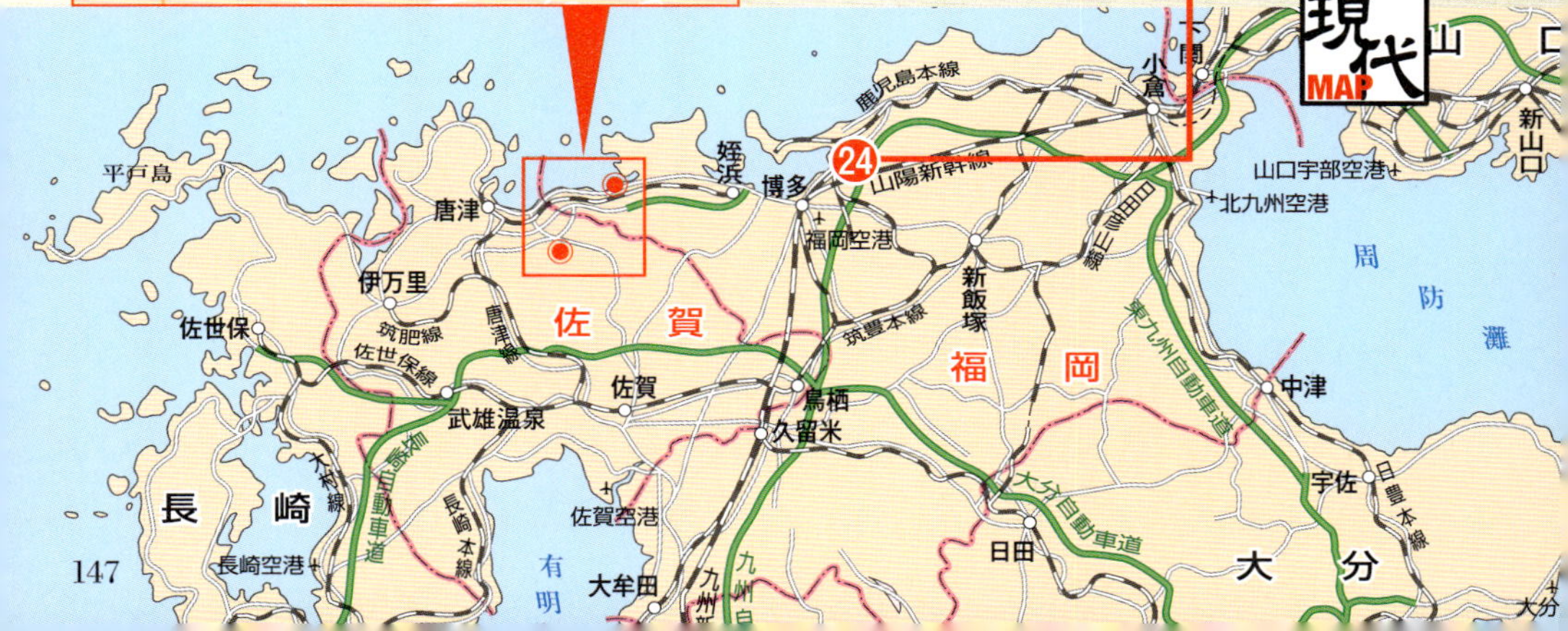

仲哀天皇の急死

神が天皇に下した神罰

成務《せいむ》天皇が亡くなって直系が絶え、悲運の英雄、倭建命《ヤマトタケルノミコト》の子、**仲哀《ちゅうあい》天皇**（第14代）が即位する。

九州の**熊曾《クマソ》**が反乱を起こし、天皇は鎮圧するため香椎宮《かしいのみや》（福岡市）に赴くが、皇后の**息長帯比売命《オキナガタラシヒメノミコト》**（神功《じんぐう》皇后）に神が降臨し、海のむこうにある、金銀財宝に恵まれた国（新羅）を服属させよと託宣した。

天皇がこの神の意を疑うと、怒りに燃えた神は「そなたが天下を統治すべきではない。黄泉国《よみのくに》にいけ」といった。天皇はその場で息絶えてしまう。

神は大臣の**建内宿禰《タケシウチノスクネ》**に言葉を降ろし、皇后の胎内にいる子が世継だと述べ、すべては天照大御神《アマテラスオオミカミ》の意思だと告げる。宿禰が神託した神の名を問うと、**住吉三神**（大阪の住吉神社の祭神）だと明かした。

住吉三神が与えた加護

さらに**建内宿禰**に**住吉三神**は託宣し、天上界や地上界、山や川、海の神をことごとくきちんと祀り、自分の神霊を朝鮮半島に出撃する船に乗せて渡航すれば、望みはきっとかなうだろうと続けた。

住吉三神は、**伊邪那岐神《イザナキノカミ》**が黄泉国から戻ってミソギをしたときに生まれた神である。航海の安全を守る神で、そのため新羅《しらぎ》遠征の守護神となったのだろう。とはいえ天皇に神罰を加えたわけで、いかに朝廷から畏れ敬われていたかがわかる。

また神を降ろして託宣を告げる宿禰は、成務天皇（書紀は景行天皇から）にはじまり、仁徳《にんとく》天皇まで4代にわたって仕えた。300年間生きたというが、もちろん伝説上の人物にすぎない。宿禰を祖先とする有力豪族、蘇我氏や葛城氏に配慮して、物語に登場させたと見るのが一般的だ。

さて神功皇后は、住吉三神のいうとおりに神祀りを尽くし、軍勢や船団を整えて半島に向かう。日本書紀はこのとき、皇后が男装して出撃したと書いている。

仲哀天皇の系譜

成務天皇には男児が生まれず、直系が絶えてしまう。そこで、倭建の皇子が皇位を継承した。

⑫ 景行《けいこう》天皇

⑬ 成務《せいむ》天皇

倭建命《ヤマトタケルノミコト》

布多遅能伊理毘売命《フタジノイリビメノミコト》

⑭ 仲哀《ちゅうあい》天皇

神功《じんぐう》皇后

「神功皇后」佐々木尚文画
（神宮徴古館所蔵）

行ってみたい！
住吉三神と神功皇后を祀る住吉大社

神功皇后に降臨した神は、伊邪那岐がミソギを行ったときに生まれた底筒《ソコツツノ》男命《オノミコト》、中筒男命《ナカツツノオノミコト》、上筒男命《ウワツツノオノミコト》。この3柱を住吉三神と呼ぶ。大阪市住吉区の住吉大社に鎮座する海の神、航海の神だ。往古は神社のすぐそばまで波が寄せていたという住吉大社には神功皇后もあわせて祀られ、総じて住吉大神とする。この４柱を祀る４つの本宮は国宝に指定されており、境内にある石舞台は、日本三舞台のひとつ。

所在地●大阪府大阪市住吉区住吉2-9-89
アクセス●南海本線「住吉大社駅」から徒歩３分

関西で初詣客が最も多い神社。４つの本宮は住吉造りという古い神社建築のひとつだ。川端康成の小説に描かれた反橋も有名。

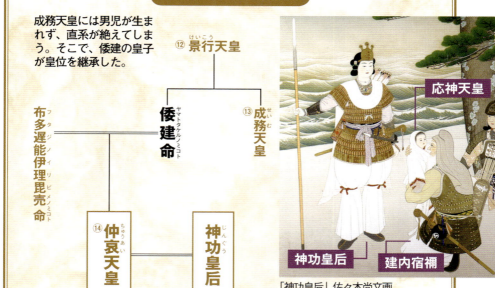

新羅遠征

貢物を約束する半島の国々

神功《じんぐう》皇后の船団が出航すると、にわかに追い風が吹き、船は加速をつけて朝鮮海峡をわたっていく。大小を問わず海の魚たちが集まってきて、船を背負って航行を助ける。皇后の船団は大波を立てて進み、その波が**新羅《しらぎ》国**に押し寄せて国土の半ばを浸した。

皇后の進撃の勢いに圧倒され、新羅王は降伏を申し出て、「今後は命令に従い、日本のために馬を飼育する臣民となります。さらに毎年貢物《みつぎもの》も送ります」といった。また皇后は**百済《くだら》**も貢納《こうのう》国と定める。

在地の神や民衆の反抗を抑えるために、皇后は新羅王の家の門に、住吉三神の依り代となる杖を突き立て、日本を守護する神として祀った。

それをすませると、皇后は軍勢を率いて帰国した。

歴史学が語る戦勝の真実

実は皇后は、**仲哀《ちゅうあい》天皇**の子を身ごもっていた。新羅遠征の最中に生まれそうになったが、非常時ということで、腹に石を巻いて出産時期を遅らせていたのだ。

朝鮮半島から成果をあげて九州に戻った皇后は、ようやく**品陀和気命《ホムダワケノミコト》**を生む。なお皇后の出産にちなみ、その地を宇美《うみ》（福岡県宇美町）と呼んでいる。

さて神功皇后の新羅遠征は本当なのだろうか。

4世紀末から5世紀初頭にかけ、日本が半島に軍を派遣したのは事実である。半島北の**高句麗**が南下策をとり、**新羅**と連携して**百済**を圧迫してきた。日本は百済の要請に応えて出兵。新羅の国内まで攻め入った。

物語はこの歴史的事件を反映しているようだが、高句麗の王が残した**好太王碑《こうたいおうひ》**の碑文によれば、４００年と４０４年の戦いで、日本軍は逆に壊滅状態になり撃退させられている。新羅を服属させたわけではなかったようだ。

その屈辱を晴らすため、戦勝の話をつくり上げたと考えられ、神功皇后の存在自体を疑問視する声も強い。

新羅遠征ルート

皇后は神のお告げを信じて、新羅へと出航した。

古代 MAP
高句麗
新羅
百済
船のあまりの勢いに驚いた国王は、臣従を誓う。
日本書紀による神功皇后のルート
敦賀
紀伊
豊浦宮《とよらのみや》
訶《か》志《し》比宮《ひのみや》
神のお告げ通りの準備をして沖へ出ると、魚たちがすべて集まり、船を背負って泳ぐ。順風にものって、一気に新羅へ、大きな波とともに押し寄せた。
日本書紀による仲哀天皇のルート
熊曾征伐の行宮で、神のお告げを疑った仲哀天皇が急死する。

「神功皇后縁起絵巻」（誉田八幡宮蔵）の部分。足利義教が誉田八幡宮に奉納した絵巻で国の重要文化財に指定されている。❶は住吉三神のひとりで、船を押し、神功の航海を後押ししている。

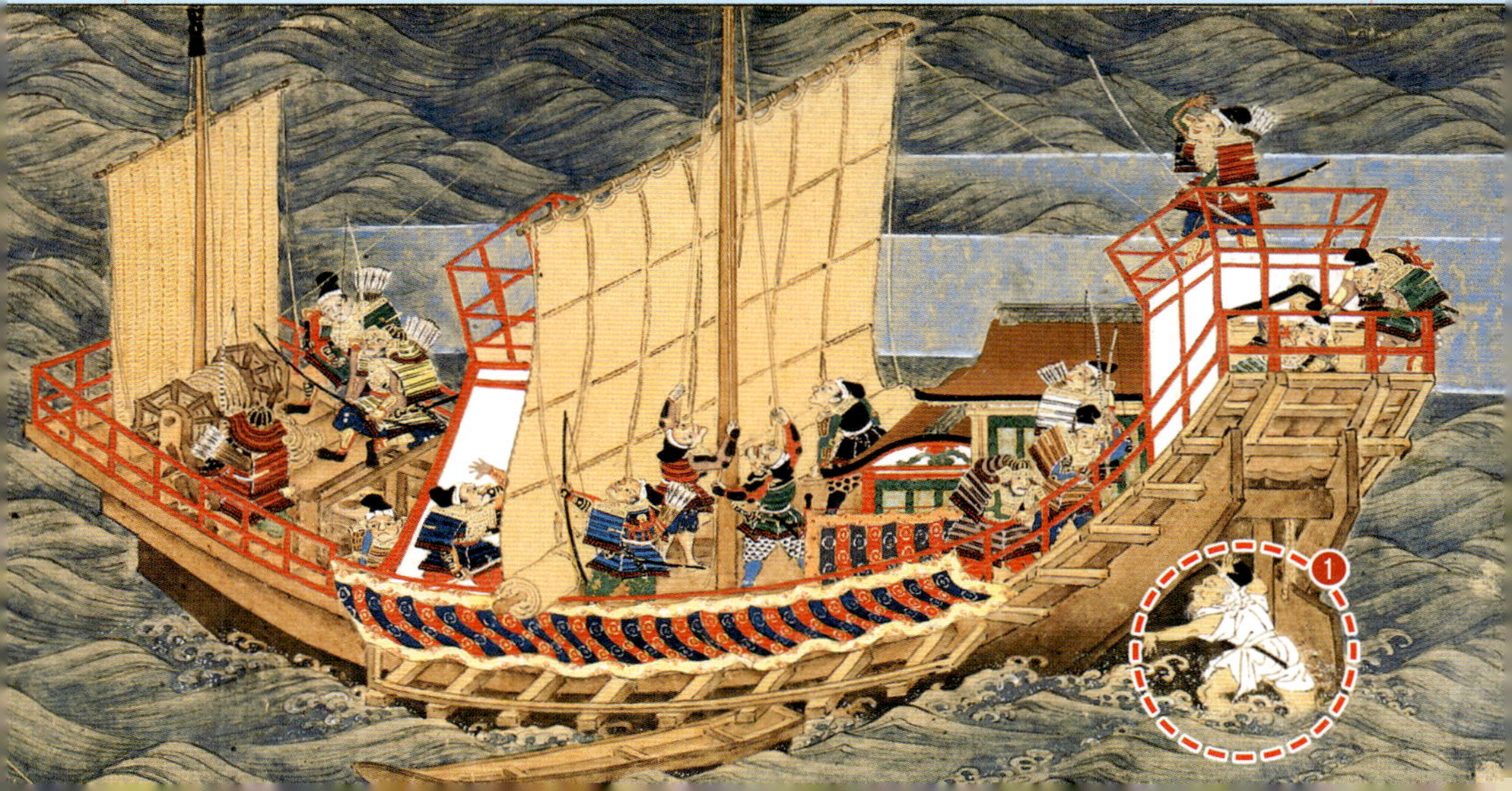
1

大和帰還

皇位をめぐる戦いが勃発

いよいよ大和へ凱旋というとき、神功《じんぐう》皇后は我が子、品陀和気《ホムダワケ》の異母兄にあたる、**香坂王**《カゴサカノミコ》と**忍熊王**《オシクマノミコ》の反逆の情報をつかむ。皇后と品陀和気を待ち構えて殺害し、天皇の座を奪い取ろうというのだ。

仲哀《ちゅうあい》天皇の亡骸を運ぶ船を用意し、その喪船に品陀和気を乗せ、品陀和気は死亡したという噂を流した。そして喪船を先頭に立てて、瀬戸内海を進んでいく。

香坂王と忍熊王は、**斗賀野**《とがの》（神戸市灘区の都賀川、ないしは大阪市北区兎我野町付近）で待ち伏せ、そこで戦況を占う狩りをした。すると突如、怒り狂った大きな猪が現れ、香坂王を食い殺してしまった。

占いの結果にめげず、忍熊王は**伊佐比宿禰**《イサヒノスクネ》を将軍に立てて軍勢を構え、皇后に攻撃を加えようとした。

琵琶湖に身を投げた忍熊王

忍熊王はついに、神功皇后に戦いを仕掛けてきた。皇后はこれを迎え撃ち、忍熊王を劣勢に追い込む。だが王の軍勢はいったん敗走したものの、山城国で陣容を立て直し、ここで一進一退の攻防戦となった。

膠着《こうちゃく》状態を脱するため、皇后の将軍が一計を案じる。皇后が戦死したと偽情報を相手に伝え、降伏するかに見せて敵のすきをついた。作戦はまんまと成功し、忍熊王の軍は散りぢりになる。

逃げる敵を皇后軍は逢坂《おうさか》（京都府と滋賀県の境）まで追い、楽浪《ささなみ》（琵琶湖西岸）で壊滅させた。忍熊王は琵琶湖に入水し命を絶つ。**皇后の大勝利**だった。

品陀和気は作戦で一度死んだとされたため、その汚れを清める必要があり、敦賀《つるが》の気比《けひ》神宮に参拝する。そこで気比の**伊奢沙和気大神**《イザサワケノオオカミ》と、汚れはらいのために名前を交換した。この記事からすると、品陀和気はそれまで伊奢沙和気と名乗っていたことになる。

清らかな身になった品陀和気は、母の神功皇后がいる大和に行き、やがて即位して**応神天皇**《おうじん》になった。

古代MAP 神功皇后の大和遠征ルート

新羅から戻った皇后は、皇子の身を案じて死んだと偽り、大和へと帰還する。

1
神功皇后が皇子を出産する。
2
喪船を造り、皇子は亡くなったと偽りつつ、皇子を乗せて瀬戸内海を東へ向かう。
3
皇子が没したと信じた香坂《カゴサカノ》王《ミコ》と忍熊王《オシクマノミコ》は、皇后を討とうと待ち受けていたが、吉凶を占う誓約《うけい》狩りを行った香坂王は猪に食い殺される。
4
伊佐比宿禰《イサヒノスクネ》を将軍にたて、忍熊王が喪船を襲撃。
5
忍熊王と伊佐比宿禰が追い詰められ、入水。
宇美《うみ》
斗賀野
逢坂
楽浪
（琵琶湖）

ここが違う！ 日本書紀

◆応神がすぐに即位せず摂政として神功皇后が王権の中心に座る

◆反抗する新羅に対しさらに二度も侵攻

書紀は仲哀天皇とは別に、独立した神功皇后紀として、皇后を歴代天皇と同列にあつかう。新羅《しらぎ》遠征ではりりしく男装して出撃したとする。

また古事記では品陀和気が敦賀から大和に行き、すぐに即位したかのように記すが、書紀では皇后が摂政となり、69年にわたって政権を担う。応神が即位するのは皇后の没後である。

皇后の遠征では高句麗も従えたとし、反抗をあきらめない新羅に二度も征討軍を派遣。新羅に奪われた、半島南部の加羅国《からのくに》の領土も回復させている。

第７話

応神天皇と3人の子

あらすじ

神功《じんぐう》皇后の子、品陀和気命《ホムダワケノミコト》は即位して、第15代応神《おうじん》天皇になる。天皇は大山守命《オオヤマモリノミコト》と大雀命《オオサザキノミコト》、宇遅《ウジ》能和紀郎子《ノワキイラツコ》という、妃が異なる３人の息子たちを重用した。そして宇遅能和紀郎子を皇位継承者に定める。

応神天皇が統治した時代は穏やかだった。朝鮮半島から渡来人が多数やってきて、先進文化を伝えた。

ところが天皇が亡くなると、大山守が王位を狙って動き出す。その陰謀を宇遅能和紀郎子は阻止するが、義兄の大雀に天皇の座を譲るといって聞かない。大雀も父の遺言だと辞退、ふたりの間で譲り合いが続く。

舞台を訪ねる

㉗ 継承争いの舞台 宇治川《うじがわ》

所在地●京都府

大山守と、命をねらわれた宇遅能和紀郎子の戦いの場となった川。琵琶湖から大阪湾へと流れる川で、滋賀県では瀬田《せた》川、京都では宇治《うじ》川、大阪では淀《よど》川と名を変えて流れている。

㉘ 負けた大山守がねむる 大山守命《おおやまもりのみこと》那羅《なら》山墓《やまのはか》

所在地●奈良県奈良市法蓮町
アクセス●近鉄奈良線「新大宮駅」から徒歩22分

宇治川で命を落とした大山守の遺骸は、訶和羅《かわら》の前《さき》（日本書紀では京都府京田辺市のあたりとされる）で引き上げられ、那良《なら》山に葬られた。ここがその陵墓とされている。

宮内庁書陵部写真提供

29 新羅から来た天之日矛を祀る 出石神社《いずしじんじゃ》

所在地●兵庫県豊岡市出石町宮内99
アクセス●JR山陰本線豊岡駅からバスで約20分「鳥居」下車徒歩７分

新羅《しらぎ》から妻を追ってやってきた天之日矛《アメノヒホコ》は、難波《なにわ》で上陸することができず、日本海側の但馬《たじま》へと周り、居を定めた。その天之日矛と、天之日矛が新羅から持ってきた八種の神宝を祀る神社。但馬国の一宮で、天之日矛は農耕を伝えた開拓神として崇められている。

応神天皇の治世と遺言

3人の異母兄弟

多数の妃をもった第15代**応神《おうじん》天皇**には、男女合わせて26人もの子どもがいた。そのなかでもとりわけ信頼を置いたのは、3人の腹違いの皇子、**大山守命《オオヤマモリノミコト》**と**大雀命《オオサザキノミコト》**、**宇遅能和紀郎子《ウジノワキイラツコ》**である。

天皇はある日、大山守と大雀を呼び、「お前たちは年上の子と年下の子では、どちらがかわいいか」と聞いた。いちばん年若い、宇遅能和紀郎子を自分の継承者にしたいという思いがあったからだ。

大山守は年上の子のほうがかわいいといい、大雀は天皇の真意を察して、年下の子だと答えた。

大雀の言葉に満足して、天皇は**宇遅能和紀郎子**を世継に指名する。大雀を自分の政治の責任者に任命、大山守には海や山の民を統括する閑職を与えた。

多数の渡来人の来訪

応神天皇は慈愛に富んだ人だった。そんな人柄を語るのが次の話だ。日向《ひむか》に美しい**髪長比売《カミナガヒメ》**がいると聞いた天皇は、呼び寄せて妃にすることにした。

大雀に難波《なにわ》の港まで迎えに行かせるが、大雀はこの比売にひと目惚れ。子思いの天皇は快く比売を与えた。ひとりの女性を奪い合う、骨肉の争いを数多く描く古事記にあって、この説話はほのぼのとしている。戦乱もなく応神の御代は平穏に満ちていた。

この時代、朝鮮半島から多数の渡来人が訪れ、日本に定住していく。**新羅《しらぎ》**からきた人々は、**建内宿禰《タケシウチノスクネ》**に率いられ灌漑《かんがい》用の**百済池《くだらのいけ》**（奈良県広陵町）をつくった。

また国内の文化向上を図るため、百済に人材を求めたが、百済王は文人の**和邇吉師《ワニキシ》**を献上。さらに鍛冶の技術者なども送ってくれた。当時の先進地、朝鮮半島の最新技術が伝えられ、国力の発展に貢献した。

秦《はた》氏や**漢《あや》氏**といった、後に朝廷を支える豪族の祖先たちも、このころ半島の南部からやってくるが、その実態は戦乱が激化した半島からの亡命といえる。

もっと知りたい!

応神天皇の時代に多くやってきた渡来人

半島から渡来人が多くやってくる時期は3回あるという。

4世紀後半から5世紀初頭、高句麗と新羅が連合を組み、百済や半島南部にあった加羅諸国を圧迫。日本も百済や加羅支援から、新羅、高句麗と戦った。この混乱で大量の難民がやってくるが、これが渡来人来訪の第一波だとされる。応神朝の渡来人急増の記事はこの史実を反映し、百済が文人や技術者を送り込んできたのは、日本との連携をより深める目的があった。

第二波は、475年に高句麗が百済の都ソウルを陥落させたことによる。第三波は、660年に百済が新羅・唐連合軍に滅亡させられたことによる。これを機に多数の人々が海峡を越えてやってきた。

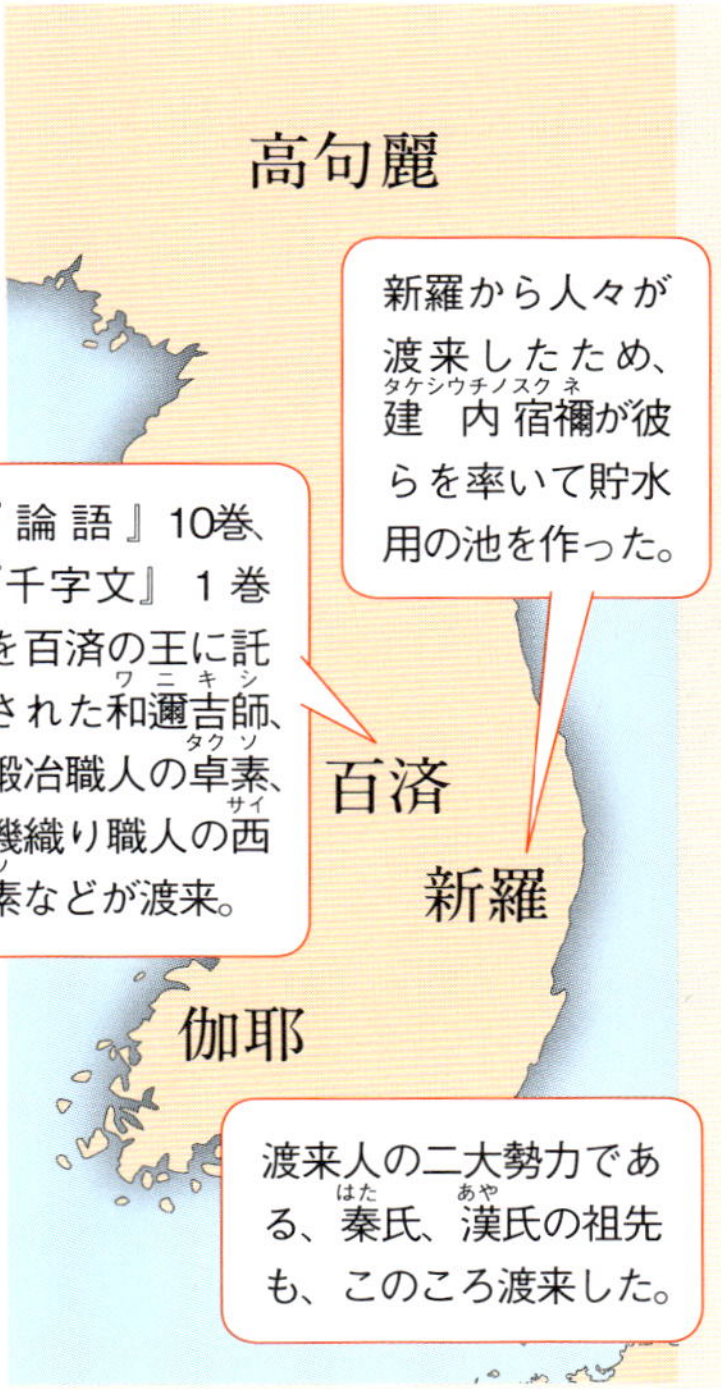
高句麗
新羅から人々が渡来したため、建内宿禰《タケシウチノスクネ》が彼らを率いて貯水用の池を作った。
『論語』10巻、『千字文』1巻を百済の王に託された和邇吉師《ワニキシ》、鍛冶職人の卓素《タクソ》、機織り職人の西素《サイソ》などが渡来。
百済
新羅
伽耶
渡来人の二大勢力である、秦氏《はた》、漢氏《あや》の祖先も、このころ渡来した。

行ってみたい!

応神天皇を祀る宇佐神宮

大分県宇佐は古くから開けた土地で、神武天皇も東征の際に立ち寄ったとされている。この地に鎮座する宇佐神宮は、全国に4万社あまりもある八幡社《はちまんしゃ》の総本宮。祭神の八幡大神は、応神天皇のことである。

応神天皇のほかに、比売大神、神功皇后の三神を祀るが、比売大神については多くの説がある。

ここでは出雲大社同様「二拝四拍手一拝」が参拝の作法である。

現代MAP
周防灘
213
柳ヶ浦
10
宇佐
宇佐神宮
国東半島
大分空港
10
日豊本線
東九州自動車道
杵築

所在地●大分県宇佐市大字南宇佐2859
アクセス●JR日豊線宇佐駅からバスで7分「宇佐八幡」下車徒歩10分

広大な境内には国宝の八幡造りの本殿をはじめ、若宮神社、呉橋、勅使門など、多くの文化財が存在する。写真は本殿。

大山守命の乱

宇遅能和紀郎子の計略

応神《おうじん》天皇が没すると、**大山守**《オオヤマモリ》が野心を露わにする。宇遅能和紀郎子《ウジノワキイラツコ》を抹殺しようと、武器を集めた。その動きを知った**大雀**《オオサザキ》は、宇遅能和紀郎子に教える。

宇遅能和紀郎子は**宇治**（京都府）で、大山守の攻撃に備えた。兵を宇治川のほとりに潜ませ、山の上に豪華な陣屋を構える。その陣屋に替え玉を置き、自分がいるようにふるまわせた。そして船頭の姿に身をやつし、宇治川の渡しで大山守の到来を待った。

ところで宇遅能和紀郎子が、宇治を戦いの場に選んだのには理由がある。宇治は母の出身氏族で、当時大豪族だった**和邇**《わに》**氏**の拠点のひとつだったからである。宇遅能和紀郎子が皇位継承者になれたのも、実は和邇氏の権勢を背景にしたものだったようだ。

皇位を譲り合う兄弟

宇治川についに**大山守**が攻めてきた。大山守は山の上にある偽装された陣屋を見上げ、船頭に変装した**宇遅能和紀郎子**に、あそこにいる凶暴な大猪を討ち取ってやると、自信満々にうそぶいた。

船が川の中ほどまできたとき、宇遅能和紀郎子は船を傾けて、大山守を水中に落とす。大山守は川岸に泳ぎ着こうとするが、兵士たちが弓を構えて上がらせない。そのまま川を流れ下り、やがて水死した。

大山守を倒した宇遅能和紀郎子だが、皇位に就くのを拒む。異母兄の大雀が次期天皇になるべきだと主張して一歩も譲らない。一方大雀のほうも、今は亡き応神の決めたことだからといって受け入れない。

天皇に魚介類を献上する役目の海人が、宇遅能和紀郎子に鮮魚を届けるが、自分は天皇ではないと断られた。それではと大雀に奉ると、こちらでも受け取ってもらえなかった。それを繰り返すうちに魚は腐った。

皇位の辞退劇は続いたが、宇遅能和紀郎子が亡くなり、結局、**大雀**が天皇の座に就くことになる。

応神天皇の後継者争い

応神天皇は子だくさんであったが、とくに3人の皇子をとりたてており、それぞれに役割を与えて亡くなった。

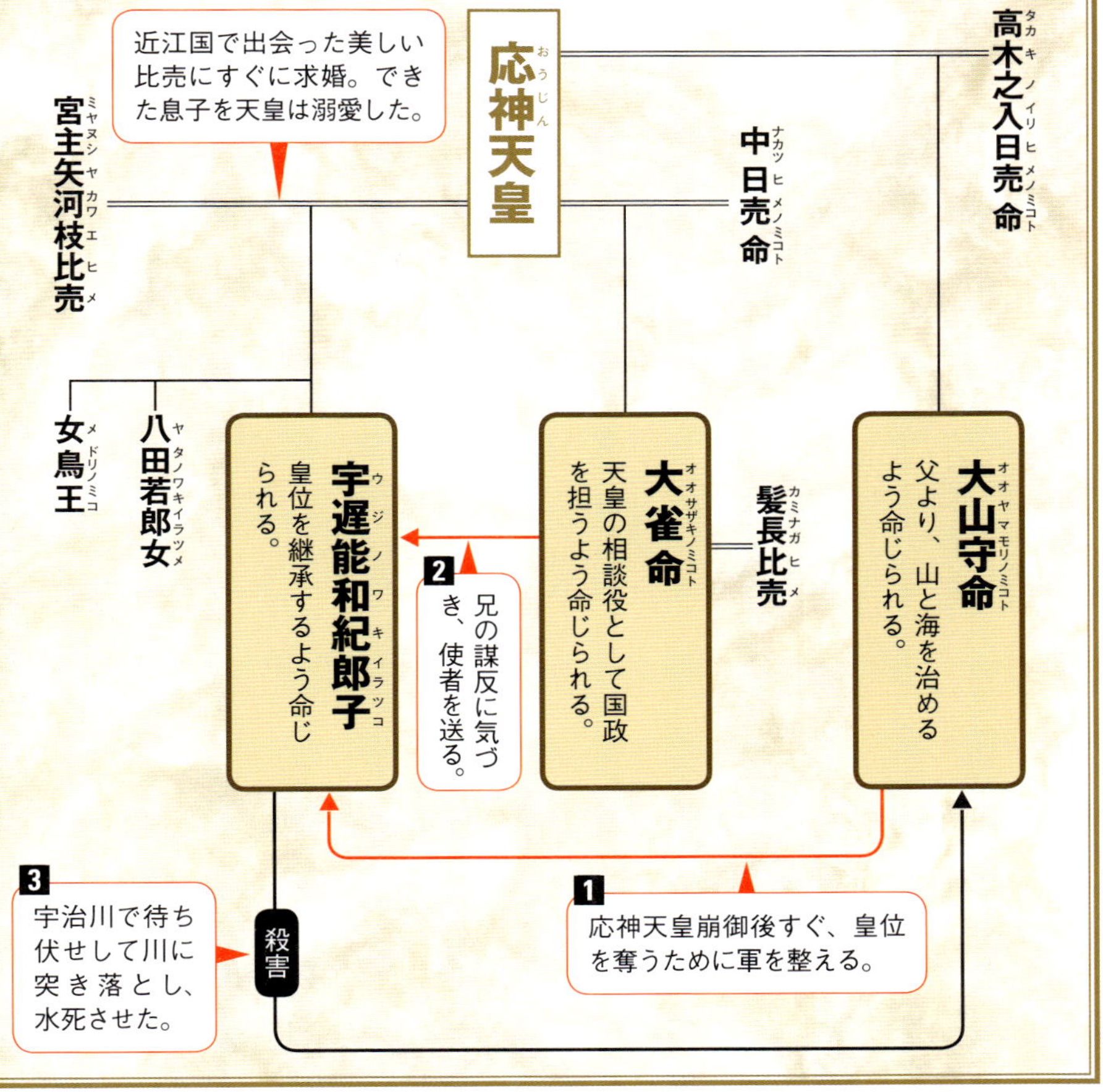

ここが違う！ **日本書紀**

◆菟道稚郎子は自殺したと書く
◆揺れる半島情勢が描かれる

書紀は菟道稚郎子《ウジノワキイラツコ》（宇遅能和紀郎子）の死を、自殺だと明解に語る。その遺体に大鷦鷯尊《オオサザキノミコト》（大雀命）がすがって名前を叫ぶと、いったん生き返り、天命だと告げて絶命したと書く。

書紀は、緊迫する半島情勢も伝える。抵抗する新羅《しらぎ》に葛城《かずらきの》襲津彦《そつひこ》を派遣したが失敗。兵を送り襲津彦を救出したとする。

また百済王が礼を失した朝貢を日本にしたため、百済臣民に殺されたことや、悪政を敷く百済の重臣を日本に呼びつけたなど、史実かどうかは別だが、半島に影響力を発揮する朝廷の姿が描かれている。

新羅から来た王子

赤い玉から生まれた美女

古事記はこの段の最後に、**天之日矛**《アメノヒホコ》の来朝を語る。日矛を**神功**《じんぐう》**皇后**の母方の祖先としたために、ここに組み込んだのだろう。神功との関係を語らない日本書紀では、日矛の子孫である**田道間守**《タジマモリ》（古事記では多遅摩毛理）が、常世国《とこよのくに》に橘の実を取りにいく話と関連づけ、垂仁天皇記にその来訪を記す。

さて天之日矛の物語――。昔、新羅《しらぎ》のある沼のほとりで、貧しい身分の女が昼寝していた。そこに太陽が輝いて虹となり、眠っている女の陰部を貫いた。女は妊娠して赤い玉を生む。

ひとりの男がその赤い玉をもらい受けたが、その後、玉は新羅《しらぎ》の王子の日矛の手にわたる。その玉から流麗な美女が誕生。日矛はその**阿加流比売**《アカルヒメ》と結婚した。

逃げた妻を追って日本へ

日矛と阿加流比売の結婚生活はすぐに破綻した。比売はおいしい料理をつくって尽くすが、日矛が口うるさく難癖をつけるため、腹を立てて日本に去る。比売は小舟でやってきて、**難波**《なにわ》に留まった。

妻を探して日矛は海をわたる。だが海峡の神がじゃまをして難波に入れない。日本海をたどって但馬《たじま》までいったが、結局、この地で阿加流比売をあきらめ、但馬の俣尾《マタオ》の娘、**多遅摩前津見**《タジママエツミ》と結ばれた。

ふたりの間に子が生まれ、日矛から数えて4代目が**多遅摩麻毛理**《タジマモリ》で、その弟**多遅摩比多訶**《タジマヒタカ》の娘が神功皇后の生母、葛城《かずらき》の**高額比売命**《タカヌカヒメノミコト》だ。つまり神功皇后は、日矛の6代目の子孫にあたるというのだ。ちなみに日本書紀は、この説をとっていない。

日矛は新羅から、珠《たま》や鏡など8種の神宝を携えてきた。その宝を神として祀るのが、**伊豆志神社**《いずし》（兵庫県豊岡市の出石神社）だと古事記は語る。

神武天皇からはじまった古事記中巻は、この応神天皇で終わり、次の仁徳天皇から最後の下巻に入る。

天之日矛の渡来ルート

古代MAP

赤い玉から誕生した美女を追って、新羅からひとりの皇子が渡来する。

新羅
1 赤い玉から生まれた美女と結婚するが、すぐに「祖先の国へ帰る」と逃げられてしまう。その妻を追って倭へ出発する。
3 ようやく上陸したものの阿加流比売には会えず、多遅摩前《タジママエ》津見《ツミ》と結婚。所持していた宝が伊豆志《いずし》神社に祀られる。
出石
播磨
難波
2 阿加流比売神《アカルヒメノカミ》として難波《なにわ》に鎮座する妻を追ってたどりつくが、渡りの神に追い返される。

天之日矛の系譜

新羅出身の天之日矛は、古事記では新羅遠征を遂げた神功皇后の祖先としている。

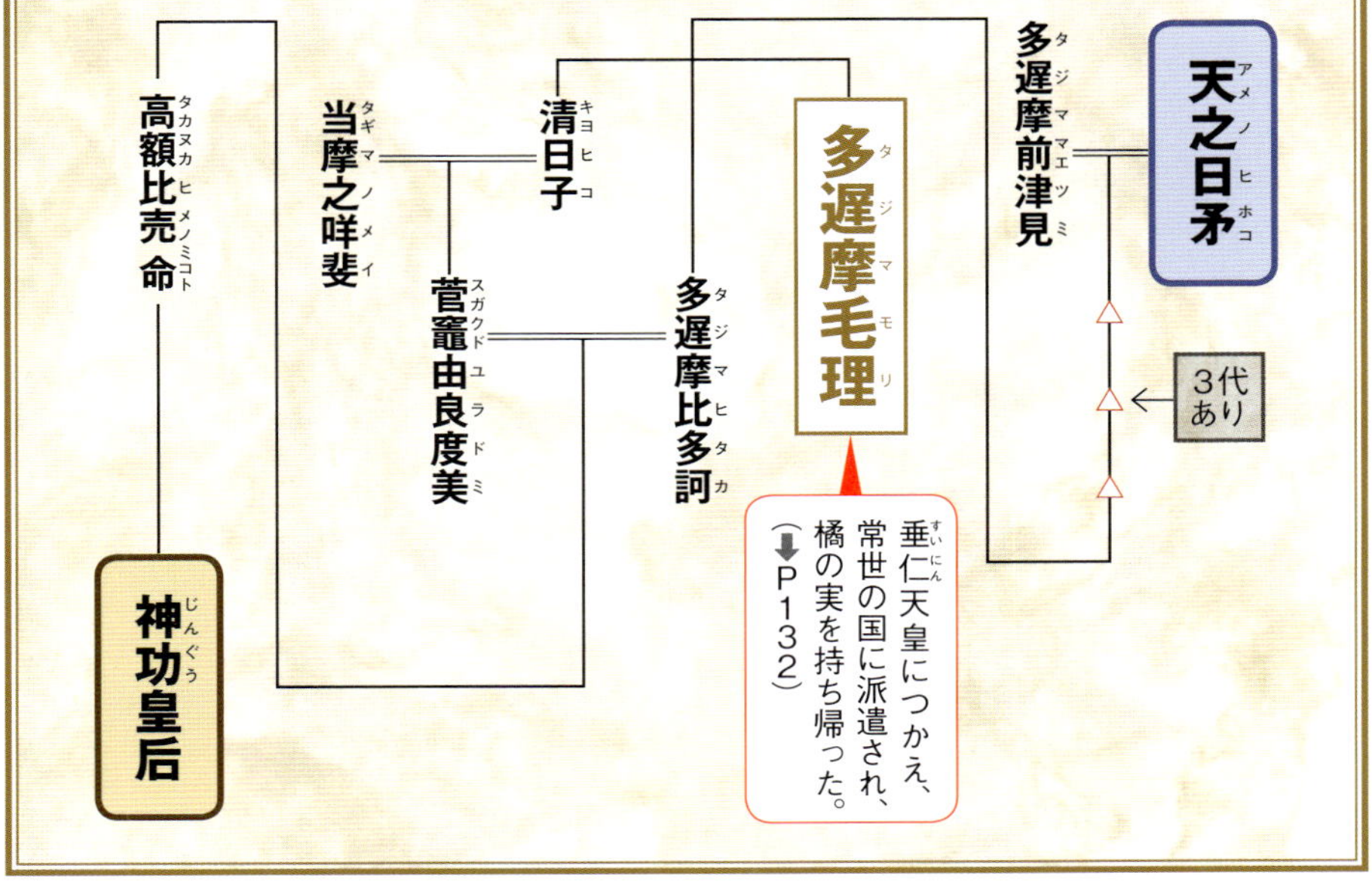
天之日矛《アメノヒホコ》
多遅摩前津見《タジママエツミ》
3代あり
多遅摩毛理《タジマモリ》
垂仁《すいにん》天皇につかえ、常世の国に派遣され、橘の実を持ち帰った。(➡P132)
清日子《キヨヒコ》
当摩之咩斐《タギマノメイ》
多遅摩比多訶《タジマヒタカ》
菅竈由良度美《スガクドユラドミ》
高額比売命《タカヌカヒメノミコト》
神功《じんぐう》皇后

column 2 コラム

邪馬台国と卑弥呼

日本書紀の神功皇后の段には『魏志』倭人伝が引用され
卑弥呼は神功皇后とほのめかす。古代史の大いなる謎である。

中国の歴史書『三国志』の『魏志』倭人伝には239年に邪馬台国《やまたいこく》の卑弥呼《ひみこ》が朝鮮半島を経由して中国に使者を送り、翌年には中国からの使節が邪馬台国を訪れたことが記されている。邪馬台国の場所をめぐり論争が繰り広げられているが、日本書紀の神功《じんぐう》皇后の段にはこの倭人伝の記事が引用され、卑弥呼は神功皇后だと書紀の編者は考えていたようだ。

もっともこの段で書かれる記事内容は、4世紀末から5世紀初頭にかけてのもので、卑弥呼と神功皇后との間には時間のずれが存在する。さらに神功皇后の実在性は薄く、両者を関連づけて語ることには無理もあるようだ。

なお倭人伝は、邪馬台国の位置も書いているが、その行程が途中で曖昧になり、論争を過熱させる要因になっている。倭人伝の記述どおりに進むと、九州のはるか南方に邪馬台国があることになってしまうのだ。

九州か畿内か、それとも別の場所か。邪馬台国論争は古代史ファンを引きつけてやまない。

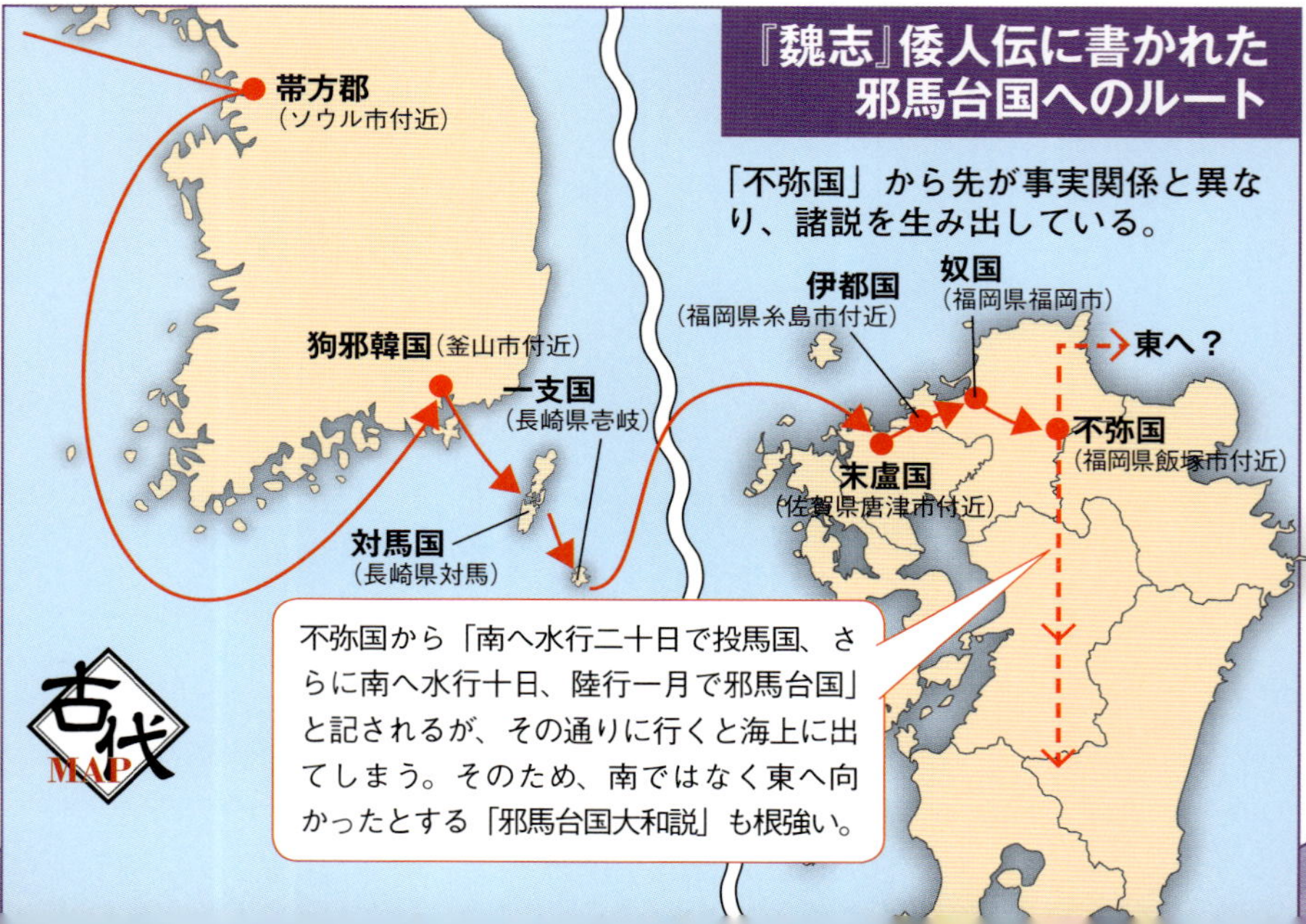

『魏志』倭人伝に書かれた
邪馬台国へのルート
「不弥国」から先が事実関係と異なり、諸説を生み出している。
帯方郡
(ソウル市付近)
狗邪韓国(釜山市付近)
一支国
(長崎県壱岐)
対馬国
(長崎県対馬)
伊都国
(福岡県糸島市付近)
奴国
(福岡県福岡市)
東へ?
不弥国
(福岡県飯塚市付近)
末盧国
(佐賀県唐津市付近)
不弥国から「南へ水行二十日で投馬国、さらに南へ水行十日、陸行一月で邪馬台国」と記されるが、その通りに行くと海上に出てしまう。そのため、南ではなく東へ向かったとする「邪馬台国大和説」も根強い。
古代
MAP

3章

古事記

下巻《しもつまき》

この章の舞台

近畿には、当時政治の要となった地が神社や跡地として数多く残る。

⑦ 蒲生野《がもうの》

第3話

⑦蒲生野 → P178

市辺之忍歯王《イチノベノオシハノミコ》が殺された場所

⑧矢刺神社 → P179

雄略天皇が一言主大神《ヒトコトヌシノオオカミ》にあった場所

⑨一言主神社 → P179

一言主大神と雄略天皇を祀る

第1話

①石上神宮 → P166

履中天皇が身を寄せた

②高津宮跡 → P167

仁徳天皇の宮跡

③柴籬神社《しばがきじんじゃ》 → P167

反正天皇の宮跡

② 高津宮跡《たかつのみやあと》

⑪ 市辺押磐皇子御陵《イチノベノオシハノミコ》

第4話

⑩角刺神社《つのさしじんじゃ》 ➡ P186	
意祁《オケ》と袁祁《ヲケ》の叔母の角刺宮跡	
⑪市辺押磐皇子御陵 ➡ P186	
意祁と袁祁の父親の墓	
⑫村井御前社 ➡ P187	
意祁と袁祁の父親の骨の場所を教えた老婆を祀る	
⑬志染の石室 ➡ P187	
意祁と袁祁が隠れ住んだ	

⑬ 志染《しじみ》の石室《いわむろ》

⑤ 道後温泉

第2話

④甘樫坐神社《あまかしにますじんじゃ》 ➡ P174	
允恭天皇が盟神探湯を行った	
⑤道後温泉 ➡ P175	
軽太子が流された	
⑥軽之神社 ➡ P175	
軽太子と軽大郎女を祀る	

第1話

仁徳天皇と皇子たちの争い

あらすじ

国民が貧しいと税を免除し、宮殿が傷んでも直さない。第16代仁徳《にんとく》天皇は聖帝と称えられた。

一方で皇后の嫉妬に悩まされ、召した黒日売《クロヒメ》は皇后を恐れて故郷に去る。八田若郎女《ヤタノワキイラツメ》を迎えようとしたときには、皇后は怒りを爆発させて都に戻らず、天皇は翻弄された。

女鳥王《メドリノミコ》も皇后の嫉妬を理由に求愛を拒絶。速総別王《ハヤブサワケノミコ》を選んで、天皇の抹殺を画策する。天皇は女鳥と速総別を死刑にせざるを得なかった。

天皇が没すると、墨江之本和気命《スミノエノホンワケノミコト》が王位を狙って動き出し、兄弟間で激しい皇位継承戦争が勃発した。

舞台を訪ねる

① 仁徳天皇の長男、履中天皇が身を寄せた 石上神宮《いそのかみじんぐう》

所在地●奈良県天理市布留町384
アクセス●JR桜井線「天理駅」または近鉄天理線「天理駅」から徒歩30分

仁徳天皇の長男・履中《りちゅう》天皇は、即位後すぐに弟の墨江之本和気命《スミノエノホンワケノミコト》から命を狙われる。難波の宮に火が放たれ、逃げ延びた履中天皇が目指したのが石上神宮だった。ここは軍事担当の物部氏ゆかりの神社で、国の武器庫の性格を帯びていた。神武天皇が高天原《たかまのはら》から授かった大刀、布都御魂大神《フツノミタマノオオカミ》を祀る。また須佐之男命《スサノオノミコト》が八俣《やまた》の大蛇《おろち》を斬った大刀、布都斯魂大神《フツノシミタマノオオカミ》も祀っている。

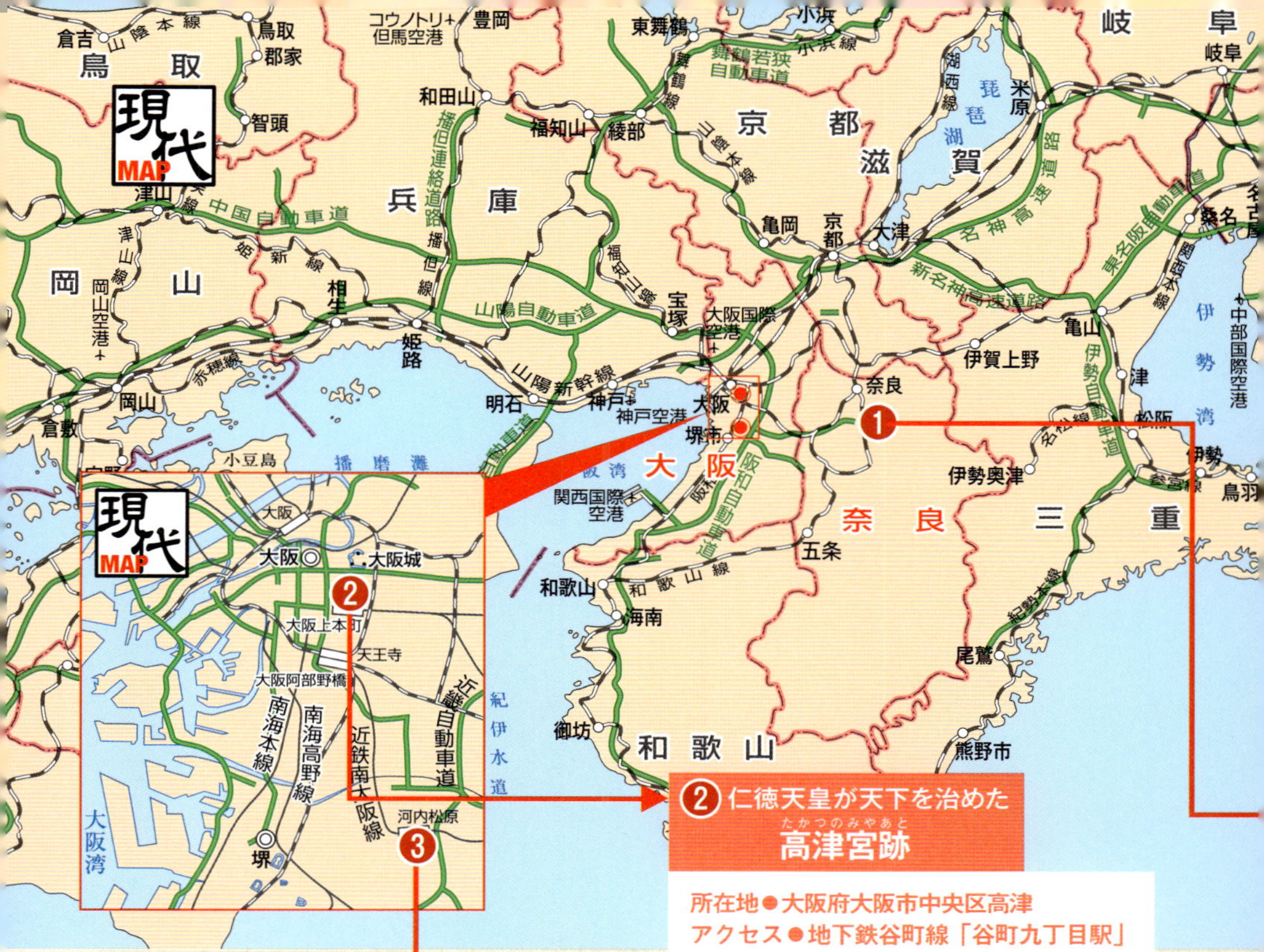

② 仁徳天皇が天下を治めた 高津宮跡《たかつのみやあと》

所在地●大阪府大阪市中央区高津
アクセス●地下鉄谷町線「谷町九丁目駅」から徒歩５分

高津宮の場所には候補地がいくつかあり、ここもそのひとつ。866年、勅命で宮跡が探索され、該当地に仁徳天皇を祀ったのが由来とされる。豊臣秀吉が大坂城築城の際に比売古曽神社のあった現在地に遷座した。

③ 反正天皇の宮跡 柴籬神社《しばがきじんじゃ》

所在地●大阪府松原市上田7-12-22
アクセス●近鉄南大阪線「河内松原駅」から徒歩10分

仁徳天皇の子、反正天皇が即位した丹比柴籬《たじひしばがきの》宮《みや》の跡地と伝わる。反正天皇を祭神とし、近くに「反正山」の地名も残る。丹比柴籬宮の場所は、大阪府羽曳野市、堺市美原町との説もある。

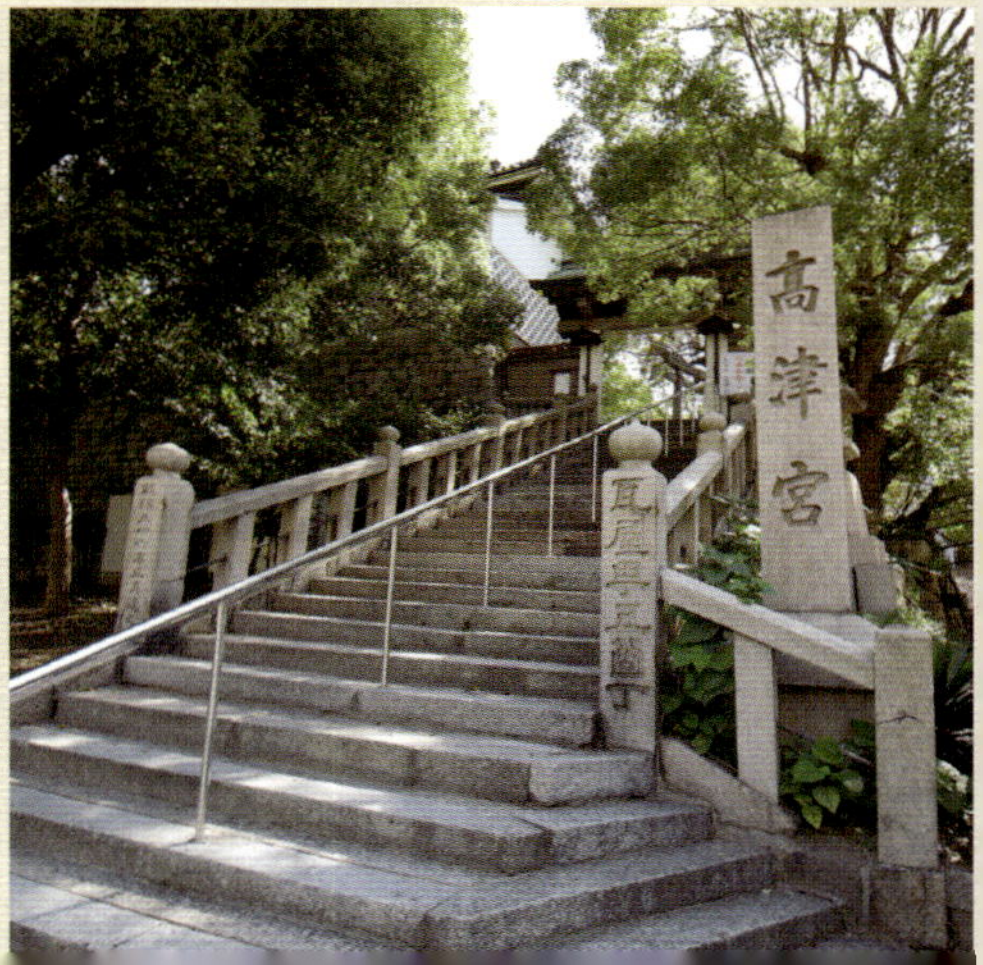

仁徳天皇と皇子たちの争い ❶

聖帝の世

描かれた理想の仁政

弟の宇遅能和紀郎子《ウジノワキイラツコ》と皇位を譲り合い、和紀郎子の死によって帝位に就いた**仁徳《にんとく》天皇**（第16代）は、善政を敷いたことで、天皇のあるべき理想とされる。

ある日、天皇は山に登って国土を眺めていて、煮炊きの煙がまったく上がっていないことに気づく。民は窮乏していて、食事もままならないようだ。天皇は税を3年間免除することにした。

税が入らないので、宮殿も修理できない。雨漏りが激しく、濡れない場所を探して移動する始末だった。しかし天皇は家々から炊煙《すいえん》が盛んに上がるまで待ち、それからようやく税の徴収を再開する。

民を慈しむ仁徳の善政のもと、国は大いに栄える。国民は「**聖帝《せいてい》の御代《みよ》**」と天皇の治世を称賛した。

国民のための大規模事業

大和を離れ、**難波《なにわ》の高津宮《たかつのみや》**に宮殿を構えた天皇は、朝鮮半島の先進土木技術をもつ渡来系の**秦氏《はた》**に命じ、治水事業に乗り出す。

山国の大和よりも海外との交流に便利だが、難波には**淀川**と**大和川**が流れ、かつては生駒《いこま》山地の東に大きな湖もあり、たびたび洪水に悩む地だった。

天皇は国民を救おうと、**茨田《まんだ》**（現大阪府寝屋川市）に治水用の堤を築かせた。さらに海に通じる大規模な堀江を掘り、低湿地の水を抜いて耕地を広げた。

田畑に引く灌漑《かんがい》用水を確保するため、**丸邇池《わにのいけ》**（現大阪府富田林市ないしは奈良市池田）や**依網池《よさみのいけ》**（現大阪府堺市池内）も秦氏につくらせる。

小椅江《おばしのえ》（現大阪市天王寺区）を拓き、**墨江《すみのえ》の港**（現大阪市住吉区）も新設して、水上交通を整備。また茨田には朝廷直轄の穀倉も築造させている。

ちなみにこれらの土木工事は、のちの時代に造営されたもののようだ。仁徳を聖帝としてより美化するため、この段にまとめて書いたと考えられている。

仁徳天皇の治水工事

川の多い土地柄か、仁徳天皇は治水工事に力を注いだ。

所在地●大阪府堺市堺区大仙町
アクセス●JR阪和線「百舌鳥駅」下車徒歩５分

行ってみたい！

世界3大陵墓のひとつ 仁徳天皇陵

全長486m、陵域は濠を含めて47万㎡という国内最大の前方後円墳。エジプトのクフ王のピラミッド、中国の秦の始皇帝陵と並ぶ、世界3大陵墓に数えられている。北にある反正陵古墳と、南にある履中《りちゅう》陵古墳とともに、百舌鳥《もず》古墳群と呼ばれている。

近くの堺市博物館（大阪府堺市堺区、大仙公園内）に立体模型などがあり、くわしく解説されている。

嫉妬深い皇后

天皇に抗議した「家出」

大豪族の葛城氏から迎えた皇后の**石之日売命**《イワノヒメノミコト》は、たいそう嫉妬深い人だった。天皇が召した**吉備**《きび》の**黒日売**《クロヒメ》は、皇后の妬みを恐れて船で故郷に帰る。

その際、天皇が難波の港で見送ったことに腹を立て、黒日売を船から降ろし、陸上を歩いて帰らせた。天皇は淡路島に行くという口実を設け、皇后の目を盗んで密かに島伝いで吉備にわたり、黒日売を慰めた。

あるとき皇后が木国（紀伊）に出かけているすきをつき、天皇は異母妹の**八田若郎女**《ヤタノワキイラツメ》を妃にした。その情報を耳にした皇后は激しく怒った。難波にもどらずに淀川を遡り、筒木宮《ツツキノミヤ》（京都府京田辺市）にこもる。

使者を送って説得しても皇后は聞き入れず、最後は天皇自らが筒木までいって頭を下げ、許しをこうた。

女鳥王と速総別王の悲劇

天皇は**女鳥王**《メドリノミコ》に結婚を申し込んだこともあった。だが皇后の嫉妬深さが原因で、求婚をはねつけられる。したたかな女鳥は**速総別王**《ハヤブサワケノミコ》を結婚相手に選び、天皇の抹殺を夫にそそのかした。謀反の情報を耳にした天皇は、ふたりを討ち取るため軍勢を差し向ける。

夫婦は手に手をとって**倉椅山**《くらはしやま》（奈良県桜井市の山）に逃げ、そこにも追っ手が迫ると宇陀《うだ》の**蘇邇**《そに》（奈良県宇陀郡曽爾村）を目指す。しかし愛するふたりの命運もここまで。逆臣として殺されてしまった。

なお天皇と女鳥王、速総別王の3人は、ともに応神天皇の子で腹違いの兄妹だ。皇后の嫉妬深さが遠因となった事件だが、皇位をめぐる争いでもあった。

妻の嫉妬に苦しむ天皇の姿は人間的である。とはいえ妃を出すことは、妃を支える氏族にとって、地位向上につながる重大事だ。その意味でこの物語は、単なる浮気夫と嫉妬妻の話ではなく、皇后の出身氏族の**葛城氏**が、他の氏族の勢力伸長を阻止しようとした逸話と読むべきだろう。

古代MAP

仁徳天皇の女性関係

嫉妬深い皇后の存在により、仁徳天皇の恋はなかなか成就しない。

2
皇后の嫉妬深さにおびえて故郷の吉備に帰ってきた黒日売。天皇の訪問に、歌を交わして名残を惜しむ。
5
女鳥王との間を弟に取り持たせようとしたが、女鳥王は弟を選び、謀反をそそのかす。それを聞いた天皇は軍を起こし、ふたりを宇陀に追い詰め殺害した。
吉備
山代国
奈良山
難波の宮
宇陀の蘇邇
1
天皇は「淡路島に行く」と皇后にうそをつき、黒日売に会いに出掛ける。
木国
3
皇后が木国に出かけている間の浮気が発覚。戻る途中の皇后は激怒し、船で淀川を遡って筒木宮にこもる。
4
怒った皇后に天皇は家来に歌を持たせたが失敗。自ら出向いて歌を詠み、仲直りにこぎつける。

皇后石之日売の嫉妬の背景

皇后の父、葛城曽都毘古《カズラキノソツビコ》（襲津彦）は、朝鮮半島への遠征軍を指揮して軍功を挙げ、葛城氏を一大勢力に発展させた。

４世紀末には本拠の葛城に、王墓に匹敵する規模の陵墓を築くに至る。石之日売は葛城氏の力を後ろ盾に皇后になったわけで、嫉妬が許された初の皇后である。

石之日売の嫉妬に振りまわされる天皇の姿は、葛城氏に支えられた政権の弱さの反映だ。葛城氏が他氏族を王権から遠ざけようとした姿が、嫉妬として描かれている。

仁徳以後、石之日売の３人の子が皇位に就き、葛城氏は外戚としていっそう権勢を振るう。だがそんな葛城氏も、21代雄略天皇により宗家が滅ぼされ、栄華を誇った大豪族も表舞台から去っていく。

皇位争い

炎上する難波の宮

聖帝の仁徳《にんとく》天皇が亡くなると、長男の**大江之伊耶本《オオエノイザホ》和気命《ワケノミコト》**が皇位を継承した。第17代**履中天皇《りちゅう》**である。

父の宮を引き継ぎ、難波《なにわ》の宮に天皇がいたときだ。眠っていると弟の**墨江中王《スミノエノナカツミコ》**が火を放ち、天皇を葬ろうとした。皇位をめぐる戦いが始まった。

臣下の阿知直《アチノアタイ》が必死に天皇を馬に乗せ、なんとか脱出に成功。天皇一行は難を逃れ、安全な大和を目指す。**埴生坂《はにゅうのさか》**（大阪府羽曳野市）までやってくると、はるか遠く、難波の宮が赤々と燃え上がっていた。

大和も近い**大坂の山口**（二上山北の穴虫峠《あなむしとうげ》）に到着したとき、ひとりの女が峠の上で敵が待ち伏せていると告げる。天皇たちは南に迂回して**当芸麻道《たぎまち》**（竹内街道）から入り、ようやく**石上神宮《いそのかみじんぐう》**にたどりついた。

兄思いの蝮之水歯別命

天皇の身を案じ、弟の**蝮之水歯別命《タジヒノミズハワケノミコト》**が石上神宮に駆けつける。だが疑心暗鬼に陥った天皇は、水歯別を信じることができない。墨江中王を倒して潔白を証明しようと、水歯別は難波に出発した。

正面からぶつかっても勝ち目はないと、水歯別は一計を案じる。中王に仕える**曾婆加里《ソバカリ》**を裏切らせ、中王を亡き者にした。反乱を鎮圧した水歯別は、大和にいく途中、主人を殺した罪で曾婆加里の首を切る。

その地を難波の宮に近いため、「**近《ちか》つ飛鳥**」（大阪府羽曳野市飛鳥）と呼んだ。また戦いの汚れを清めるため、大和に入ってからミソギを行い、そこを「**遠《とお》つ飛鳥**」（奈良県高市郡明日香村）と称した。

履中天皇は難波を嫌い、宮を**磐余《いわれ》**（奈良県桜井市）に移して統治する。やがて履中が没すると、水歯別が皇位を継いで**反正天皇《はんぜい》**になる。さらにその後、反正の弟の**男浅津間若子宿禰命《オアサツマワクゴノスクネノミコト》**が**允恭天皇《いんぎょう》**（第19代）として即位し、仁徳天皇と石之日売《イワノヒメ》の子が、3代続けて天皇の座を占めることになった。

仁徳天皇の御子

兄弟間での争いののち、履中天皇が没し、初めての兄弟による皇位継承が行われた。

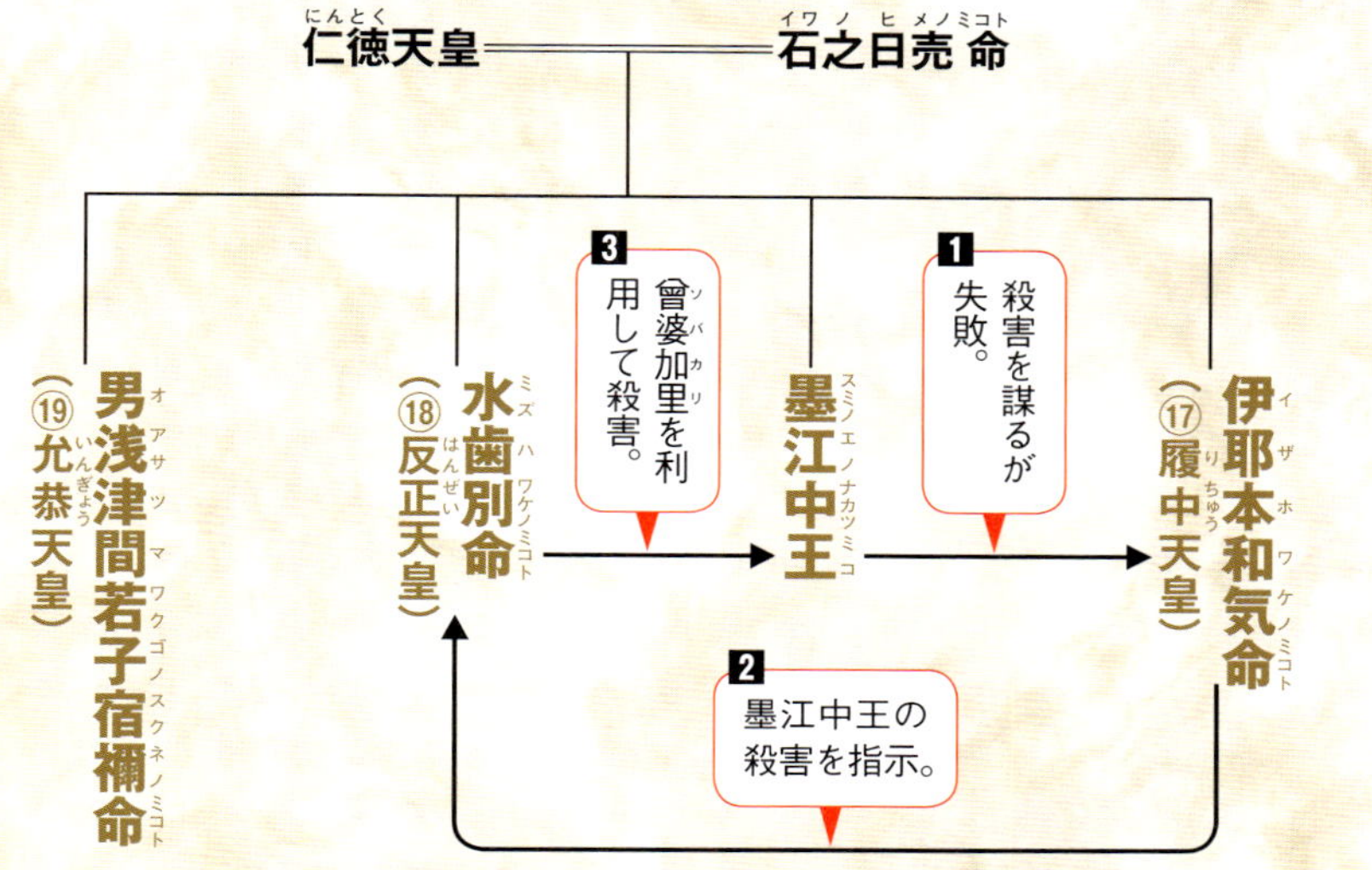

仁徳天皇《にんとく》
石之日売命《イワノヒメノミコト》
伊耶本和気命《イザホワケノミコト》
(⑰履中天皇《りちゅう》)
墨江中王《スミノエノナカツミコ》
水歯別命《ミズハワケノミコト》
(⑱反正天皇《はんぜい》)
男浅津間若子宿禰命《オアサツマワクゴノスクネノミコト》
(⑲允恭天皇《いんぎょう》)
1 殺害を謀るが失敗。
2 墨江中王の殺害を指示。
3 曾婆加里《ソバカリ》を利用して殺害。

ふたつのアスカ

古代MAP

履中天皇の弟、水歯別の行動に沿って、ふたつの「アスカ」の由来が語られる。

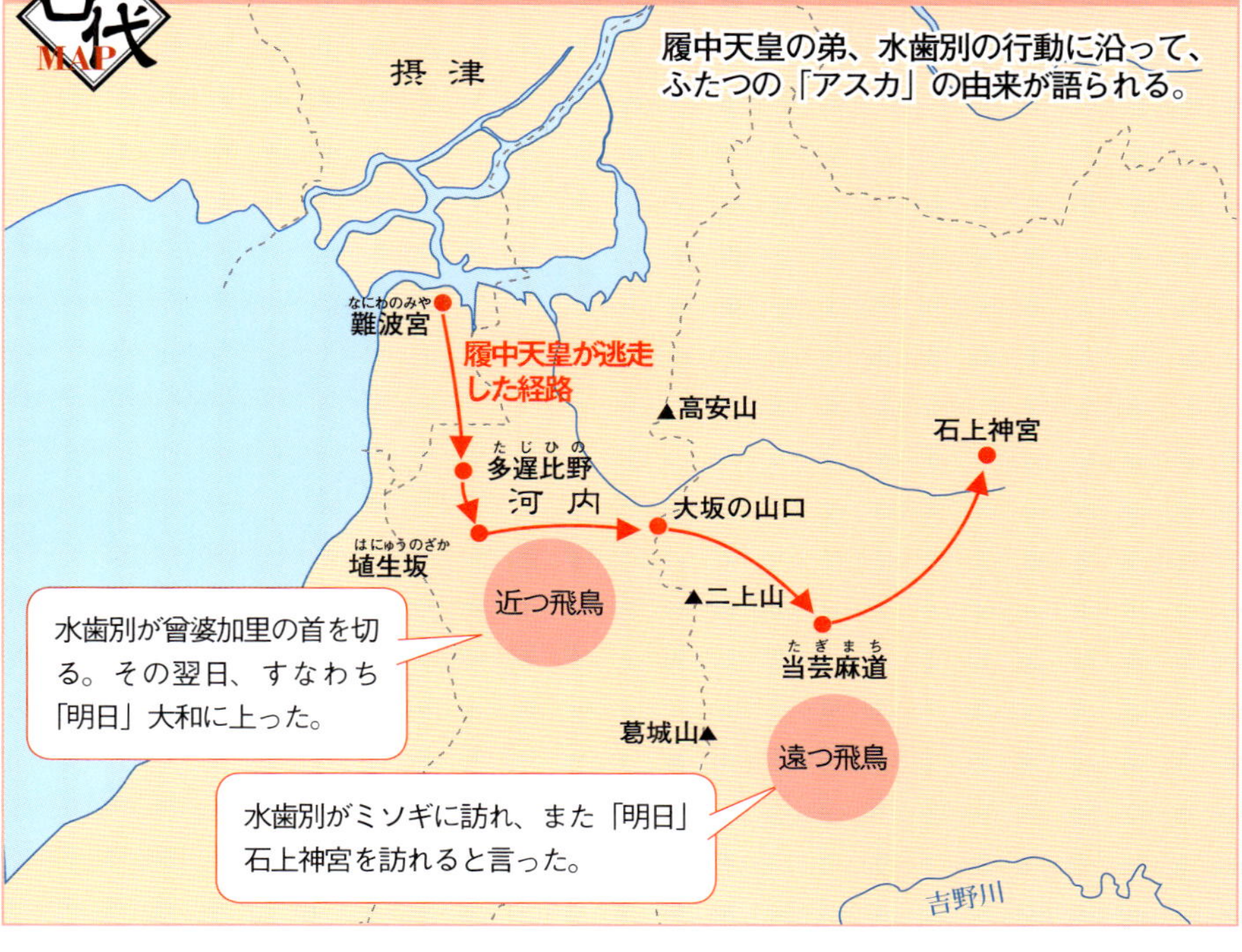

摂津
難波宮《なにわのみや》
履中天皇が逃走した経路
高安山
石上神宮
多遅比野《たじひの》
河内
大坂の山口
埴生坂《はにゅうのざか》
近つ飛鳥
二上山
当芸麻道《たぎまち》
葛城山
遠つ飛鳥
吉野川
水歯別が曾婆加里の首を切る。その翌日、すなわち「明日」大和に上った。
水歯別がミソギに訪れ、また「明日」石上神宮を訪れると言った。

第2話

允恭天皇の御子の悲恋

あらすじ

仁徳天皇の子、男浅津間若子宿禰《オアサツマワクゴノスクネノ》命《ミコト》は病弱で、天皇になるのを拒んだが、皇后や家臣の熱心な説得で第19代允恭《いんぎょう》天皇となる。

天皇は長子の木梨之軽太子《キナシノカルノミコ》を次期後継者に指名した。ところが木梨之軽太子は同母妹の軽大郎女《カルノオオイラツメ》と道ならぬ恋に落ち、世間は大騒動になる。

允恭天皇が世を去ると、木梨之軽太子の即位に逆風が吹き、人心は弟の穴穂命《アナホノミコト》に集まった。武器を集めて反撃しようとした木梨之軽太子は、捕らえられ、流刑に処される。

王を慕う軽大郎女はあとを追い、ふたりはやがて命を絶つのだった。

舞台を訪ねる

④ 允恭天皇が盟神探湯を行った **甘樫坐神社《あまかしにますじんじゃ》**

所在地●奈良県高市郡明日香村豊浦626
アクセス●近鉄橿原線「橿原神宮駅」から徒歩20分

飛鳥の地が眼下に広がる甘樫《あまかし》の丘に鎮座する神社。氏姓を正すため、允恭天皇がここで盟神探湯《くかたち》を行ったとされている。盟神探湯とは、神に誓ったあと熱湯などに手を入れ、火傷をするかどうかで正邪を判定する方法。春には、境内にある石像遺跡の「立石」前に釜を据えてぐらぐらわかし、笹を使って身を清める「盟神探湯神事」が行われる。ここにはのちに権勢を振るった蘇我氏の屋敷もあった。

⑥ 軽太子と軽大郎女を祀る 軽之神社《かるのじんじゃ》

所在地●愛媛県松山市姫原奥ノ谷74
アクセス●JR予讃線松山駅または伊予鉄道松山市駅からバスで18分「姫原」下車

ふたりを哀れんで、地元の人々がこの神社を造って祀ったと伝わる。境内には軽大郎女《カルノオオイラツメ》が入水したとされる姫池がある。毎年４月28日には慰霊祭が行われる。神社背後にある「軽の山」の山裾には、ふたりの墓と歌を刻んだ歌碑もある。

⑤ 軽太子と軽大郎女が流された 道後温泉《どうごおんせん》

所在地●愛媛県松山市
アクセス●JR予讃線松山駅から伊予鉄道で約20分「道後温泉駅」下車

松山市内に湧く名湯。古代から名を知られ、「伊予の国」は「湯の国」が転じたものだとの説もある。中心部にある共同浴場、道後温泉本館は重要文化財に指定されている。

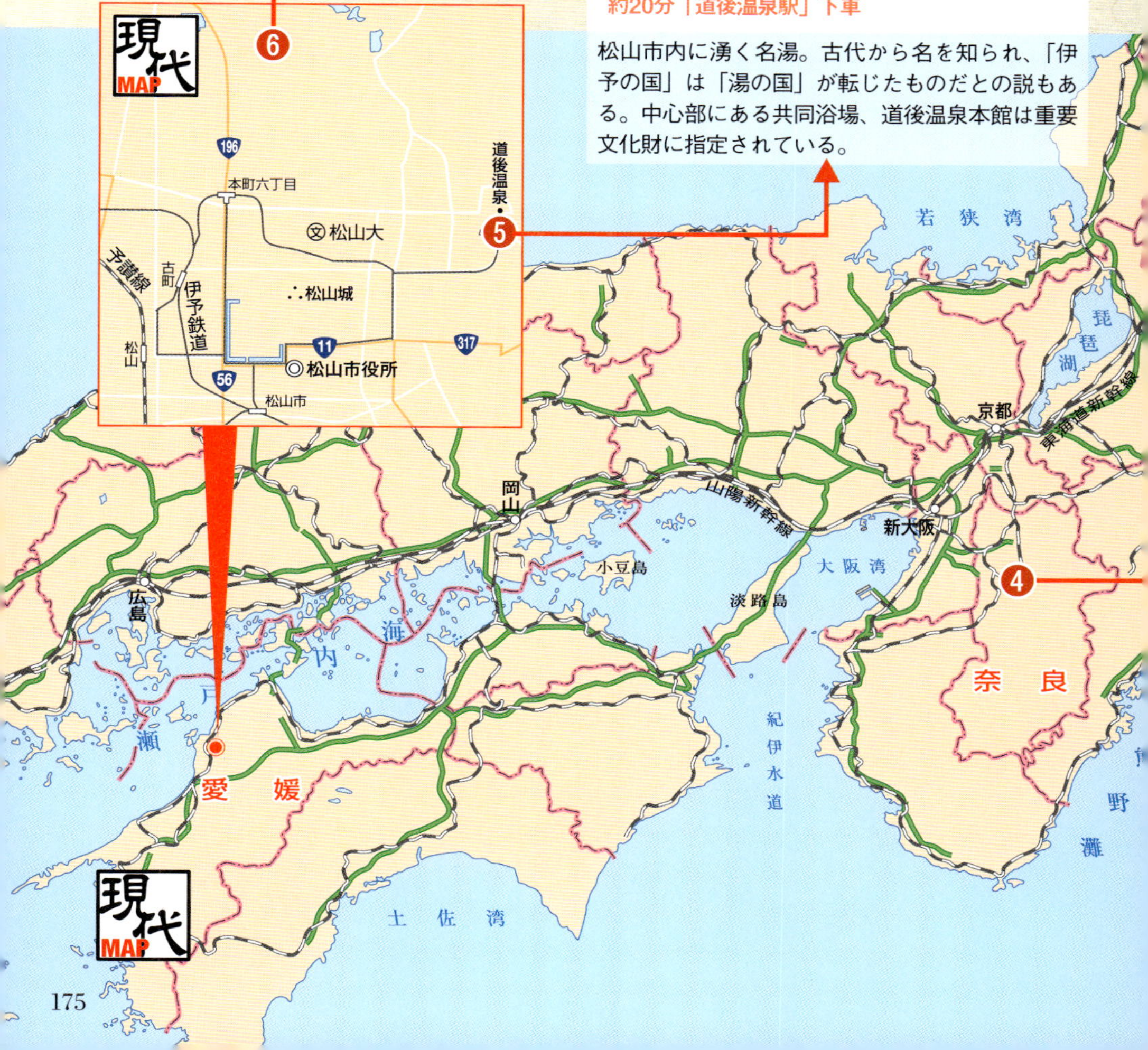

允恭天皇の御子の悲恋

禁断の恋

氏姓の詐称を正す

実兄ふたりが皇位に就いた**男浅津間若子宿禰命**《オアサツマワクゴノスクネノミコト》は、仁徳天皇の第4子。長く病床にあり皇位継承を断っていたが、妻らの説得に応じ第19代**允恭天皇**《いんぎょう》となった。背後には、外戚として政権を支える葛城氏の思惑もあったのだろう。新羅王が派遣してくれた、薬にくわしい金波鎮漢紀武《コムハチニカニキム》により病も癒える。

允恭天皇は就任すると、臣下や豪族の氏姓を正すことに着手する。氏姓とは氏族の序列を表し、古くから朝廷を支えてきたなどと偽り、よりよい氏姓を獲得して、出世しようとする動きが激しかったからだ。

甘樫《あまかし》**の丘**（奈良県明日香村）にある甘樫坐《あまかしいます》神社に群臣を集め、煮え立つ釜に手を入れる盟神探湯《くかたち》を行い、真偽を占った。以後、氏姓をかたる豪族もなくなる。

皇太子の禁断の恋

允恭天皇には9人の子があり、天皇は最年長者の**木**《キ》**梨**《ナシ》**之**《ノ》**軽**《カルノ》**太子**《ミコ》を次期天皇の皇太子に定めた。この軽太子には愛してやまない人がいた。同母妹の**軽大郎女**《カルノオオイラツメ》である。ある日、軽太子はついに思いをとげる。

異母妹となら問題ないが、同母妹は決して許されない。このスキャンダルが知れわたると、天皇にふさわしくない人物として、人々の心は離れていった。

天皇が亡くなり継承問題が浮上すると、軽太子の弟である**穴穂命**《アナホノミコト》に期待が集まる。反発した軽太子は、大《オオ》前《マエ》小《オ》前宿禰《マエノスクネ》大臣の家に駆け込み武器を用意した。

その動きを封じるため、穴穂は兵を挙げて屋敷を囲み、軽太子は降伏する。下された処分は**伊予の湯**（松山の道後温泉）への**流刑**だった。

流される軽太子は、ひとり残される軽大郎女に歌を残す。空を飛ぶ鳥は私の使者だ。鶴の声が聞こえたら、私の名前をどうか口にしてほしい――。

傷心の軽大郎女は恋しい軽太子のもとに走る。再びめぐり合えたふたりは世をはかなみ、死へと旅立った。

允恭天皇の御子

皇位継承が決まっていた軽太子だったが、道ならぬ恋が世間に知られ、皇位は穴穂命に移った。

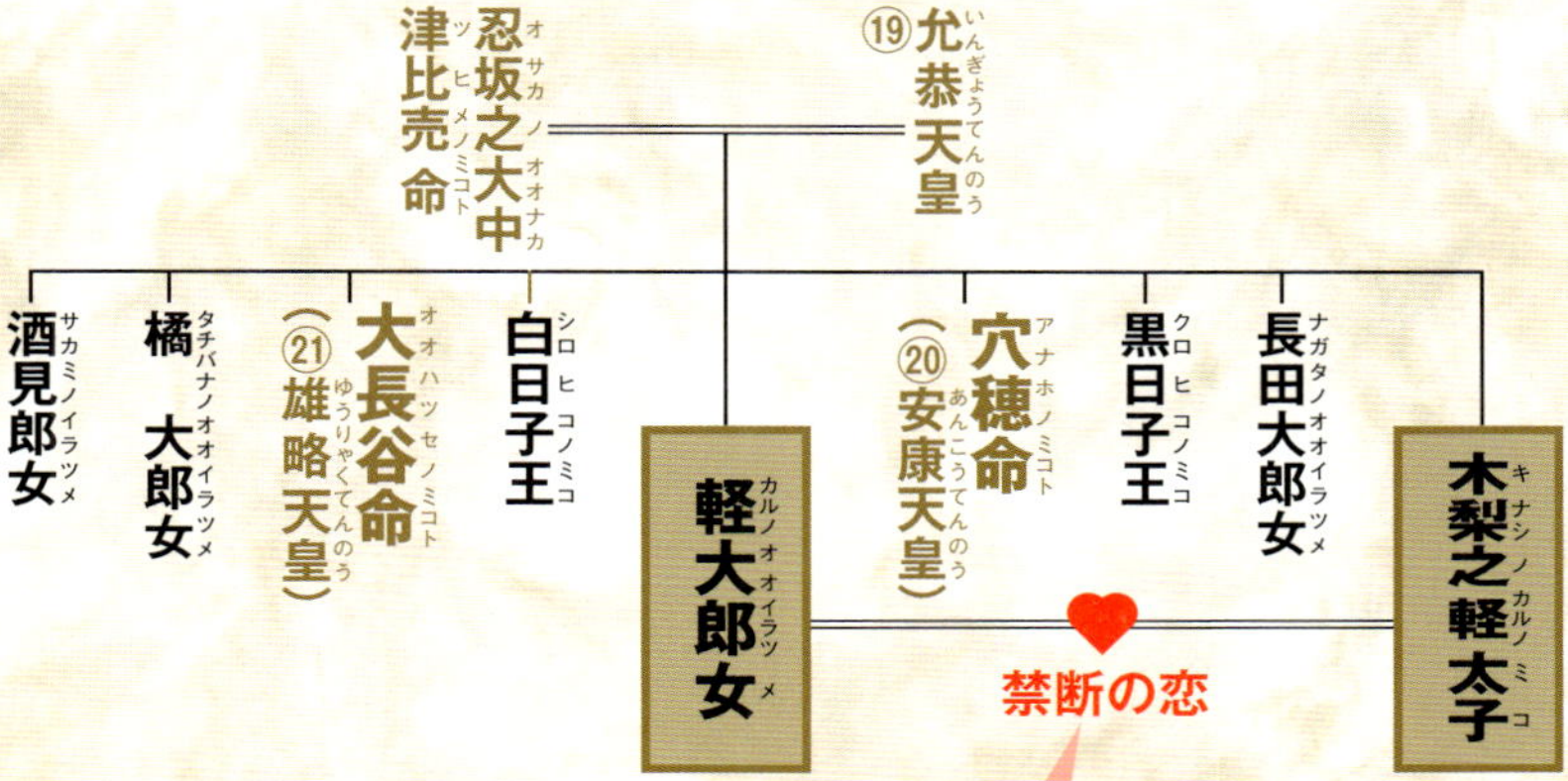
⑲允恭天皇《いんぎょうてんのう》
忍坂之大中津比売命《オサカノオオナカツヒメノミコト》
酒見郎女《サカミノイラツメ》
橘大郎女《タチバナノオオイラツメ》
大長谷命《オオハツセノミコト》（㉑雄略天皇《ゆうりゃくてんのう》）
白日子王《シロヒコノミコ》
軽大郎女《カルノオオイラツメ》
穴穂命《アナホノミコト》（⑳安康天皇《あんこうてんのう》）
黒日子王《クロヒコノミコ》
長田大郎女《ナガタノオオイラツメ》
木梨之軽太子《キナシノカルノミコ》
禁断の恋

流刑となった軽太子

古代MAP

古代の流刑地には、遠流《おんる》、中流《ちゅうる》、近流《ごんる》の３段階があったが、軽太子が流された伊予は中流の地にあたる。ちなみに、近流の地は越前、安芸。中流にはほかに諏訪、遠流の地として佐渡、常陸、土佐などがあった。

現在の道後温泉に流された軽太子を、軽大郎女はすぐに追いかけた。
伊予の湯
大和

ここが違う！ **日本書紀**

◆軽大郎女だけが伊予に流される

日本書紀では、軽大郎女だけが罪を問われ、伊予の道後温泉に流されたことになっている。皇太子という身分ゆえに流刑にできなかったためか、軽太子はそのまま都に置かれた。

穴穂命との皇位継承戦争に敗れ、軽太子が自害するのは、軽大郎女が伊予に配流されてから20年後のこと。ふたりの悲しい心中事件は書紀にはない。

ただし一説として、軽太子も伊予に流刑されたと紹介するが、文脈からいって、穴穂との権力闘争後のことのようだ。

ちなみに古事記は物語を劇的に脚色する傾向が強い。心中として、よりドラマティックに描いた可能性もある。

第3話

争乱を制した大長谷命

あらすじ

臣下のついた嘘を信じ込み、安康《あんこう》天皇《てんのう》は叔父である大日下王《オオクサカノミコ》を殺害してしまった。その報いとして大日下の遺児、まだ幼い目弱王《マヨワノミコ》から復讐され、天皇は命を絶たれる。

安康の弟・大長谷命《オオハツセノミコト》は、この未曽有の大事件のなかでライバルとなる兄ふたりを抹殺し、大臣の屋敷に逃げ込んだ目弱王も処分する。

有力な皇位継承者で従兄弟の市辺《イチノベ》之《ノ》忍歯王《オシハノミコト》も葬り、空席となった王座にすわり第21代雄略天皇《ゆうりゃくてんのう》になった。

一方、雄略に殺された忍歯王の子どもふたりは播磨に逃れ、身分を隠して豪族の下僕に身をやつした。

舞台を訪ねる

⑦ 市辺之忍歯王を射殺した 蒲生野《がもうの》

所在地●滋賀県東近江市

大長谷《オオハツセ》が従兄弟の市辺之忍歯王《イチノベノオシハノミコ》を伴って狩りに出かけたのが、琵琶湖の東に広がる平野、蒲生野《がもうの》。ガマが生い茂ることがその名前の由来という。のちに大海人皇子《オオアマノミコ》もここに薬猟に訪れる。そのときに額田王《ヌカタノオオキミ》と恋の歌を交わしたことが万葉集に記されている。

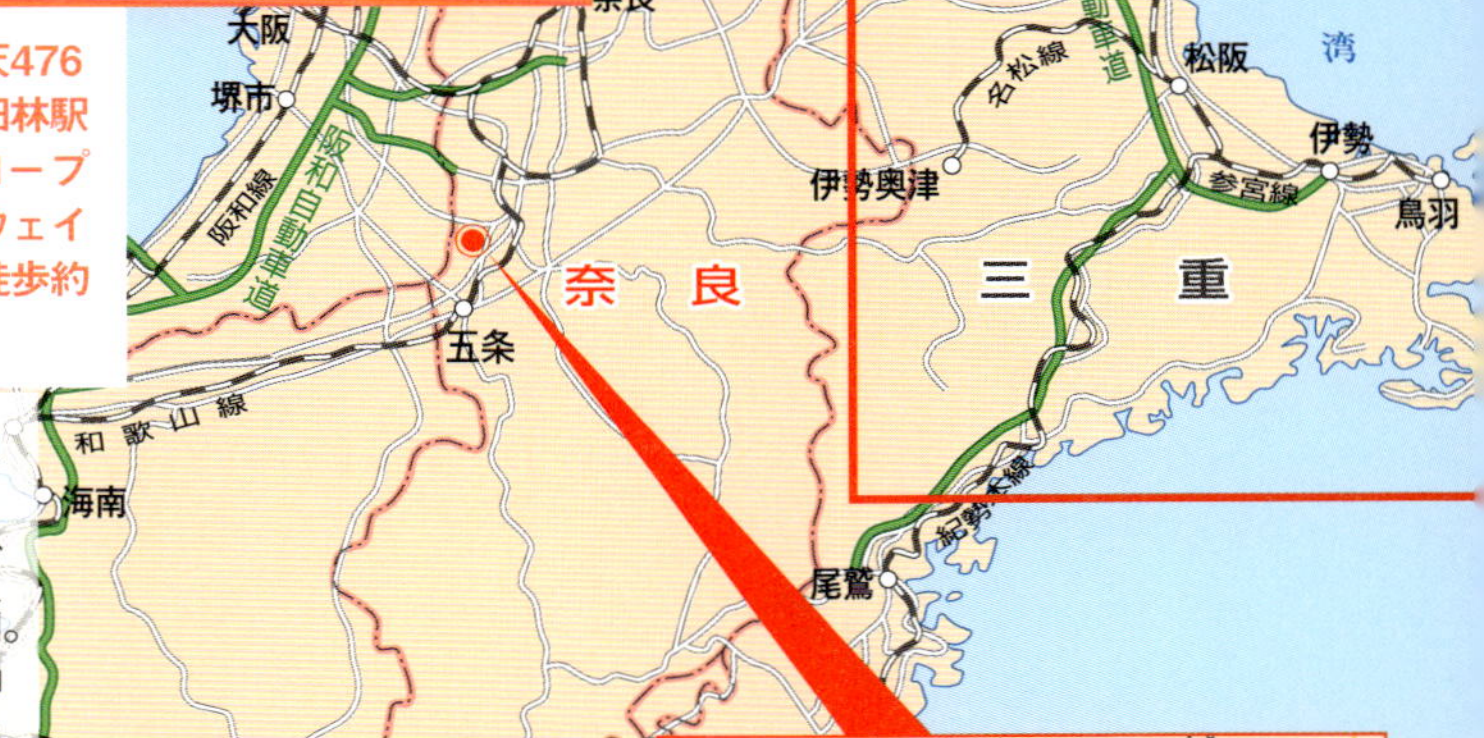

⑧ 一言主大神に会ったとされる矢刺神社《やさしじんじゃ》

所在地●奈良県御所市高天476
アクセス●近鉄長野線富田林駅からバスで40分「千早ロープウェイ前」下車。ロープウェイ6分で「金剛山駅」下車徒歩約1時間

雄略《ゆうりゃく》天皇が一言主大神《ヒトコトヌシノオオカミ》にあったと伝わる場所のひとつが、大阪、奈良にまたがる修験道で知られる金剛山《こんごうさん》。その山頂にある一言主大神を祀る葛木《かつらぎ》神社の摂社、矢《や》刺《さし》神社は、猪に矢を射ろうとした場所とされている。

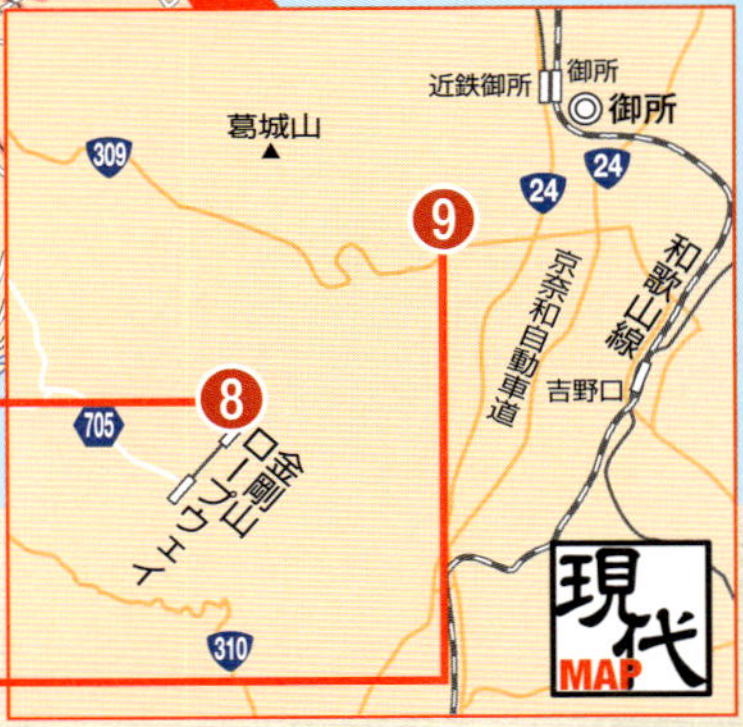

⑨ 一言主大神と雄略天皇を祀る
一言主神社《ひとことぬしじんじゃ》

所在地●奈良県御所市森脇432
アクセス●近鉄御所線またはJR和歌山線御所駅からバス15分「森脇」下車徒歩15分

葛城山は金剛山地の山のひとつで金剛山と連なってそびえる。葛城山の東南麓に鎮座するのが一言主神社《ひとことぬしじんじゃ》。雄略天皇が一言主大神と邂逅した場所という伝承の地のひとつで、一言主大神と雄略天皇を祀っている。

目弱王の復讐

おぞましき惨劇の幕開け

実妹との禁断の恋に走った実兄の木梨之軽太子《キナシノカルノミコ》を排除し、皇位を手にした**安康天皇**《あんこうてんのう》（第20代）は、同母弟の**大長谷命**《オオハツセノミコト》にとくに目をかけた。

叔母の**若日下王**《ワカクサカノミコ》を大長谷の妻にしたいと考え、許可を得るため、その兄の**大日下王**《オオクサカノミコ》のもとに**根臣**《ねのおみ》を送る。大日下は快く提案に応じ、了承の証しとして**押木**《おしき》**の玉**《たま》**縵**《かずら》（金、あるいは金銅製の冠）を献上した。

ところが根臣はその玉縵がほしくなり、大日下が拒絶したという嘘の報告をする。天皇は腹を立て、大日下を殺し、大日下の正妻**長田大郎女**《ナガタノオオイラツメ》を奪い、皇后に据えてしまう。これが次の悲劇を呼ぶ引き金になった。

大日下は有力な皇位継承者で、安康の実力行使の背景には、政権基盤を固めるという意味合いもあった。

暗殺された初の天皇

安康天皇は皇后の長田大郎女と大日下の間に生まれた7歳になる**目弱王**《マヨワノミコ》を引き取って育てていたが、ある日、皇后にこんな不安を洩らす。「父を殺したのが自分だと知ったなら、目弱は反逆するのではないか」

そのとき御殿で遊んでいた目弱は、そんな天皇の言葉を耳にしてしまった。その場で大刀をとった目弱は、天皇の首を落とし、父の復讐をとげる。その足で大臣を務める**都夫良意富美**《ツブラオオミ》の屋敷に逃げ込んだ。

都夫良意富美は葛城氏の長だ。葛城氏は履中《りちゅう》、反正《はんぜい》、允恭《いんぎょう》と3代にわたり、外戚として政権の中枢を握り絶大な権力を誇っていた。

安康の母が皇族出身だったため、葛城氏は朝廷とやや距離を置くが、大豪族として王家に対抗しうる勢力である。都夫良意富美のもとなら安全だという計算が、目弱にはあったのだろう。

ちなみに歴代天皇で暗殺されたのは、この安康天皇と蘇我氏に殺された第32代崇峻天皇《すしゅんてんのう》だけである。天皇殺害は前代未聞の大騒動となった。

安康天皇と目弱王

根臣の偽りから罪のない大日下王を殺し、妻を我がものにした。大日下王の子、目弱王はそのことを知って復讐を実行する。

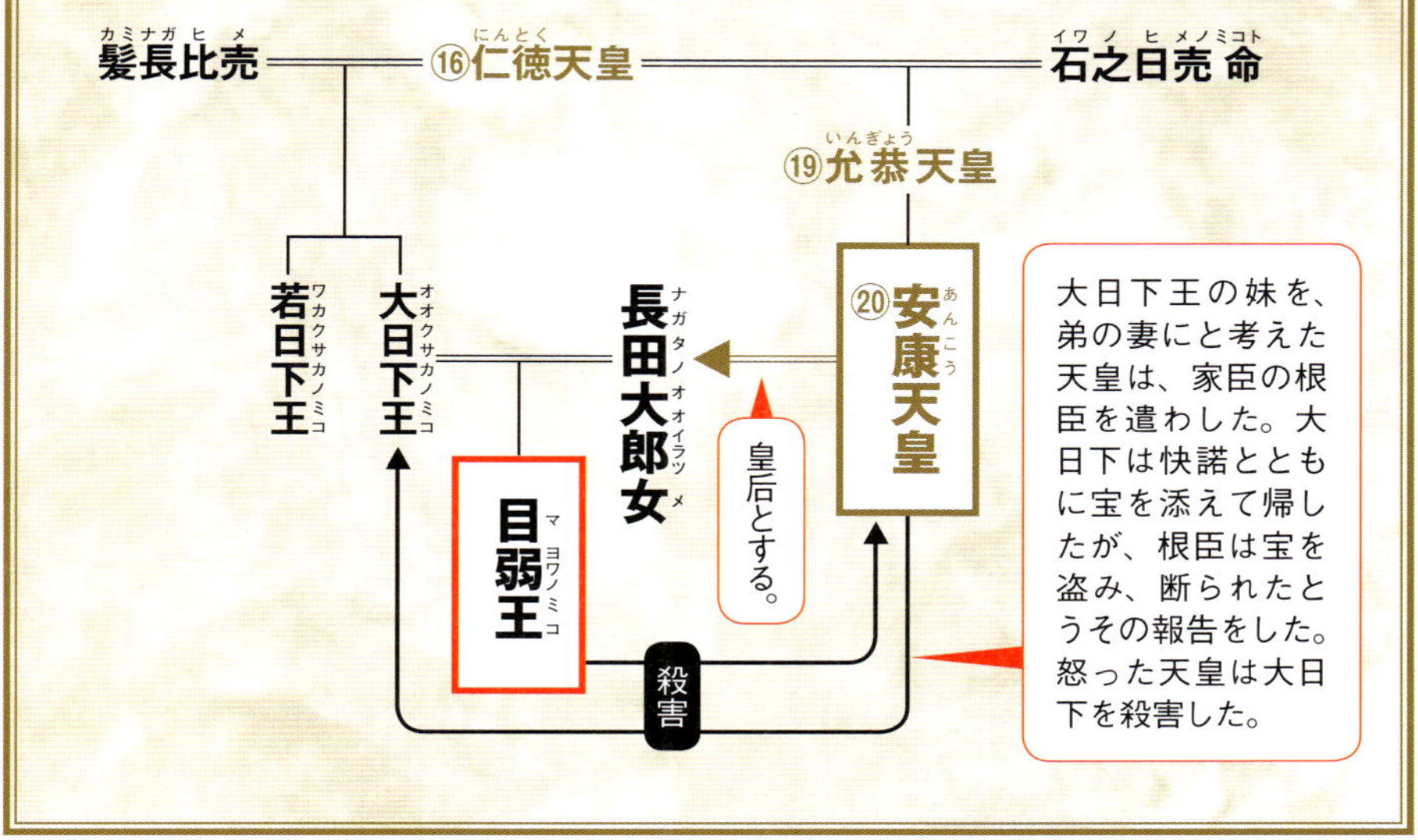

豪族の勢力分布

当時の大和ではいくつかの豪族が勢力を競っていた。目弱王をかくまった都夫良意富美は、強大な権力を誇る葛城氏の長であった。

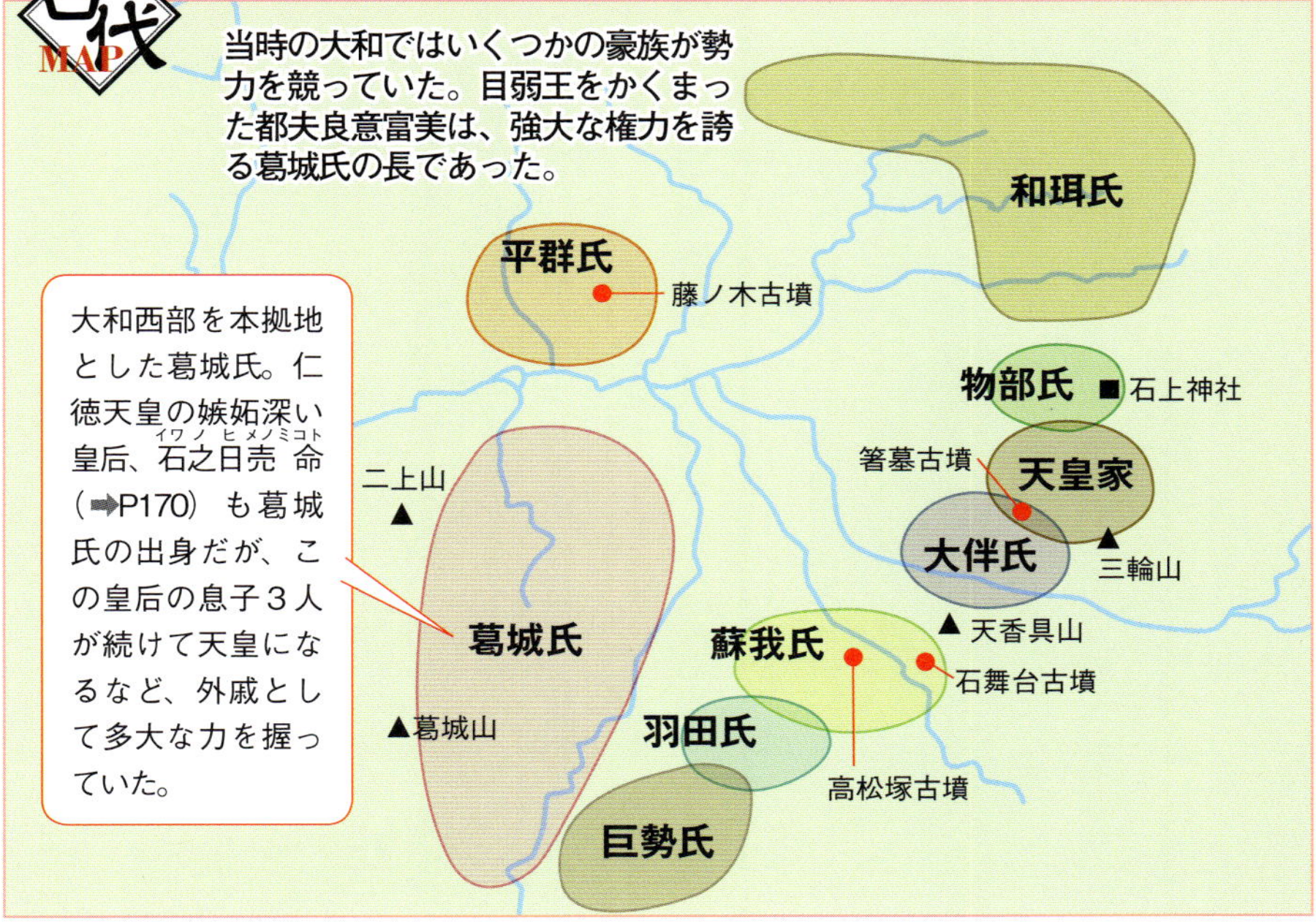

争乱を制した大長谷命 2

大長谷命の台頭

はじまった大殺戮

天皇殺害の知らせを受け、**大長谷**《オオハツセ》は善後策の協議のため、兄の**黒日子王**《クロヒコノミコ》のもとに走る。しかし黒日子の態度は煮え切らず、報復に動こうとはしなかった。立腹した大長谷は兄を斬り殺した。

さらにもうひとりの兄**白日子王**《シロヒコノミコ》を訪ねるが、この兄も態度を鮮明にしない。大長谷は小治田《おはりだ》（奈良県明日香村）に連れ出し、穴に生き埋めにして殺した。兄たちが裏で**目弱**《マヨワ》を操っていると睨んだからだ。

大長谷は兵を集めて**都夫良意富美**《ツブラオオミ》を攻め、激しい合戦となった。都夫良意富美は娘の**訶良比売**《カラヒメ》と領地の献上を約束しながらも目弱をかばって戦い、ついに力尽きる。最後は目弱を刺殺し、自ら首を斬って自害した。敗れた葛城氏はこれにより力を失い、凋落に向かう。

従兄弟も倒して皇位へ

近江の住人から熱心に狩りに誘われ、大長谷は従兄弟の**市辺之忍歯王**《イチノベノオシハノミコ》と**蚊屋野**《かやの》（滋賀県八日市市の蒲生野）に出かけた。忍歯の行動に不審なものを感じた大長谷は、罠だと悟り、狩り場で忍歯を矢で射殺する。さらに遺骸を切り刻んで飼葉桶にぶち込み、地面に埋めた。大長谷の怒りがうかがえるだろう。

父が殺され危険が迫った忍歯の遺児、**意祁王**《オケノミコ》と**袁祁王**《ヲケノミコ》は**播磨**《はりま》（兵庫県）に逃げ、馬飼い、牛飼いに身をやつして、**志自牟**《しじむ》という地方氏族に仕えるのであった。

忍歯は履中《りちゅう》天皇と葛城の黒日売の子で、葛城氏の色が強い皇子だ。蚊屋野で忍歯が大長谷を討とうとしたのは、葛城氏の巻き返し策だったと考えられる。この忍歯殺害以後、平群《へぐり》や大伴、物部《もののべ》各氏が葛城にとってかわり、有力豪族として朝廷内で台頭してくる。

また忍歯は有力な皇位継承者で、これを抹殺することで大長谷は即位を盤石にした。実兄ふたりと忍歯、目弱王を葬り、仁徳天皇の系譜を受け継ぐのは、実質的にこの大長谷ただひとりになった。

大長谷命の殺害

大長谷は皇位継承者を次々と亡き者にしていった。

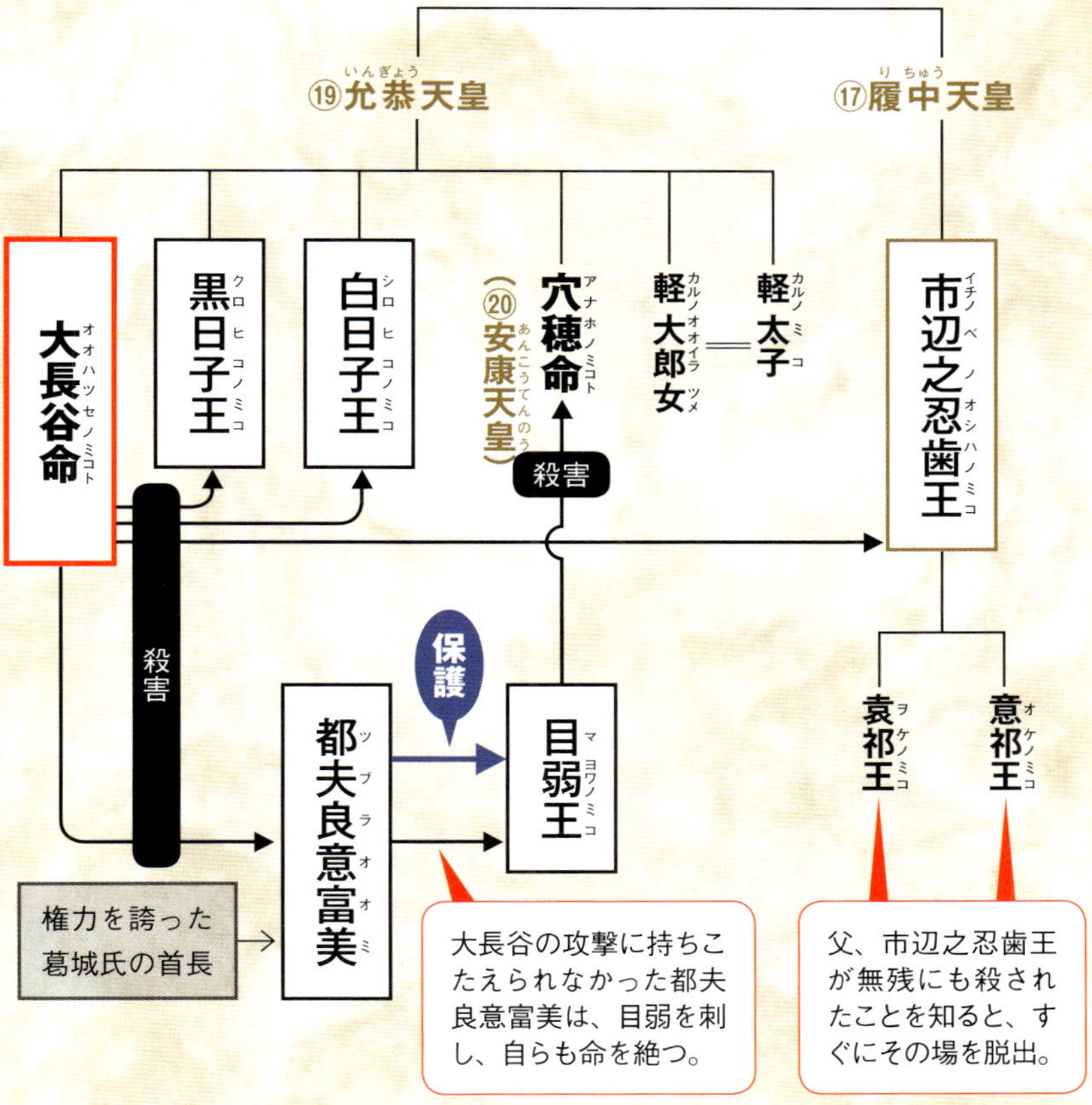

ここが違う！ **日本書紀**

◆大長谷命が狩り場で忍歯王を罠にはめる

古事記では、忍歯があざむいて、大長谷を狩り場で殺そうと目論んだと書くが、書紀は正反対のことを主張している。

大長谷が忍歯をだまして狩りに連れ出し、すきをついて謀殺したと述べるのだ。

そのわけを、兄の安康《あんこう》天皇が忍歯に皇位を継がせようとしたのを恨んだためとする。

つまり次期天皇の座を約束されていた忍歯を、大長谷は実力で排除したことになる。

書紀はさらに、忍歯の実弟も大長谷が処刑したと続ける。天皇になるため、兄たちだけでなく、競争相手を完全抹殺する。それが大長谷の狙いだったと日本書紀は書く。

争乱を制した大長谷命 3

雄略天皇

80年待った赤猪子のあわれ

血みどろの権力闘争を勝ち抜いた**大長谷**《オオハツセ》は、第21代**雄略**《ゆうりゃく》**天皇**になる。豪華すぎる地方豪族の屋敷を焼けと命令、盃に落ち葉を浮かべたまま献上した下女を殺そうとしたなど、横暴な王の姿を古事記は描く。

一方で、女性関係の記事は優雅だ。皇后、吉野の童女、丸邇《わに》氏の娘・**袁杼比売**《オドヒメ》に歌を交えて愛をささやく。そんな恋愛物語のなかで、異彩を放つのが**赤猪子**《アカイコ》の逸話である。ある日天皇は美しい少女、赤猪子を見染め、将来宮に召すと告げた。だが天皇は約束を忘れ、赤猪子は声がかかる日を待って80年経ってしまった。

面影もなく衰え、年老いた赤猪子が天皇のもとを訪れ、女の盛りを虚しく送ったと嘆く。流れ去った無残な歳月を思い、天皇の心は激しく揺さぶられた。

葛城の一言主大神の出現

強権を振るい国民から恐れられる雄略だが、古事記はこんな弱腰の姿も伝える。

天皇が葛城山に登ったとき、大きな**猪**が現れた。矢を放つと猪が怒り天皇を追いかけてくる。恐怖に駆られた天皇は木の上に逃げた。

葛城山では、不思議な体験もする。天皇の行列とまったく同じ扮装をした一団が、向かいの尾根に現れたのだ。供が弓を構えると、相手も弓をつがえる。天皇が名を聞くと、葛城山の**一言主大神**《ヒトコトヌシノオオカミ》だと答えた。

天皇はかしこまり、神に拝礼して物品を献上すると、一言主は山の麓まで降りてきて天皇を見送った。この説話には、さまざまな解釈がなされている。

葛城山は雄略が戦って劣勢に追い込んだ葛城氏の山であり、一言主はその氏神だ。猪もこの神が姿をかえたもので、氏神を敬ったということから、天皇家と葛城氏の和解と見る説がある。

雄略の妃の韓比売《カラヒメ》は葛城氏出身で、すでに葛城氏に力はなく、敵対を続ける意味も薄れていった。

古代MAP 雄略天皇のドラマ

政敵を次々と倒して即位した雄略天皇は、多くの恋に生きる。

近江
摂津
河内
大和
皇后となる若日下部王《ワカクサカベノミコ》に結納品として白い犬を贈り、歌を詠む。
袁杼比売《オドヒメ》に求婚するために歌を詠む。
三輪川で出会った赤猪子《アカイコ》に嫁がないよう命じるが忘れてしまう。80年待ち続けた赤猪子に歌と品物を与える。
日下《くさか》
高安山
宮殿に似た家があるのに激怒し焼き払おうとしたところ、その家の志幾《しき》の県主《あがたぬし》が白い犬と布を贈り、許しを乞う。
丸邇《わに》
三輪山
二上山
泊瀬朝倉宮《はつせあさくらのみや》
射止め損なった猪に追いかけられる。
葛城山
川べりで出会った少女の美しい舞に歌を詠む。
一言主大神《ヒトコトヌシノオオカミ》と出会う。
吉野川

もっと知りたい！

雄略の名を刻んだ鉄剣 稲荷山古墳から出土

埼玉県行田市の稲荷山古墳から、文章が刻まれた1本の鉄剣が発見された。その文には獲加多支鹵《ワカタケル》大王とあり、これは雄略天皇の名前、大長谷《オオハツセ》若建命《ワカタケルノミコト》の「若建」を示したものという。剣には471年を示す干支も記されている。

雄略の実在性を裏づけるだけでなく、5世紀後半には、大和王権の権力が、確実に東国にも波及していたことが判明した。

獲加多支鹵大王寺
稲荷山古墳の金錯銘鉄剣（埼玉県立さきたま史跡の博物館蔵）

第4話

意祁と袁祁

あらすじ

雄略《ゆうりゃく》天皇《てんのう》の嫡男、清寧《せいねい》天皇は世継ぎを遺さないまま亡くなってしまい、政権は大混乱に陥る。

そんなとき忍歯王《オシハノミコ》の遺児、**意祁**《オケ》と**袁祁**《ヲケ》が名乗り出てきた。

兄弟は都に迎えられ、互いに皇位を譲り合ったあとに、弟の袁祁が即位して**顕宗**《けんぞう》**天皇**になる。

顕宗は自分たちを苦境に追いやった人々に罰を与え、さらに父を殺害した雄略天皇の御陵を暴き、復讐をはたそうと考えた。

それを兄の意祁がいさめ、安康《あんこう》天皇のときに始まった血ぬられた物語に、ようやく終止符が打たれる。

舞台を訪ねる

⑩ 角刺宮跡伝承地 角刺神社《つのさしじんじゃ》

所在地●奈良県葛城市忍海322
アクセス●近鉄御所線「忍海駅」から徒歩2分

天皇不在の間に、意祁と袁祁の叔母である飯豊《イイトヨノ》王《ミコ》が、天皇の代行をしていた「角刺宮《つのさしのみや》」跡。境内の鏡池は、飯豊王が鏡の代わりに顔を映していた池と伝わる。

⑪ 意祁がつくった父の墓 市辺押磐《イチノベノオシハノ》皇子《ミコ》御陵《ごりょう》

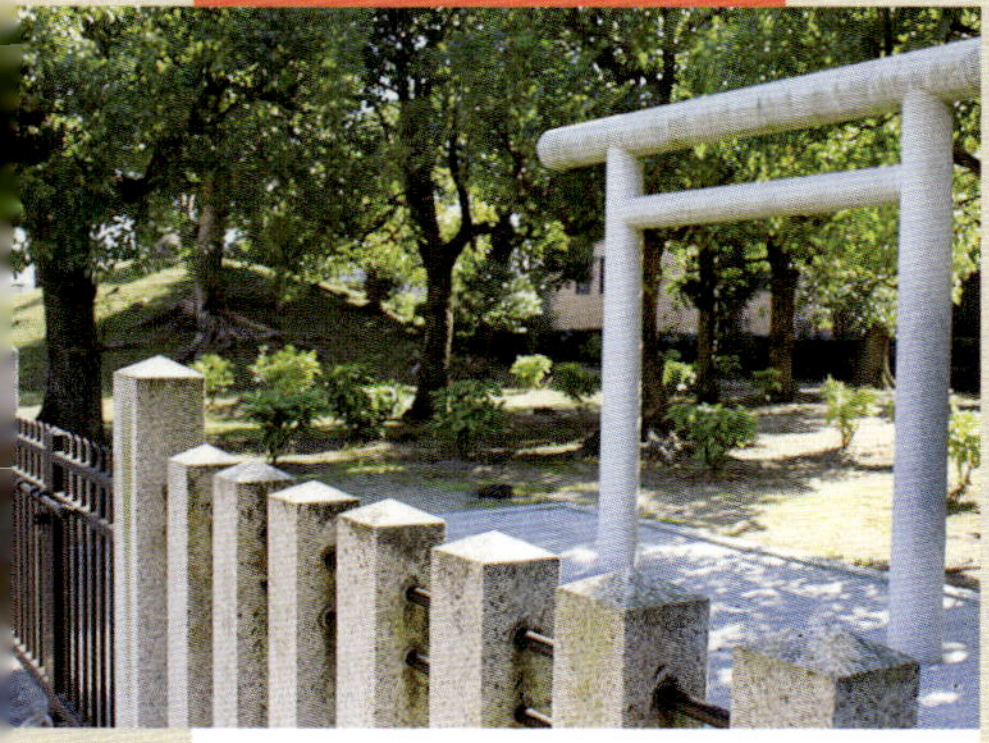

所在地●滋賀県東近江市市辺町
アクセス●近江鉄道八日市線「市辺駅」から徒歩20分

雄略天皇に殺されて埋められてしまった意祁と袁祁の父、市辺之《イチノベノ》忍歯王《オシハノミコ》の墓。古事記では、天皇となった袁祁が骨を掘り出して御陵をつくったとしている。

⑬ 意祁と袁祁が隠れ住んだ 志染《しじみ》の石室《いわむろ》

所在地●兵庫県三木市志染町窟屋
アクセス●神戸電鉄栗生線緑が丘駅からバスで15分「大谷口」下車徒歩約10分

意祁と袁祁が隠れ住んでいたと伝わる岩穴。ひかり藻が生息し、湧き水が金色に輝いて見えることから「窟屋《いわや》の金水」としても知られる。

⑫ 置目老媼を祀る神社 村井御前社《むらいごぜんしゃ》（馬見岡錦向神社境内社）

所在地●滋賀県蒲生郡日野町村井705
アクセス●近江鉄道本線日野駅からバスで10分「向町」下車徒歩3分

天皇となった袁祁が父の骨を探していたとき、場所を教えた老婆に、袁祁は家や名前を与え、隠居所まで世話をした。その老婆が置目老媼《オキメノオミナ》で、馬見岡綿向《うまみおかわたむき》神社内の境内社、村井御前社《むらいごぜんしゃ》に祀られている。綿向神社の森は「置目の森」と呼ばれていた。

発見された皇子たち

皇統断絶の危機に幻の女帝

雄略《ゆうりゃく》天皇の死後、雄略の息子で、皇族のなかでは唯一の有資格者だった**白髪命**《シラカノミコト》が王位を継ぎ、第22代**清寧**《せいねい》**天皇**として即位する。しかし清寧は子をつくらずに崩御。雄略がライバルたちを葬り去ったつけがまわり、ついに皇位継承者が誰もいなくなった。

臣下たちは皇統存続の重大危機に、雄略に殺された忍歯王《オシハノミコ》の妹、**飯豊王**《イイトヨノミコ》（忍海郎女《オシヌミノイラツメ》）に政務を託す。

なお古事記編者は宮の名称まで書き、飯豊を天皇としてとらえていた節がある。さらに下巻冒頭に「仁徳から推古まで19天皇」と記すが、飯豊を加えないと19人にはならない。日本書紀も暗にそれを認めた記述で、正史の上では初の女帝は推古天皇だが、それより以前に幻の女帝「飯豊天皇」がいた可能性は高い。

父を殺された兄弟の受難

男子後継者が絶え、困惑が広がる都に朗報が届く。播磨《はりま》の**志自牟**《しじむ》（兵庫県三木市志染町）で、**山辺連**《ヤマベノムラジ》**小楯**《オダテ》が亡き**忍歯王**《オシハノミコ》の遺児ふたりを見つけたというのだ。**意《オ》祁《ケ》**と**袁《ヲ》祁《ケ》**という皇位継承者の登場に人々は沸く。

この兄弟は、それまでいばらの道を歩いてきた。**雄略《ゆうりゃく》天皇**に父が蚊屋野《かやの》（滋賀県八日市市）で殺されると、兄弟は危険を察知しその場を離れ、苅羽井《かりばい》（京都府木津川市綺田）に逃れた。

ここで強欲な豚飼いの老人に飯を奪われ、食べるものもないまま玖須婆《くずば》（大阪府枚方市楠葉）の渡しを越え志自牟《しじむ》にやってきたのである。

そして皇族でありながら、下層民に身を落とし、牛馬の世話をしながら志自牟の豪族に仕えていた。

小楯がその豪族の宴会にいったとき、弟の袁祁が勇気を奮い歌で出自を語ったことで身分が発覚する。

この情報は都へ早馬で伝えられた。叔母で政権を握る飯豊はたいへんよろこび、意祁と袁祁の兄弟は、皇位継承者として都に迎えられることになった。

意祁と袁祁の逃亡と復讐

古代MAP
逃げ延びたふたりの皇子は、天皇になり復讐をはじめた。
淡海の海
3 蚊屋野の東の山に市辺之忍《イチノベノオシ》歯王《ハノミコ》の墓をつくり、父殺しに加担した韓帒《カラブクロ》の子どもたちに墓守をさせる。
逃亡ルート
玖須婆《くずは》
志自牟《しじむ》
1 父が殺され、逃げる途中、豚飼いの老人に食料を奪われる。
苅羽井《かりばい》
4 逃亡のときに食料を奪った老人を探して斬り殺し、その一族の膝の筋を断つ。
2 播磨の志自牟《しじむ》にたどり着き、身を隠して馬飼いと牛飼いになる。のちに志自牟にやってきた小楯に発見される。
高安山
河内
三輪山
二上山《ふたかみやま》
5 大長谷《オオハツセ》の陵墓を破壊しようとする顕宗《けんぞう》天皇に代わり、意祁が墓の傍らだけを掘り起こす。
葛城山
逃亡中の出来事
天皇になってからの復讐
吉野川

ここが違う！

日本書紀

◆書紀だけが記す皇位継承戦争

古事記ではふれられないが、書紀は雄略崩御後の皇位をめぐる戦いを描いている。

雄略の妃、吉備稚媛《きびのわかひめ》が、子の星川皇子を天皇にしようと画策。大伴室屋大連《おおとものむろやのおおむらじ》が鎮圧に動き、星川、吉備稚媛らを焼き殺した。

吉備稚媛は、古くから王権を支えてきた吉備氏の出身だ。この乱に呼応して、吉備氏が岡山から船40隻を出したことも記す。

書紀は雄略天皇の段で吉備氏と天皇の対立をくわしく語り、星川の天皇擁立に動いた吉備氏の参戦もその延長上にあった。

結局、吉備氏は清寧天皇に領地を没収され、さしもの大豪族も没落していく。

袁祁の復讐

権力者平群氏との戦い

都にやってきた**意祁**《オケ》と**袁祁**《ヲケ》に、**平群**《へぐり》**氏**の**志毘臣**《しびのおみ》が反抗的な態度を示す。袁祁が気に入った娘を横取りし、さらに歌で盛んに挑発する。しまいに志毘臣は、意祁と袁祁の抹殺をほのめかす歌を臣下の前で披露した。

平群氏は雄略《ゆうりゃく》天皇の時代に大臣となり、葛城氏にとってかわり台頭してきた豪族だ。志毘臣の行動の背後には、葛城氏の血を引く兄弟の出現をおもしろく思わない気持ちがあった。弱体化しているとはいえ、ここで皇位に就けてしまえば葛城氏が盛り返すかもしれない。兄弟は相談し、兵を送って志毘臣を葬った。

障害となる志毘臣を排除したことで皇位継承の道がようやく開ける。兄弟は譲り合った結果、袁祁が即位し、**顕宗**《けんぞう》**天皇**（第23代）が誕生した。

訪れた報復の終わり

皇位に就いた**顕宗**は父、忍歯の遺骸を探し、事件を目撃した老婆の証言で、ようやくばらばらにされた遺骨を見つけ出す。その老婆には褒美を与え、一方で、苅羽井《かりばい》で食事を奪った豚飼いの老人や、父殺害に手を貸した蚊屋野《かやの》の韓帒《カラブクロ》には厳重な処罰を下した。

顕宗は父を殺した**雄略天皇**がどうしても許せなかった。雄略の陵を破壊し、非道に報いようと思い立つ。それを引き受けた兄の**意祁**だが、陵墓の一部をわずかに壊しただけで帰り、これ以上の破壊はしてはならないと顕宗に諭す。顕宗も了承し報復の連鎖は絶たれた。安康《あんこう》天皇の時代から続いてきた、凄惨な血のドラマも幕を閉じる。

同時に古事記も、物語の筆をこの顕宗天皇でやめてしまう。仁賢天皇から記述の最後にあたる推古天皇まで、簡単な系譜のみを書くだけだ。

古事記は名前どおり、古い時代のことを記すための本で、仁賢からは先はいわば「近代史」ととらえ、役目を自ら終えたとする説が有力である。

推古天皇に至る系譜

古事記は、顕宗天皇《けんぞうてんのう》以降、推古天皇《すいこてんのう》までの系譜を簡単に語ることで筆を置いている。

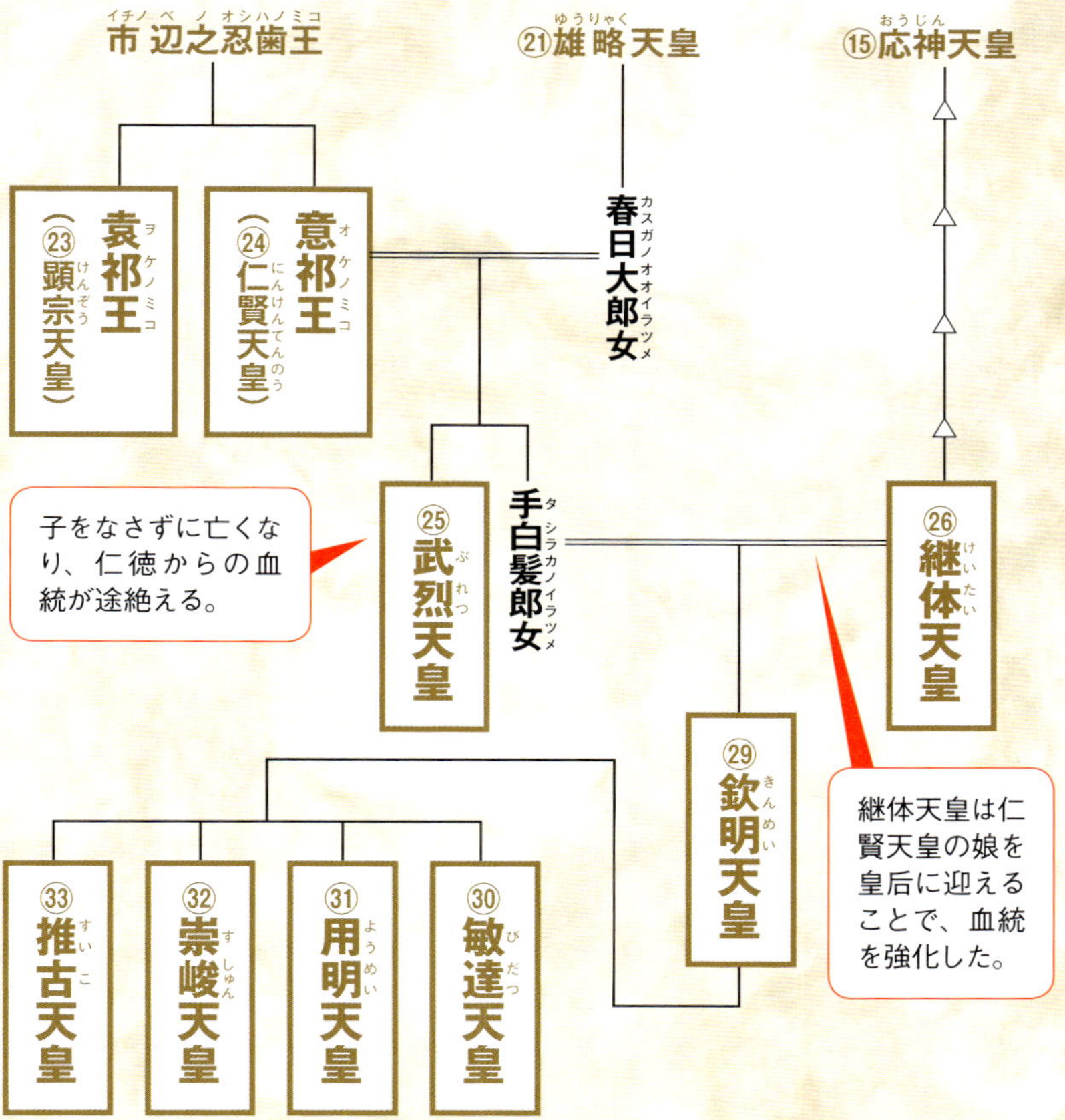

顕宗以後の歴史

顕宗天皇はわずか８年（日本書紀では３年）で亡くなり、子がなく、兄の意祁が仁賢《にんけん》天皇となり皇位を受け継いだ。

次は仁賢の子、小長谷若雀命《オハツセノワカサザキノミコト》が即位（武烈《ぶれつ》天皇）し、顕宗と争った平群氏は、この武烈によって滅ぼされる。

だが仁徳天皇から続いてきた血統は、この武烈で絶えてしまい、応神《おうじん》天皇の五代目の子孫という継体天皇が担がれる。そして継体の皇后になったのが仁賢の娘、手白髪郎女《タシラカノイラツメ》（手白香皇女《タシラカノヒメミコ》）だった。

手白髪郎女の皇后入りは、継体という、本流から遠い血統の天皇の弱点を補佐する意味もあったのだろう。そのふたりの子が即位して欽明天皇となり、欽明の子、敏達、用明、崇峻、推古が皇位についた。ちなみに欽明天皇の血統が現在まで皇統として続いている。

著者 **山本 明**（やまもと あきら）

東京理科大学中退。歴史や宗教史関連を中心に執筆活動を続け、『真・坂本龍馬』（ナガオカ文庫）、『決定版　知れば知るほど面白い！ 江戸三百藩』（西東社）、『古事記・日本書紀　探訪ガイド』『札所めぐり　山の神社・仏閣で戴く御朱印ガイド』『よくわかる「くずし字」見分け方のポイント』（いずれもメイツ出版）ほか著書多数。

デザイン　HANA＊Communications
地図制作　株式会社ジェオ
DTP　株式会社明昌堂
編集協力　株式会社スリーシーズン、堀内直哉

写真提供
青島神社、安来市役所、熱田神宮、淡路島観光協会、石切劔箭神社、出雲大社、宇佐神宮、宇治市商工観光課、鵜戸神宮、雲南市観光協会、大木浩士「ぶらり寺社めぐり」、大林組、岡山県総社市、岡山市役所、香取神宮、橿原市教育委員会、橿原神宮、唐津観光協会、霧島市役所、霧島神宮、宮内庁書陵部、熊野市役所、誉田八幡宮、西城町観光協会、埼玉県立さきたま史跡の博物館、公益財団法人大阪観光局、酒折宮、桜井市立埋蔵文化財センター、猿田彦神社、鹽竈神社、滋賀県庁、静岡県観光協会、柴籬神社、島根県立古代出雲歴史博物館、公益社団法人島根県観光連盟、神宮司庁、神宮徴古館、信州・長野県観光協会、住吉大社、諏訪大社、高千穂神社、田中久光、玉置神社、株式会社伝、道後温泉、戸隠神社、鳥取県庁、奈良市役所、株式会社ネットワークデザイン、浜松観光コンベンションビューロー、兵庫県立歴史博物館、公益社団法人びわこビジターズビューロー、三木市役所、南さつま市役所、みやざき観光コンベンション協会、宮崎神宮、宮地嶽神社、宗像大社、森田敬三、焼津神社、八幡市観光協会、和歌山県庁、Getty images

※本書は、当社ロングセラー『地図と写真から見える！ 古事記・日本書紀』（2011年8月発行）をオールカラーにリニューアルし、書名・価格等を変更したものです。

オールカラー 地図《ちず》と写真《しゃしん》でよくわかる！ 古事記《こじき》

著　者　山本 明
発行者　若松和紀
発行所　株式会社 西東社
〒113-0034　東京都文京区湯島2-3-13
http://www.seitosha.co.jp/
営業　03-5800-3120
編集　03-5800-3121〔お問い合わせ用〕
※本書に記載のない内容のご質問や著者等の連絡先につきましては、お答えできかねます。

ISBN 978-4-7916-2730-1